Biografi Kehidupan Siti Aminah Binti Wahab Ibunda Nabi Muhammad SAW Edisi Bahasa Indonesia

Jannah Firdaus Mediapro

Published by Jannah Firdaus Mediapro Studio, 2020.

While every precaution has been taken in the preparation of this book, the publisher assumes no responsibility for errors or omissions, or for damages resulting from the use of the information contained herein.

BIOGRAFI KEHIDUPAN SITI AMINAH BINTI WAHAB IBUNDA NABI MUHAMMAD SAW EDISI BAHASA INDONESIA

First edition. September 12, 2020.

Copyright © 2020 Jannah Firdaus Mediapro.

Prolog

Kisah hikayat kehidupan Aminah Binti Wahab ibunda Nabi Muhammad SAW Utusan Tuhan Semesta Alam Yang Terakhir bersumberkan dari Kitab Suci Al-Quran & Hadist Nabi.

The story of Aminah Bint Wahab, mother of Prophet Muhammad SAW the last messenger and prophet of Allah SWT (God) based from Al-Hadist & Holy Quran in indonesia languange.

Aminah binti Wahab adalah ibunda yang melahirkan Muhammad, Nabi umat Islam. Aminah menikah dengan Abdullah. Tidak terdapat keterangan mengenai lahirnya beliau, dan menurut sejarah ia meninggal pada tahun 577 ketika dalam perjalanan menuju Yatsrib untuk mengajak Nabi Muhammad SAW mengunjungi pamannya dan melihat kuburan ayahnya. Aminah dilahirkan di Mekkah.

Ayah Aminah adalah pemimpin Bani Zuhrah, yang bernama Wahab bin Abdul Manaf bin Zuhrah bin Kilab. Sedangkan ibu Aminah adalah Barrah binti Abdul Uzza bin Utsman bin Abduddar bin Qushay. Bunda Aminah adalah pemimpin para ibu, karena ia ibu Nabi Muhammad SAW yang dipilih Allah SWT sebagai Rasul pembawa risalah untuk umat manusia hingga akhir zaman. Baginda Muhammadlah penyeru kebenaran dan keadilan serta kebaikan berupa agama Islam.

"Dan barangsiapa memilih agama selain Islam, maka tiadalah diterima (agama itu) darinya. Dan di akhirat termasuk orang-orang yang rugi." (QS. Ali Imran: 85)

Tak banyak sejarawan yang mengupas masa hidupnya, namun nama ini senantiasa semerbak bersama hembusan angin keindahan. Perjalanannya yang indah nan suci telah mengukir perubahan besar perputaran zaman. Siapa yang tak kenal Bani

Hasyim; karena dari kabilah inilah Nabi SAW dilahirkan. Siapa pula yang tak kenal Bani Zuhrah; sebuah kabilah yang pernah menyimpan wanita suci dan mulia, karena dari rahimnya lahir sebuah cahaya agung yang membawa pembaharuan besar di dunia ini, Aminah binti Wahab Ibunda Rasululllah SAW.

Kisah Hikayat Siti Aminah Ibunda Rasulullah SAW

Aminah binti Wahab adalah ibunda yang melahirkan Muhammad, Nabi umat Islam. Aminah menikah dengan Abdullah. Tidak terdapat keterangan mengenai lahirnya beliau, dan menurut sejarah ia meninggal pada tahun 577 ketika dalam perjalanan menuju Yatsrib untuk mengajak Nabi Muhammad SAW mengunjungi pamannya dan melihat kuburan ayahnya.

KELAHIRAN

Aminah dilahirkan di Mekkah. Ayah Aminah adalah pemimpin Bani Zuhrah, yang bernama Wahab bin Abdul Manaf bin Zuhrah bin Kilab. Sedangkan ibu Aminah adalah Barrah binti Abdul Uzza bin Utsman bin Abduddar bin Qushay.

PEMIMPIN PARA IBU

Bunda Aminah adalah pemimpin para ibu, karena ia ibu Nabi Muhammad SAW yang dipilih Allah SWT sebagai Rasul pembawa risalah untuk umat manusia hingga akhir zaman. Baginda Muhammadlah penyeru kebenaran dan keadilan serta kebaikan berupa agama Islam.

"Dan barangsiapa memilih agama selain Islam, maka tiadalah diterima (agama itu) darinya. Dan di akhirat termasuk orang-orang yang rugi." (QS. Ali Imran: 85)

Tak banyak sejarawan yang mengupas masa hidupnya, namun nama ini senantiasa semerbak bersama hembusan angin keindahan. Perjalanannya yang indah nan suci telah mengukir perubahan besar perputaran zaman. Siapa yang tak kenal Bani Hasyim; karena dari kabilah inilah Nabi SAW dilahirkan. Siapa pula yang tak kenal Bani Zuhrah; sebuah kabilah yang pernah menyimpan wanita suci dan mulia, karena dari rahimnya lahir sebuah cahaya agung yang membawa pembaharuan besar di dunia ini, Aminah binti Wahab Ibunda Rasululllah SAW.

Mungkin sulit untuk diketahui kapan dan bagaimana kelahiran serta kehidupan Sayyidah Aminah sampai menjelang masa perkawinannya dengan Sayyid Abdullah, karena para sejarawan tidak banyak menceritakan masalah ini. Namun yang jelas Wanita Arab waktu itu terbagi menjadi dua kelompok:

Kelompok pertama, adalah wanita yang dikenal oleh kaum pria dan mereka pun mengenal kaum pria. Wanita semacam ini biasanya mempunyai keahlian dalam beberapa pekerjaan dan mereka pulalah yang memberi semangat kaum lelaki di saat terjadi peperangan. Para pemuda yang menikah dengan wanita semacam ini biasanya disebabkan melihat dan mendengar secara langsung.

Kelompok kedua, adalah para wanita yang tidak dikenal oleh kaum pria dan mereka pun tidak mengenalnya selain kaum lelaki dari keluarga dekatnya sendiri. Para Pemuda Arab yang meminang wanita semacam ini disebabkan kemuliaan dan iffahnya (kesucian). Wanita semacam ini senantiasa menerima pujian dan sanjungan di setiap masa.

Perumpamaan wanita semacam ini di mata manusia tak bisa disamakan, kecuali dengan mutiara yang tersimpan sehingga tidak sembarangan orang dapat mengotorinya. Tak seorang pun mampu mengusik kemuliaan dan iffahnya, dari wanita semacam inilah bunga mawar Bani Zuhrah, Aminah binti Wahab.

Seorang wanita berhati mulia, pemimpin para ibu. Seorang ibu yang telah menganugerahkan anak tunggal yang mulia pembawa risalah yang lurus dan kekal, rasul yang bijak, pembawa hidayah.

Cukuplah baginya kemuliaan dan kebanggaan yang tidak dapat dimungkiri, bahwa Allah Azza Wa Jalla memilihnya sebagai ibu seorang Rasul mulia dan Nabi yang terakhir.

Berkatalah Baginda Nabi Muhammad SAW tentang nasabnya:

"Allah telah memilih aku dari Kinanah, dan memilih Kinanah dari suku Quraisy bangsa Arab. Aku berasal dari keturunan orang-orang yang baik, dari orang-orang yang baik, dari orang-orang yang baik."

Dengarlah sabdanya lagi:

"Allah memindahkan aku dari sulbi-sulbi yang baik ke rahim-rahim yang suci secara terpilih dan terdidik. Tiadalah bercabang dua, melainkan aku di bahagian yang terbaik."

Bunda Aminah bukan cuma ibu seorang Rasul atau Nabi, tetapi juga wanita pengukir sejarah. Karena risalah yang dibawa putera tunggalnya sempurna, benar dan kekal sepanjang zaman. Suatu risalah yang bermaslahat bagi umat manusia.

Berkatalah Ibnu Ishaq tentang Bunda Aminah binti Wahab ini:

"Pada waktu itu ia merupakan gadis yang termulia nasab dan kedudukannya di kalangan suku Quraisy."

Menurut penilaian Dr. Bint Syaati tentang Aminah ibunda Nabi Muhammad SAW yaitu:

"Masa kecilnya dimulai dari lingkungan paling mulia, dan asal keturunannya pun paling baik. Ia (Aminah) memiliki kebaikan nasab dan ketinggian asal keturunan yang dibanggakan dalam masyarakat aristokrasi (bangsawan) yang sangat membanggakan kemuliaan nenek moyang dan keturunannya."

Aminah binti Wahab merupakan bunga yang indah di kalangan Quraisy serta menjadi puteri dari pemimpin bani Zuhrah. Pergaulannya senantiasa dalam penjagaan dan tertutup dari pandangan mata. Terlindung dari pergaulan bebas sehingga sukar untuk dapat mengetahui jelas penampilannya atau gambaran fisikalnya. Para sejarawan hampir tidak mengetahui kehidupannya kecuali sebagai gadis Quraisy yang paling mulia nasab dan kedudukannya di kalangan Quraisy.

Meski tersembunyi, baunya yang harum semerbak keluar dari rumah Bani Zuhrah dan menyebar ke segala penjuru Mekkah. Bau harumnya membangkitkan harapan mulia dalam jiwa para pemudanya yang menjauhi wanita-wanita lain yang terpandang dan dibicarakan orang.

CAHAYA DI DAHI

Allah memilih Aminah "Si Bunga Quraisy" sebagai isteri Sayyid Abdullah bin Abdul Muthalib di antara gadis lain yang cantik dan suci. Ramai gadis yang meminang Abdullah sebagai suaminya seperti Ruqaiyah binti Naufal, Fathimah binti Murr, Laila Al- Adawiyah, dan masih ramai wanita lain yang telah meminang Abdullah.

Ibnu Ishaq menuturkan tentang Abdul Muthalib yang membimbing tangan Abdullah anaknya setelah menebusnya dari penyembelihan. Lalu membawanya kepada Wahab bin Abdul Manaf bin Zuhrah—yang waktu itu sebagai pemimpin Bani Zuhrah—untuk dinikahkan dengan Aminah.

Sayyid Abdullah adalah pemuda paling tampan di Mekkah. Paling memukau dan paling terkenal di Mekkah. Tak heran, jika ketika ia meminang Aminah, ramai wanita Mekkah yang patah hati.

Cahaya yang semula memancar di dahi Abdullah kini berpindah ke Aminah, padahal cahaya itulah yang membuat wanita-wanita Quraisy rela menawarkan diri sebagai calon isteri Abdullah. Setelah berhasil menikahi Aminah, Abdullah pernah bertanya kepada Ruqaiyah mengapa tidak menawarkan diri lagi sebagai suaminya.

Apa jawab Ruqayah:

"Cahaya yang ada padamu dulu telah meninggalkanmu, dan kini aku tidak memerlukanmu lagi."

Fathimah binti Murr yang ditanyai juga berkata:

"Hai Abdullah, aku bukan seorang wanita jahat, tetapi kulihat aku melihat cahaya di wajahmu, karena itu aku ingin memilikimu. Namun Allah tak mengizinkan kecuali memberikannya kepada orang yang dikehendaki-Nya."

Jawaban serupa juga disampaikan oleh Laila Al-Adawiyah:

"Dulu aku melihat cahaya bersinar di antara kedua matamu karena itu aku mengharapkanmu. Namun engkau menolak. Kini engkau telah mengawini Aminah, dan cahaya itu telah lenyap darimu."

Memang "cahaya" itu telah berpindah dari Abdullah kepada Aminah. Cahaya ini setelah berpindah-pindah dari sulbi-sulbi dan rahim-rahim lalu menetap pada Aminah yang melahirkan Nabi Muhammad SAW. Bagi Nabi Muhammad SAW merupakan hasil dari doa Nabi Ibrahim bapaknya. Kelahirannya sebagai kabar gembira dari Nabi Isa saudaranya, dan merupakan hasil mimpi dari Aminah ibunya. Aminah pernah bermimpi seakan-akan sebuah cahaya keluar darinya menyinari istana-istana Syam.

Dari suara ghaib ia mendengar:

"Engkau sedang mengandung pemimpin umat."

Masyarakat di Mekkah selalu membicarakan, kedatangan Nabi yang ditunggu-tunggu sudah semakin dekat. Para pendeta Yahudi dan Nasrani, serta peramal-peramal Arab, selalu membicarakannya. Dan Allah telah mengabulkan doa Nabi Ibrahim (as) seperti disebutkan dalam Surah Al-Baqarah ayat 129.

"Ya Tuhan kami. Utuslah bagi mereka seorang Rasul dari kalangan mereka."

Dan terwujudlah kabar gembira dari Nabi Isa (as), seperti tersebut dalam Surah Ash-Shaff ayat 6:

"Dan memberi kabar gembira dengan (datangnya) seorang rasul yang akan datang sesudahku, namanya Ahmad (Muhammad)."

Benar pulalah tentang ramalan mimpi Aminah tentang cahaya yang keluar dari dirinya serta menerangi istana-istana Syam itu.

SEBAB PERKAWINAN SAYYIDAH

Para sejarawan dan ahli hadits telah meninggalkan kisah berharga tentang sebab musabab perkawinan Sayyidah Aminah dan Sayyid Abdullah. Ini telah membuktikan bahwa keluarga Abdul Muthalib tidak akan mengawinkan anaknya kecuali berdasarkan kemuliaan.

Ibnu Saad, Thabrani, dan Abu Naim meriwayatkan bahwa Abdul Muthalib bercerita:

"Suatu saat kami sampai di negara Yaman saat perjalanan musim dingin, kami bertemu dengan seorang penganut kitab Zabur (Pendeta Yahudi) dia bertanya: "Kamu dari kabilah mana? Aku menjawab: "Dari Quraisy". Dari Quraisy mana? Kujawab: Bani Hasyim! Kemudian Pendeta itu berkata: Bolehkah aku melihat salah satu anggota tubuhmu? Boleh saja asal bukan aurat?. Kemudian Pendeta itu melihat kedua tanganku dan berkata: "Aku bersaksi bahwa di salah satu tanganmu terdapat Malaikat dan tangan yang satunya terdapat Kenabian, dan aku melihat hal ini pada Bani Zuhrah, bagaimana semua ini bisa terjadi? Aku menjawab: Tidak tahu?. Kemudian dia bertanya lagi: Apakah kamu mempunyai syaah? Apakah syaah itu? Tanyaku. "Istri!" Jawabnya. Kalau sekarang aku tidak beristri?" Ujar Abdul Muthalib. Kemudian Pendeta itu berkata: "Kalau engkau pulang kawinlah dengan salah satu wanita dari mereka?" Setelah pulang ke Mekkah Abdul Muthalib kawin dengan Hallah binti Uhaib bin Abdul Manaf. Dan mengawinkan anaknya Abdullah dengan Aminah binti Wahab. Setelah itu orang-orang Quraisy berkata: "Abdullah lebih beruntung dari Ayahnya?"

Baihaqi dan Abu Nuaim meriwayatkan dari Ibn Syihab, bahwa Abdullah bin Abdul Muthalib adalah lelaki yang tampan. Suatu saat dia keluar ke tempat wanita-wanita Quraisy, salah satu dari mereka berkata:

"Apakah di antara kalian ada yang mau kawin dengan pemuda ini? sehingga nanti kejatuhan cahaya, karena aku melihat cahaya di antara kedua belah matanya?

Zubair bin Bakar meriwayatkan, bahwa seorang paranormal wanita yang bernama Saudah binti Zuhrah bin Kilab berkata pada orang- orang Bani Zuhrah:

"Sesungguhnya di antara kalian terdapat seorang gadis yang akan melahirkan seorang Nabi, maka perlihatkanlah gadis-gadis kalian kepadaku". Kemudian para gadis Bani Zuhrah diperlihatkan satu per satu, hingga pada giliran Aminah. Di saat dia melihat Aminah, dia berkata: "Inilah wanita yang akan melahirkan seorang Nabi."

Demikianlah keadaan gadis Bani Zuhrah ini, dia hanya berada di dalam rumahnya, bergaul dengan keluarga dekatnya. Karena dia hanya merasakan ketentraman dan kedamaian dengan rasa malu dan sifat iffah yang dimilikinya.

Akhirnya timbul dalam ingatan Abdul Muthalib kejadian-kejadian yang dialami saat pergi ke Yaman tentang Bani Zuhrah. Maka timbullah niat mulianya. Maka dia bersama anaknya Abdullah bergegas menuju rumah keluarga Bani Zuhrah untuk menjalin kekeluargaan. Bagi keluarga Bani Zuhrah tidak ada alasan untuk menolak keinginan Abdul Muthalib, bahkan hal ini merupakan kehormatan baginya. Bani Zuhrah pun menerima lamaran Abdul Muthalib untuk menikahkan anaknya Abdullah dengan Aminah binti Wahab dan dia sendiri pun kawin dengan saudara sepupu Aminah yaitu Hajjaj binti Uhaib.

RUMAH BARU

Maka dapat dibayangkan betapa bahagianya penduduk Quraisy menyaksikan perkawinan indah dari dua keluarga mulia itu. Terutama kedua mempelai, terpancar dari keduanya wajah yang berseri-seri. Harapan masa depan cerah menyinari perasaan keduanya. Setelah dilangsungkan pesta pernikahan, Abdullah tinggal di rumah Aminah selama tiga hari sebagaimana kebiasaan orang Arab waktu itu. Kemudian dia pulang ke rumahnya untuk menyambut kedatangan sekuntum mawar dari Bani Zuhrah yang akan dibawa oleh keluarganya untuk menempati rumah barunya.

Rumah baru itu adalah rumah kecil dan sederhana yang disiapkan oleh Abdul Muthalib untuk anak kesayangannya. Para sejarawan menyebutkan bahwa rumah itu mempunyai satu kamar dan serambi yang panjangnya sekitar 12 m serta lebar 6 m yang di dinding sebelah kanan terdapat kayu yang disediakan sebagai tempat duduk mempelai.

Aminah melangkah menatap rumahnya dengan tatapan perpisahan namun hatinya bahagia diliputi harapan kehidupan baru. Kemudian dia berangkat bersama orang-orang yang mengantarnya, dengan mengenakan gaun pengantin Aminah dan rombongan disambut oleh keluarga Abdullah. Pengantar lelaki masuk dan berkumpul di serambi sedangkan pengantar wanita memasuki ruangan pengantin. Pesta meriah dan sederhana pun dilaksanakan. Setelah walimah ala kadarnya para pengantar dan penyambut membubarkan diri, maka tinggallah dua mempelai yang dipenuhi rasa damai dan bahagia dengan dipenuhi seribu harapan di masa depan.

KEHAMILAN

Tidak lama dari masa perkawinannya yang indah, Aminah mendapatkan berita gembira kehamilan dirinya yang berbeda dengan wanita pada umumnya. Dia dapatkan berita itu melalui mimpi- mimpi yang menakjubkan, bahwa dia telah mengandung makhluk yang paling mulia. Mimpinya itu, seolah-olah ia melihat sinar yang terang-benderang mengelilingi dirinya. Ia juga seolah-olah melihat istana-istana di Bashrah dan Syam. Seolah-olah dia juga mendengar suara yang ditujukan kepadanya: "Engkau telah hamil dan akan melahirkan seorang manusia termulia di kalangan umat ini!"

Dalam satu riwayat yang diriwayatkan oleh Ibn Saad dan Baihaqi dari Ibn Ishak, dia berkata:

"Aku mendengar bahwa di saat Aminah hamil, ia berkata: Aku tidak merasa bahwa aku hamil dan aku tidak merasa berat sebagaimana dirasakan oleh wanita hamil lainnya, hanya saja aku tidak merasa haid dan ada seseorang yang datang kepadaku. Apakah engkau merasa hamil? Aku menjawab: Tidak tahu. Kemudian orang itu berkata: Sesungguhnya engkau telah mengandung seorang pemuka dan Nabi dari umat ini, dan hal itu pada hari Senin, dan tandanya Dia akan keluar bersama cahaya yang memenuhi istana Basrah di negeri Syam, apabila sudah lahir berilah nama Muhammad? Aminah berkata: "Itulah yang membuatku yakin kalau aku telah hamil. Kemudian aku tidak menghiraukannya lagi hingga di saat masa melahirkan dekat, dia datang lagi dan mengatakan kata-kata yang pernah aku utarakan? Aku memohon perlindungan untuknya kepada Dzat yang Maha Esa dari kejelekan orang yang dengki?"

"Kemudian aku menceritakan semua itu kepada para wanita keluargaku, mereka berkata: Gantunglah besi di lengan dan lehermu? Kemudian aku mengerjakan perintah mereka, tidak lama besi itu putus dan setelah itu aku tidak memakainya lagi."

PERPISAHAN

Belum lama sepasang suami istri itu melalui hari-hari bahagianya dengan segala duka-cita, rasa cinta semakin menyatu, kini keduanya harus rela untuk berpisah. Pasalnya, Abdul Muthalib telah menyiapkan sebuah kafilah yang harus dipimpin oleh anaknya yang baru kemarin merasakan manisnya kebahagiaan bersama istri untuk berniaga ke negeri Syam.

Tak ada alasan bagi pemuda seperti Abdullah untuk menolak perintah sang ayah yang sangat menyayanginya, meski hatinya tidak rela meninggalkan Aminah yang sedang hamil muda, terlebih lagi masa-masa itu adalah masa bulan madu bagi keduanya. Kegembiraan yang baru saja meluap dengan kehamilan istrinya, kini serta merta menjadi kesedihan yang cukup dalam karena ia harus segera bergabung dengan kafilah Quraisy untuk melakukan perdagangan ke Gaza dan Syam. Entah kenapa kali ini ia merasa amat berat meninggalkan rumah. Biasanya ia berangkat berdagang dengan semangat yang tinggi. Kali ini sepertinya ia telah mempunyai firasat, pergi bukan untuk kembali. Namun pergi untuk selama- lamanya dari pangkuan istrinya yang tercinta. Namun kegalauan hatinya tidak disampaikannya kepada Aminah. Ia takut kegalaluan hatinya akan merisaukan hati Aminah, sehingga akan mengganggu janin dalam kandungannya.

Detik-detik perpisahan pun tiba. Beberapa penduduk Quraisy telah bersiap-siap untuk berangkat. Masing-masing dari mereka sibuk mengurusi barang dagangan yang akan dibawa. Bani Hasyim juga tak ketinggalan mempersiapkan segala keperluannya, namun di balik itu dua insan yang telah bersatu dalam kedamaian harus berpisah setelah mereguk madu kebahagiaan.

Semerbak wangi parfum pengantin masih tercium di rumahnya, jari-jemari tangan Aminah pun masih terlihat kemerah-merahan lantaran ukiran pacar masih ada di tangannya. Tak ada yang tahu apa yang dilakukan dan dibicarakan keduanya, dalam detik-detik itu, tapi yang jelas keduanya harus rela merasakan pedihnya perpisahan setelah keindahan menyentuh sanubari mereka.

Akhirnya Abdullah tetap pergi meski dengan hati yang tertambat di rumah. Hatinya begitu sedih, hingga tak terasa air matanya keluar membasahi pipi. Air mata perpisahan.

Sungguh ... Allah saja yang mengetahui, apakah suami istri itu akan berjumpa lagi atau tidak. Hanya saja mereka berdua merasakan bahwa saat itu hati keduanya sama-sama tidak menentu. Abdullah dengan langkah gontai tapi pasti keluar dari rumah sederhananya yang diikuti Aminah. Di depan rumahnya Abdullah meninggalkan Aminah yang melepasnya dengan penuh harap, beberapa kalimat diucapkan untuk menenangkan hati di antara keduanya. Padahal di balik itu keduanya tidak menyadari kalau itu adalah pertemuan terakhir.

Setelah Abdullah keluar dan bergabung dengan rombongannya tinggallah Aminah bersama dua orang wanita Bani Hasyim dan Bani Zuhrah yang rela menemaninya selama Abdullah belum pulang. Keduanya memandang Aminah dengan pandangan iba, lantaran harus merasakan kesendirian, padahal keduanya tidak tahu masa depan Aminah.

KISAH KEPERGIAN ABDULLAH telah ditulis oleh para sejarawan.

Ibnu Saad menceritakan:

Abdullah bersama rombongan orang-orang Quraisy berangkat ke Syam untuk berniaga. Setelah selesai berniaga mereka pulang melewati kota Madinah dan waktu itu Abdullah sakit, kemudian Abdullah meminta agar meninggalkannya bersama kerabatnya dari Bani Najjar selama satu bulan. Setelah rombongan sampai di Mekkah Abdul Muthalib menanyakan keadaan Abdullah pada mereka.

Mereka menjawab:

Kami meninggalkannya bersama kerabat-kerabat Bani Najjar di Madinah karena dia sakit. Setelah itu Abdul Muthalib mengutus anak tertuanya Al-Harits untuk menjemputnya, setelah sampai di sana Abdullah sudah dikubur. Mengetahui semua itu Abdul Muthalib dan seluruh keluarganya mengalami kesedihan yang luar biasa. Bukan hanya kesedihan karena kehilangan Abdullah yang mereka sayangi, namun lebih dari itu Abdullah telah meninggalkan kesedihan dalam jiwa seorang wanita Bani Zuhrah yang saat itu sedang hamil tua.

Tidak dapat dibayangkan! Aminah, sebagai seorang istri yang baru merasakan kasih sayang seorang suami dan menunggu kelahiran buah hati pertamanya. Aminah sangat sedih dan merana dengan perpisahan yang tidak bisa diharapkan lagi pertemuannya. Penantian dan kerinduan yang selama ini ia pendam ternyata tidak tertumpahkan. Belum lama ia mengecap kebahagiaan bersama suami yang dicintainya, kini ia telah ditinggalkan untuk selama-lamanya. Tidak dapat diungkapkan bagaimana kesedihan Aminah, seperti sejarah pun tidak sanggup mencatat kepiluannya kecuali dengan apa yang diungkapkan Aminah berupa bait-bait kesedihan.

MIMPI DI WAKTU HAMIL

Imam Ibnu Katsir meriwayatkan dalam kitabnya, Qishashul Anbiyya, bahwa ketika Aminah mengandung Rasulullah SAW, sama sekali ia tidak merasa kesulitan maupun kepayahan sebagaimana wanita umumnya yang mengandung. Ia juga menyatakan bahwa selama mengandung Rasulullah SAW, dalam mimpinya ia senantiasa didatangi para Nabi-nabi terdahulu, dari sejak bulan pertama, yaitu bulan Rajab hingga kelahirannya di bulan Rabi'ul Awwal.

Semua Nabi-nabi yang hadir di mimpi Aminah itu sama-sama berpesan kepadanya bahwa jika telah lahir, namai anak itu dengan nama Muhammad yang artinya Terpuji, karena anak itu akan menjadi makhluk yang paling terpuji di dunia dan akhirat. Firasat mengenai penamaan Muhammad itu pun terbersit di hati mertuanya, Abdul Muthalib, sehingga ketika Rasulullah SAW lahir, Abdul Muthalib memberinya nama Muhammad. Ketika masyarakat Mekkah bertanya mengapa ia dinamai Muhammad, bukan nama para leluhur-leluhurnya, maka Abdul Muthalib menjawab: "Aku berharap ia akan menjadi orang yang terpuji di dunia dan akhirat."

Bulan ke-1 didatangi oleh Nabi Adam (as) yang berkata kepadanya bahwa anak yang dikandungnya itu akan menjadi pemimpin agama yang besar.

Bulan ke-2 didatangi Nabi Idris (as) yang berkata kepadanya bahwa anak yang dikandungnya itu akan mendapat derajat paling tinggi di sisi Allah.

Bulan ke-3 didatangi Nabi Nuh (as) yang berkata kepadanya bahwa anak yang dikandungnya itu akan memperoleh kemenangan dunia dan akhirat.

Bulan ke-4 didatangi Nabi Ibrahim (as) yang berkata kepadanya bahwa anak yang dikandungnya itu akan memperoleh pangkat dan derajat yang besar di sisi Allah.

Bulan ke-5 didatangi Nabi Ismail (as) yang berkata kepadanya bahwa anak yang dikandungnya itu akan memiliki kehebatan dan mu'jizat yang besar.

Bulan ke-6 didatangi Nabi Musa (as) yang berkata kepadanya bahwa anak yang dikandungnya itu akan memperoleh derajat yang besar di sisi Allah.

Bulan ke-7 didatangi Nabi Daud (as) yang berkata kepadanya bahwa anak yang dikandungnya itu akan memiliki Syafaat dan Telaga Kautsar.

Bulan ke-8 didatangi Nabi Sulaiman (as) yang berkata kepadanya bahwa anak yang dikandungnya itu akan menjadi penutup para Nabi dan Rasul.

Bulan ke-9 didatangi Nabi Isa (as) yang berkata kepadanya bahwa anak yang dikandungnya itu akan membawa Al-Qur'an yang diridhai.

MALAM YANG SANGAT DINANTIKAN ALAM

Hingga pada detik detik kelahiran Sucinya, Sayyidah Aminah tidak pernah merasa letih atau pun kepayahan. Malam yang menggembirakan bagi semesta telah tiba, inilah malam lahirnya sang Nabi Suci Paripurna yang kedatangannya dinantikan seluruh mahluk.

Dalam kesendirian mendekati saat kelahiran, Allah SWT mengutus 4 orang wanita Agung yang membantu persalinan Nabi Suci SAW. Mereka Adalah Siti Hawa, Sarah istri Nabi Ibrahim, Asiyah binti Muzahim, dan Ibunda Nabi Isa (as), Maryam. Kelak ke-4 wanita agung ini yang akan pula menemani Sayyidah Khadijah Al-Kubr At- Thahirah dalam prosesi kelahiran Az-Zahra A-Mardhiyah Ummu Aimmah (as).

Siti Hawa berkata kepada Sayyidah Aminah:

"... Sungguh beruntung engkau wahai Aminah. Tidak ada di dunia ini wanita yang mendapatkan kemuliaan dan keberuntungan seperti engkau. Sebentar lagi engkau akan melahirkan Nabi Agung junjungan alam semesta Al-Musthafa SAW. Kenalilah olehmu sesungguhnya aku ini Hawa, ibunda seluruh umat manusia, Aku diperintahkan Allah SWT untuk menemanimu.."

Selang tak lama kemudian hadirlah Siti Sarah istri Nabi Ibrahim (as). Beliau berkata:

"... Sungguh berbahagialah engkau wahai Aminah. Tidak ada di dunia ini wanita yang mendapatkan kemuliaan dan keberuntungan seperti engkau. Sebentar lagi engkau akan melahirkan Nabi Agung SAW, seorang Nabi Agung yang dianugerahi kesucian yang sempurna pada diri dan kepribadiannya. Nabi Agung yang ilmunya sebagai sumber ilmunya para Nabi dan para kekasih-Nya. Nabi Agung yang cahayanya meliputi seluruh alam. Dan ketahuilah olehmu wahai Aminah, sesungguhnya aku adalah Sarah istri Nabiyullah Ibrahim (as), aku diperintahkan Allah SWT untuk menemanimu."

Wanita ketiga pun hadir dalam harum semerbak seraya berkata:

"... Sungguh berbahagialah engkau wahai Aminah. Tidak ada di dunia ini wanita yang mendapatkan kemuliaan dan keberuntungan seperti engkau. Sebentar lagi engkau akan melahirkan Nabi Agung SAW, kekasih Allah yang paling agung dan insan sempurna yang paling utama mendapati pujian dari Allah SWT dan dari seluruh mahluk-Nya. Perlu engkau ketahui sesungguhnya aku adalah Asiyah binti Muzahim yang diperintahkan Allah SWT untuk menemanimu.."

Dan Wanita keempat pun hadir dengan tampilan kecantikan luar biasa serta berwibawa. Dia adalah Siti Maryam, ibunda Nabi Isa (as), ia berkata kepada Sayyidah Aminah:

"... Sungguh berbahagialah engkau wahai Aminah. Tidak ada di dunia ini wanita yang mendapatkan kemuliaan dan keberuntungan seperti engkau. Sebentar lagi engkau akan melahirkan Nabi Agung SAW yang dianugerahi Allah SWT mu'jizat yang sangat agung dan sangat luar biasa. Beliaulah junjungan seluruh penghuni langit dan bumi, hanya untuk beliau semata segala bentuk shalawat Allah SWT dan salam sejahtera-Nya yang sempurna. Ketahuilah olehmu wahai Aminah, sesungguhnya aku adalah Maryam ibunda Isa (as). Kami semua ditugaskan Allah SWT untuk menemanimu demi menyambut kehadiran Nabi Suci Al-Musthafa SAW."

Allah SWT berfirman kepada Malaikat Jibril Al-Amin:

"Wahai Jibril... Serukanlah kepada seluruh arwah suci para Nabi, Rasul dan para Wali agar berbaris rapi menyambut kehadiran kekasih-Ku Al-Musthafa SAW. Wahai Jibril, Bentangkanlah hamparan kemuliaan dan keagungan derajat Al-Qurab dan Al-Wishal kepada kekasih-Ku yang memiliki maqam luhur di sisi-Ku. Wahai Jibril, perintahkanlah kepada Malik agar menutup semua pintu neraka. Wahai Jibril, perintahkanlah kepada Ridwan agar membuka seluruh pintu surga.. Wahai Jibril pakailah olehmu Haullah Ar-Ridwan (Pakaian agung yang meliputi keagungan Allah SWT) demi menyambut kekasih-Ku Muhammad SAW. Hai Jibril, turunlah ke bumi dengan membawa seluruh pasukan malaikat Muqarrabin, Karubbiyyin, Para Malaikat yang selalu mengelilingi Arsy-Ku demi menyambut kedatangan kekasih-Ku SAW. Wahai Jibril, kumandangkanlah seruan ke penjuru langit hingga lapis ketujuh dan ke segenap penjuru bumi hingga lapisan paling dalam, beritakanlah kepada seluruh makhluk-Ku bahwa sesungguhnya sekarang adalah saatnya kedatangan Nabi Akhir Zaman, Muhammad Al-Musthafa SAW."

Perintah Allah SWT ini segera di laksanakan Malaikat Mulia Al-Amin hingga di semesta terliputi pedaran cahaya Agung kemilauan dari sayap-sayap mereka. Persaksian tidak kalah hebat dialami Ummu Agung Sayyidah Aminah binti Wahab yang dengan izin Allah SWT beliau diperkenankan melihat seluruh penjuru bumi, dari mulai Syria hingga Palestina.

Seorang Ulama dalam kitab Maulid Ad-Diba'i, Syeikh Abdurahman Ad-Diba'i hal. 192-193 meredaksikan:

"Sesungguhnya saat malam kelahiran Nabi Suci Muhammad SAW, Arsy seketika bergetar hebat nan luar biasa meluapkan kebahagiaan dan kegembiraannya, Kursi Allah bertambah kewibawaan dan keagungannya dan seluruh langit dipenuhi cahaya bersinar terang dan para malaikat seluruhnya bergemuruh mengucapkan pujian kepada Allah SWT."

PARA MALAIKAT BERTAHLIL

Hari-hari Aminah lalui dengan kesedihan dan kesendirian. Hanyalah Munajat kepada sang Pencipta yang dia ucapkan dari bibir dan hatinya. Begitulah Aminah mengisi hari-hari menunggu kelahiran anaknya, tanpa kasih sayang seorang ayah. Entah berapa tetes Air mata yang mengalir di wajah suci Aminah ketika dia mengingat calon bayinya tersebut.

Takdir Allah memang tidak bisa ditolak, ketentuannya tak bisa digugat, Maha Besar Allah dengan kehendak dan kekuasaannya yang menghendaki Manusia mulia dan suci keluar dari rahim Aminah. Detik-detik kelahiran anak Aminah ini sangat istimewa. Betapa tidak!! Di malam itu Aminah didatangi wanita-wanita suci penghuni surga seperti Maryam dan Asyiah, dengan didampingi ribuan bidadari yang mengabarkan kepadanya, bahwa sebentar lagi akan keluar dari rahim sucinya seorang bayi mungil yang lucu nan suci, pemuka dari para Nabi dan kekasih Tuhan alam semesta.

Para Malaikat bertahlil dan bertasbih menyaksikan cahaya indah yang akan lahir di malam itu, maka lahirlah Rasulullah SAW dari rahim Aminah. Tak perlu diungkapkan bagaimana proses keagungan kelahiran Rasulullah secara mendetail.

Sebab para sejarawan telah menulis dengan panjang lebar kejadian ini. Yang jelas Aminah sangat merasa bahagia dengan kelahiran anaknya ini, kepiluan, kesedihan, kesendirian dan kesepian kini telah sirna, yang ada hanyalah kebahagian dan kedamaian yang mengisi hari-hari Aminah setelah kelahiran anaknya.

Kelahiran Rasulullah SAW bak setetes embun pagi yang menetes di sanubari Aminah. Bahkan bukan bagi Aminah saja namun bagi penghuni alam semesta. Betapa banyak makhluk Allah yang berharap merawat dan menatap wajahnya, para Malaikat dan bahkan hewan-hewanpun berebut untuk merawatnya. Namun takdir Allah menentukan hanyalah Aminah yang mendapat kemuliaan tersebut.

MUNCUL KEANEHAN SAAT SAYYIDAH AMINAH MELAHIRKAN

Berbagai keanehan terjadi mengiringi kelahiran Rasulullah SAW. Di antara keanehan yang bersifat ghaib adalah: Tertutupnya pintu langit untuk para jin dan iblis. Sebelum Aminah melahirkan, jin dan iblis bebas naik turun ke langit, untuk mencuri pembicaraan malaikat. Namun sejak lahirnya manusia paling sempurna di dunia ini, pintu langit tertutup untuk syaitan yang terkutuk.

Ada juga sebagian riwayat yang mengemukakan bahwa Aminah melahirkan bayinya sudah dalam keadaan dikhitan. Sedangkan Aminah sama sekali tidak mendapatkan nifas, setelah melahirkan. Keanehan lain juga sempat disaksikan oleh Aminah sendiri.

Kata Aminah sebagaimana yang diriwayatkan oleh Ibnu Sa'ad:

"Setelah bayiku keluar, aku melihat cahaya yang keluar dari kemaluannya, menyinari istana-istana di Syam!" Ahmad juga meriwayatkan dari Al-Irbadh bin Sariyah yang isinya serupa dengan perkataan tersebut.

Beberapa bukti kerasulan, bertepatan dengan kelahiran beliau, yaitu runtuhnya sepuluh balkon istana Kisra dan padamnya api yang biasa disembah oleh orang-orang Majusi serta runtuhnya beberapa gereja di sekitar istana Buhairah. Setelah itu, gereja-gereja tersebut amblas ke tanah. Demikian diriwayatkan dari Al-Baihaqi.

Setelah melahirkannya, dia menyuruh orang untuk memberitahukan kepada mertuanya tentang kelahiran cucunya. Maka Abdul Muthalib dengan perasaan sukacita kemudian menggendong cucunya yang baru lahir dan membawanya ke Ka'bah seraya bersyukur dan berdoa kepada-Nya. Ia memilihkan nama Muhammad bagi cucunya. Nama yang sama sekali belum dikenal di kalangan Arab.

WAFATNYA

Menurut adat Arab, setiap tahun Aminah pergi menziarahi ke pusara suaminya dekat kota Madinah itu. Setelah Rasulullah SAW dikembalikan oleh Halimah, tidak berapa lama kemudian, pergilah Aminah berziarah ke pusara suaminya itu bersama dengan anaknya (Muhammad SAW) yang masih dalam pangkuan, juga dengan budak pusaka ayahnya, seorang perempuan bernama Ummu Aiman.

Tetapi di dalam perjalanan pulang, Aminah ditimpa demam, lalu dia menemui ajalnya. Dia meninggal dan jenazahnya dikuburkan di Al-Abwa', suatu dusun di antara kota Madinah dengan Mekkah.

Muhammad kecil lalu dibawa dalam gendongan Ummu Aiman balik ke Mekkah.

Kemudian Muhammad kecil diserahkan kepada kakeknya, Abdul Muthalib, yang merawatnya dengan penuh kasih sayang.

Berkata Ibnu Ishak:

"Maka adalah Rasulullah SAW itu hidup di dalam asuhan kakeknya Abdul Muthalib bin Hasyim. Kakeknya itu mempunyai suatu hamparan tempat duduk di bawah lindungan Ka'bah. Anak-anaknya semuanya duduk di sekeliling hamparan itu. Kalau dia belum datang, tidak ada seorang pun anak-anaknya yang berani duduk dekat, lantaran amat hormat kepada orang tua itu. Maka datanglah Rasulullah SAW, ketika itu dia masih kanak-kanak, dia duduk saja di atas hamparan itu. Maka datang pulalah anak-anak kakeknya itu hendak mengambil tangannya menyuruhnya mundur. Demi terlihat oleh Abdul Muthalib, dia pun berkata: "Biarkan saja cucuku ini berbuat sekehendaknya. Demi Allah sesungguhnya dia kelak akan mempunyai kedudukan penting.' Lalu anak itu didudukkannya di dekatnya, dibarut-barutnya punggungnya dengan tangannya, disenangkannya hati anak itu dan dibiarkannya apa yang diperbuatnya."

Saat menjelang wafatnya, Aminah berkata:

"Setiap yang hidup pasti mati, dan setiap yang baru pasti usang. Setiap orang yang tua akan binasa. Aku pun akan wafat tapi sebutanku akan kekal. Aku telah meninggalkan kebaikan dan melahirkan seorang bayi yang suci."

Diriwayatkan oleh Aisyah (ra) dengan katanya:

"Rasulullah SAW memimpin kami dalam melaksanakan haji wada'. Kemudian baginda mendekat kubur ibunya sambil menangis sedih. Maka aku pun ikut menangis karena tangisnya."

Betapa harumnya nama Sayyidah Aminah, dan betapa kekal namanya nan abadi. Seorang ibu yang luhur dan agung, sebagai ibu Baginda Muhammad SAW manusia paling utama di dunia, paling sempurna di antara para Nabi, dan sebagai Rasul yang mulia. Bunda Aminah binti Wahab adalah ibu kandung Rasul yang mulia. Semoga Allah SWT memberkahinya.

Mari kita kenali Nabi kita sampai ke ibu dan bapaknya. Yang tak kenal sulit untuk mencintainya.

Kisah Hikayat Nabi Muhammad SAW Putra Ibunda Siti Aminah

Ketika cahaya tauhid padam di muka bumi, maka kegelapan yang tebal hampir saja menyelimuti akal. Di sana tidak tersisa orang-orang yang bertauhid kecuali sedikit dari orang-orang yang masih mempertahankan nilai-nilai ajaran tauhid. Maka Allah SWT berkehendak dengan rahmat-Nya yang mulia untuk mengutus seorang rasul yang membawa ajaran langit untuk mengakhiri penderitaan di tengah-tengah kehidupan. Dan ketika malam mencekam, datanglah matahari para nabi. Kedatangan Nabi tersebut sebagai bukti terkabulnya doa Nabi Ibrahim as kekasih Allah SWT, dan sebagai bukti kebenaran berita gembira yang disampaikan oleh Nabi Isa as.

Allah SWT menyampaikan salawatnya kepada Nabi itu, sebagai bentuk rahmat dan keberkahan. Para malaikat pun menyampaikan salawat kepadanya sebagai bentuk pujian dan permintaan ampunan, sedangkan orang-orang mukmin bersalawat kepadanya sebagai bentuk penghormatan. Allah SWT berfirman:

"Sesungguhnya Allah dan malaikat-malaikat-Nya bersalawat untuk Nabi. Hai orang-orang yang beriman, bersalawatlah kamu untuk Nabi dan ucapkanlah salam penghormatan kepadanya." (QS. al-Azhab: 56)

Sebelumnya Allah SWT mengutus para nabi-Nya sebagai rahmat kepada kaum dan zaman mereka saja, namun Allah SWT mengutus beliau saw sebagai rahmat bagi alam semesta. Beliau saw datang dengan membawa rahmat yang mutlak untuk kaum di zamannya dan untuk seluruh zaman. Allah SWT berfirman, *"Dan aku tidak mengutusmu kecuali sebagai rahmat bagi alam semesta."*

Hakikat dakwah para nabi sebelumnya adalah menyebarkan Islam, begitu juga ajaran yang dibawa oleh Nabi yang terakhir adalah

Islam. Beliau saw adalah Muhammad bin Abdillah bin Abdul Muthalib, anak seorang wanita Quraisy. Beliau saw adalah pemimpin anak-anak Nabi Adam as. Beliau saw adalah hamba Allah SWT dan Rasul-Nya, serta rahmat Allah SWT yang dihadiahkan kepada umat manusia.

Beliau saw lahir di tanah Arab. Ketika itu malam gelap, tiba-tiba Abdul Muthalib membayangkan bahwa matahari telah terbit, lalu ia bangun dan ternyata mendapati dirinya di pertengahan malam, keheningan yang luar biasa menyelimuti gurun yang terbentang. Ia menuju pintu kemah, lalu menyaksikan bintang-bintang bersinar di langit, dan dunia tampak di selimuti dengan malam. Ia kembali menutup pintu kemah dan tidur. Belum lama ia dikuasai oleh rasa kantuk yang amat sangat, sehingga ia kembali bermimpi untuk kedua kalinya. Segala sesuatunya tampak jela s kali ini, Sesungguhnya sesuatu yang besar memerintahnya untuk melaksanakan perintah yang sangat penting, "Galilah zamzam!" Dalam mimpinya Abdul Muthalib bertanya: "Apakah itu zamzam?" Kemudian untuk kedua kalinya perintah itu mengatakan bahwa ia diperintahkan untuk menggali zamzam. Belum lama Abdul Muthalib melihat sesuatu yang bersembunyi itu, sehingga ia berdiri di tempat tidurnya dan hatinya berdebar dengan keras. Abdul Muthalib bangkit, lalu ia membuka pintu kemah kemudian pergi ke gurun yang luas. Apakah arti zamzam? Tiba-tiba pikirannya dipenuhi dengan cahaya yang datang dari jauh, bahwa pasti zamzam adalah sebuah sumur, tetapi apa yang diinginkan oleh suara yang datang dalam tidur itu agar ia menggali sumur, di sana tidak ada jawaban selain satu jawaban dari pertanyaan ini, yaitu agar orang-orang yang berhaji dan berkeliling di sekitar Ka'bah dapat meminumnya. Tetapi apa nilai dari sumur itu sendiri, bukankah di sana terdapat banyak sumur yang dapat diminum oleh orang-orang yang berhaji.

Abdul Muthalib duduk di tengah-tengah pasir gurun pada pertengahan malam, ia memikirkan bintang-bintang sembari merenungkan cerita-cerita kuno yang mengatakan tentang sumur yang memancar darinya air sebagai akibat dari pukulan kaki Nabi Ismail as, di sana juga ada cerita yang mengatakan bahwa sumur itu telah binasa sesuai dengan perjalanan zaman.

Matahari terbit di atas gurun Jazirah Arab, Abdul Muthalib keluar menemui orang-orang, dan menceritakan kepada mereka bahwa ia akan menggali sebuah sumur di tempat tertentu, ia menunjukkan ke tempat yang di situ ia diberitahu oleh suara yang ada dalam mimpinya. Orang-orang Quraisy menolaknya, Sesungguhnya tempat yang diisyaratkan oleh Abdul Muthalib terletak di antara dua berhala dari berhala-berhala yang biasa disembah oleh masyarakat setempat, yaitu di antara berhala yang bernama Ashaf dan NAllah. Abdul Muthalib merasa bahwa usahanya sia-sia untuk meyakinkan kaumnya agar mengizinkannya untuk menggali sumur. Mereka mengetahui bahwa Abdul Muthalib tidak mempunyai sesuatu selain hanya seorang anak. Bahwasanya ia tidak memiliki anak-anak yang dapat menolong dan memperkuatnya serta melaksanakan keinginan-keinginannya.

Pada saat itu di kawasan negeri Arab dipenuhi dengan kabilah-kabilah yang terjalin suatu ikatan fanatisme atau kesukuan yang kuat dan usaha untuk melindungi keluarga yang sangat menonjol. Akhirnya Abdul Muthalib pergi dalam keadaan sedih, lalu ia berdiri di hadapan Ka'bah dan mengungkapkan suatu nazar kepada Allah SWT. Ia berkata: "Jika aku mendapat sepuluh anak laki-laki, dan mereka menginjak usia dewasa, sehingga mereka mampu melindungiku saat aku menggali sumur Zamzam, maka aku akan menyembelih salah seorang dari mereka di sisi Ka'bah sebagai bentuk korban."

Pintu langit pun terbuka untuk doanya. Belum sampai berlangsung satu tahun, istrinya melahirkan anaknya yang kedua dan setiap tahun ia melahirkan anak laki-laki sampai pada tahun yang kesembilan, sehingga Abdul Muthalib mempunyai sepuluh anak laki-laki. Kemudian berlalulah zaman dan anak-anak Abdul Muthalib menjadi besar.

Abdul Muthalib akhirnya menjadi seseorang yang memiliki kemampuan. Kemudian Abdul Muthalib berusaha melakukan rencananya yang diisyaratkan dalam mimpinya itu, yaitu ia bersiap-siap untuk mengorbankan salah satu anaknya sebagai bentuk pelaksanaannya dari nazarnya. Maka dilakukanlah undian atas sepuluh anaknya, lalu keluarlah nama anaknya yang paling kecil yaitu Abdullah. Ketika nama anak itu keluar dalam undian, maka orang-orang yang ada disekitarnya berusaha memberontak, mereka mengatakan bahwa mereka tidak akan membiarkan Abdullah disembelih.

Abdullah saat itu terkenal sebagai seseorang yang bersih dikawasan Arab, ia telah dapat menarik simpati masyarakat di sekitarnya. Ia tidak pernah menyakiti seseorang pun. Bahkan ia tidak pernah meninggikan suaranya lebih dari orang lain. Senyuman khas Abdullah terkenal sebagai senyuman yang paling lembut di kawasan Jazirah Arab. Muatan ruhaninya demikian jernih, dan hatinya yang mulia menyerupai sebuah kebun di tengah-tengah gurun hati-hati yang keras, oleh karena itu semua manusia datang kepadanya dan menentang usaha penyembelihannya. Para pembesar Quraisy berkata, "Lebih baik kami menyembelih anak-anak kami daripada ia harus disembelih, dan menjadikan anak-anak kami sebagai tebusan baginya. Kami tidak akan menemukan seseorang pun yang lebih baik dari dia seandainya kami menyembelihnya, pertimbangkanlah kembali masalah itu, dan biarkan kami bertanya kepada dukun."

Abdul Muthalib tampak tidak mampu menghadapi tekanan ini, lalu ia mempertimbangkan kembali apa yang telah ditetapkannya. Kemudian mereka mendatangi seorang dukun. Si dukun berkata: "Berapakah taruhan yang kalian miliki?" Mereka menjawab: "Sepuluh ekor unta." Dukun itu berkata: "Datangkanlah sepuluh unta, lalu lakukanlah kembali undian atasnya dan atas nama Abdullah, jika undian datang padanya, maka tambahlah sepuluh ekor unta lagi, lalu ulangilah terus undian tersebut, demikian hingga tidak keluar lagi nama Abdullah."

Kemudian dilakukanlah undian atas nama Abdullah dan atas sepuluh ekor unta yang besar. Undian itu pun mengeluarkan terus nama Abdullah, hingga Abdul Muthalib menambah sepuluh ekor unta lagi, kemudian lagi-lagi yang keluar nama Abdullah sehingga mereka pun menambah sepuluh ekor unta lagi sampai jumlah unta itu telah mencapai seratus ekor unta. Setelah itu, datanglah nama unta tersebut. Maka saat itu, masyarakat demikian gembiranya sehingga berlinangan air mata, kegembiraan dari mereka karena melihat Abdullah berhasil diselamatkan. Kemudian disembelihlah seratus ekor unta di sisi Ka'bah, dan mereka membiarkannya di situ sehingga korban itu tidak disentuh oleh seseorang pun dan juga disentuh oleh binatang-binatang buas.

Abdul Muthalib sangat gembira atas keselamatan anaknya, Abdullah. Lalu ia menetapkan untuk menikahkannya dengan gadis terbaik di Jazirah Arab, kemudian ia keluar dengannya pada suatu hari dari Ka'bah ke rumah Wahab, dan di sana ia meminang untuknya Aminah binti Wahab. Kemudian Aminah binti Wahab menikah dengan Abdullah bin Abdul Muthalib, seorang pemuda yang paling mulia dan paling dicintai oleh orang-orang Quraisy.

Dinyalakanlah api-api di gunung-gunung Mekah, agar para musafir dan para tamu mengetahui tempat diadakannya acara tersebut, yaitu acara pernikahan antara Abdullah dan Aminah. Lalu disembelihlah hewan-hewan korban, dan manusia dari kalangan orang-orang fakir bahkan binatang-binatang buas dan burung makan darinya. Abdullah tinggal bersama istrinya dua bulan di rumah pernikahan, hingga suatu hari ada kabar bahwa kafilah akan berangkat, lalu Abdullah pun mengikuti kafilah tersebut dan melakukan perjalanan bersama kafilah perdagangan Quraisy menuju Syam, itu adalah kesempatan terakhir yang diperoleh Aminah binti Wahab bersamanya. Wajah Abdullah yang mulai tampak berseri-seri mengucapkan selamat tinggal kepada Aminah, lalu setelah itu bayang-bayang wajahnya tersembunyi bersama kafilah dan rnereka pun hilang. Aminah tidak mengetahui bahwa itu adalah kesempatan terakhirnya setelah dua bulan dari perkawinannya. Abdullah mengunjungi paman-pamannya dari kabilah bani Najar di Madinah, dan di sana ia meletakkan jasadnya di muka bumi, ia meninggal dunia.

Abdullah bin Abdul Muthalib kini telah meninggal. Saat itu ia berusia dua puluh lima tahun. Kabar kematiannya tiba-tiba tersebar dan sangat memilukan hati orang-orang yang mendengarnya, sehingga kabar itu sampai ke istrinya. Aminah tampak menangis tersedu-sedu dan ia tampak menyampaikan pertanyaan-pertanyaan pada dirinya dan tidak mengetahui jawabannya, mengapa Allah SWT menebusnya dengan seratus unta jika kemudian Dia menetapkan kematian baginya.

Tidak lama kemudian, lalu bergeraklah dirahimnya janin dengan gerakan yang sedikit, ia tampak mulai mengetahui bahwa ia sedang hamil. Aminah menangis dua kali, pertama ia menangis untuk dirinya sendiri dan kali ini ia menangis untuk anak yang ditinggal mati ayahnya sebelum ia sempat dilahirkan. Aminah tidak pernah mengetahui sebelumnya bahwa janin yang dikandungnya akan menjadi anak yatim, ayahnya meninggal saat ia dilahirkan.

Anak yatim ini harus menanggung beban anak-anak yatim dan orang-orang fakir serta orang-orang yang sedih di muka bumi. Ia akan menjadi Nabi yang terakhir dan rasul-Nya kepada manusia. Ia akan menjadi rahmat yang dihadiahkan kepada manusia dan tidak akan mengetahui makna rahmat kecuali orang yang merasakan penderitaan dan kepahitan. Inilah anak kecil yang sebelum dilahirkan telah menelan kesedihan. Dan berlalulah hari demi hari, lalu hilanglah tangisan penderitaan dan mata Aminah pun telah mengering, namun kesedihannya tampak menyerupai sebuah pohon yang turnbuh bersama kehausan.

Kemudian kesedihannya hari demi hari semakin ia rasakan tetapi kesedihannya itu mulai tidak tampak ketika ia mendapatkan bahwa janin yang dikandungnya tidaklah memberatkannya, sebaliknya ia merasakan betapa ringannya janin yang dikandungnya bagaikan merpati yang berkeliling di seputar Ka'bah, dan seandainya kesedihannya yang selalu mengitarinya, maka tidak ada wanita yang lebih bahagia darinya dengan kehamilan yang ringan ini. Janin itu adalah manusia yang mulia di sisi Tuhan, kemudian semakin dekatlah hari kelahirannya. Sementara itu, pasukan Abrahahh mendekati Mekah.

Abrahahh adalah seorang penguasa Yaman, yaitu pada saat Yaman tunduk kepada Habasyah setelah penguasa Persia diusir. Di Yaman ia membangun suatu gereja yang menunjukkan bangunan yang menakjubkan. Abrahahh membangunnya dengan niat agar orang-orang Arab berpaling dari Baitul Haram di Mekah. Ia melihat betapa orang-orang Yaman tertarik dengan rumah tersebut. Dan ketika ia tidak melihat gereja yang dibangunnya memiliki daya tarik seperti itu dan tidak mampu menarik hati orang-orang Arab, maka ia berkeinginan kuat untuk menghancurkan Ka'bah, sehingga orang-orang tidak menuju ke Ka'bah lagi melainkan ke gerejanya. Demikianlah akhirnya ia menyiapkan pasukan yang besar yang dipenuhi dengan berbagai senjata, kemudian pasukan itu menuju Ka'bah.

Pasukan Abrahahh terdiri dari kelompok gajah yang besar yang digunakannya untuk menghancurkan Ka'bah. Gajah-gajah itu bagaikan tank-tank yang kita gunakan saat ini. Orang-orang Arab pun mendengar rencana tersebut. Memang orang-orang Arab saat itu terkenal sebagai penyembah berhala, meskipun demikian mereka sangat memberikan penghargaan dan penghormatan terhadap Ka'bah, karena mereka meyakini bahwa mereka adalah anak-anak Nabi Ibrahim as dan Nabi Ismail as pemelihara Ka'bah.

Perjalanan pasukan tiba-tiba dihadang oleh seorang lelaki yang mulia dari penduduk Yaman yang bernama Dunaher. Ia mengajak kaumnya dan dari kalangan orang-orang Arab untuk memerangi Abrahahh, sehingga ada beberapa orang yang mengikutinya. Abrahahh berhadapan dengan tentara tersebut tetapi pasukan yang sedikit itu dapat dengan mudah dipatahkan oleh pasukan kafir yang besar itu. Kemudian Dunaher pun kalah dan menjadi tawanan

Abrahahh. Pasukan Abrahahh tersebut juga sempat ditentang oleh Nufail bin Hubaid al-Aslami, namun Abrahahh pun dapat mengalahkan mereka dan berhasil menawan Nufail.

Kemudian ketika Abrahahh melewati kota Taif, menghadaplah kepadanya beberapa orang tokoh setempat, dan mereka tampak gemetar ketakutan dan berkata kepadanya bahwa sesungguhnya 'rumah' yang ditujunya tidak berada di tempat mereka, tetapi berada di Mekah. Hal itu mereka sampaikan dengan maksud untuk memalingkannya dari rumah berhala mereka, di mana mereka membangun di dalamnya berhala yang bernama Latha kemudian mereka mengutus seseorang yang akan menunjukkan kepada Abrahahh letak Ka'bah. Ketika Abrahahh berada di antara Taif dan Mekah, ia mengutus seorang pemimpin pasukannya sehingga ia melihat keadaan Mekah. Di sana ia merampas banyak harta dari kaum Quraisy dan selain mereka, dan di antara yang dirampasnya adalah dua ratus unta milik Abdul Muthalib bin Hasyim. Saat itu Abdul Muthalib adalah salah seorang pembesar Quraisy dan pemimpin mereka, serta pengawas sumur Zamzam.

Kedatangan utusan Abrahahh di Mekah telah menimbulkan gejolak pada kabilah-kabilah. Akhirnya kaum Quraisy bergerak, begitu juga kaum Khananah. Kemudian mereka mengetahui bahwa mereka tidak memiliki kemampuan untuk melawan Abrahahh, sehingga mereka membiarkannya, lalu tersebarlah di Jazirah Arab berita tentang datangnya pasukan yang kuat yang sulit untuk ditandingi. Dalam surat yang dibawa oleh utusannya itu, Abrahahh menyampaikan bahwa ia tidak datang untuk memerangi mereka, namun ia datang hanya untuk menghancurkan Ka'bah. Jika mereka tidak menentangnya, maka darah mereka tidak akan ditumpahkan. Lalu utusan itu menemui Abdul Muthalib, ia menceritakan tentang keinginan Abrahahh. Abdul Muthalib berkata: "Kami tidak ingin memeranginya karena kami tidak memiliki kekuatan. Ka'bah adalah rumah Allah SWT yang mulia dan suci, dan rumah kekasih-Nya Ibrahim. Jika Ia mencegahnya, maka itu adalah rumah-Nya dan tempat suci-Nya, namun jika Ia membiarkannya, maka demi Allah kami tidak memiliki kekuatan untuk mempertahankannya." Kemudianutusan itu pergi bersama Abdul Mutihalib menuju Abrahahh.

Abdul Muthalib adalah seseorang yang sangat terpandang dan sangat mulia. Ia memiliki kewibawaan dan kehormatan yang mengagumkan. Ketika Abrahahh melihatnya, Abrahahh menampakkan penghormatan kepadanya. Abrahahh memuliakannya dan mendudukannya di bawahnya, ia tidak suka bahwa ia duduk bersamanya di kursi kekuasaannya. Lalu Abrahahh turun dari kursinya dan duduk di atas sebuah permadani dan mendudukkan Abdul Muthalib di sisinya. Kemudian ia berkata kepada penerjemahnya: "Katakan padanya apa kebutuhannya?" Abdul Muthalib berkata: "Kebutuhanku adalah agar Abrahahh mengembalikan dua ratus ekor unta yang diambilnya dariku" Ketika Abdul Muthalib mengatakan demikian, wajah Abrahahh berubah, lalu ia berkata kepada penerjemahnya: "Katakan padanya sungguh aku merasa kagum ketika melihatnya, kemudian aku merasakan kehati-hatian saat berbicara dengannya, apakah engkau berbicara denganku tentang dua ratus ekor unta yang telah aku ambil, lalu engkau membiarkan rumah yang merupakan simbol agamanya dan kakek-kakeknya, yang aku datang untuk menghancurkannya dan dia tidak menyinggungnya sama sekali" Abdul Muthalib menjawab: "Aku adalah pemilik unta, sedangkan pemilik rumah itu adalah Tuhan yang melindunginya." Abrahahh berkata: "Dia tidak akan mampu melindunginya dariku." Abdul Muthalib menjawab: "Lihat saja nanti!"

Selesailah dialog antara Abdul Muthalib dan Abrahahh. Abrahahh pun mengembalikan unta yang telah dirampasnya. Abdul Muthalib pergi menemui orang-orang Quraisy dan menceritakan apa yang dialaminya, dan ia memerintahkan mereka untuk meninggalkan Mekah dan berlindung dibalik gua-gua di gunung. Akhirnya kota Mekah dikosongkan oleh pemiliknya. Aminah binti Wahab keluar ke gunung-gunung di dekat kota Mekah kemudian malaikat turun di bumi Jarzirah Arab.

Abdul Muthalib berdiri dan memegangi pintu Ka'bah dan berdiri bersama dengan sekelompok orang-orang Quraisy, mereka berdoa kepada Allah SWT dan meminta perlindungan-Nya, agar para malaikat memerintahkan gajah-gajah tidak melangkahkan kakinya sehingga gajah itu pun tetap di tempatnya dan menaati perintah para malaikat, kemudian gajah-gajah itu menerima pukulan yang dahsyat namun gajah-gajah itu tetap berdiam di tempatnya, gajah-gajah itu tampak gemetar dan berteriak tetapi lagi-lagi gajah-gajah itu menolak untuk bergerak dan tidak bergerak selangkah pun. Abrahahh bertanya: "Mengapa pasukan tidak bergerak?" Kemudian dikatakan kepadanya bahwa gajah-gajah menolak untuk bergerak. Abrahah mengangkat cemetinya. Dengan muka emosi, ia ingin melihat apa yang sebenarnya terjadi dengan gajah-gajahnya.

Matahari saat itu bersinar dan ia duduk di kemahnya. Ketika ia keluar, matahari bersembunyi di balik segerombolan burung. Abrahah mengangkat pandangannya ke arah langit. Mula-mula ia membayangkan bahwa ia melihat sekawanan awan yang hitam. Kemudian ia mengamat-amati awan itu. Dan ternyata ia bukan awan biasa. Itu adalah sekelompok burung yang menutupi cahaya matahari dan menyerupai awan yang tebal. Burung ababil, burung yang banyak.

Gajah-gajah semakin berteriak dengan kencang dan tampak ketakutan. Dan rasa takut itu kini menghinggapi seluruh pasukan. Abrahah berteriak di tengah-tengah pasukannya agar gajah diusahakan untuk maju secara paksa. Kemudian terbukalah salah satu jendela dari jendela al-Jahim, dan burung-burung itu menghujani pasukan dengan batu dari Sijil, yaitu batu yang sama yang pernah dihujankan kepada kaum Nabi Luth. Batu itu menyerupai bom-bom atom yang digunakan saat ini.

Jika Anda membaca buku-buku kuno, maka Anda akan mengetahui bagaimana peristiwa yang menimpa pasukan Abrahah. Anda akan membayangkan bahwa Anda berada di hadapan suatu kekuatan yang menghancurkan yang tidak diketahui asal muasalnya. Dunia mengenali sebagian darinya setelah empat belas abad dari peristiwa tersebut. Buku-buku itu mengatakan bahwa pasukan itu dihancurkan dengan penghancuran yang dahsyat.

Para tentara Abrahah kembali dalam keadaan binasa di mana daging- daging dari tubuh mereka berceceran di jalan. Abrahah pun mendapatkan luka dan mereka keluar dari tempat itu dalam keadaan dagingnya terpisah satu persatu. Abrahah pun terbelah dadanya dan mati. Kemudian jasad para pasukannya tersebar dan berceceran di bumi, seperti tanaman yang dimakan oleh binatang. Setelah mendekati setengah abad, turunlah suatu surah di Mekah yang menceritakan tentang peristiwa itu:

"Apakah kamu tidak memperhatikan bagimana Tuhanmu telah bertindak terhadap tentara gajah? Bukankah Dia telah menjadikan tipu daya mereka (untuk menghancurkan Ka'bah) itu sia-sia? Dan Dia mengirimkan kepada mereka burung yang berbondong- bondong, yang melempari mereka dengan batu (berasal) dari tanah yang terbakar, lalu Dia menjadihan mereka seperti daun yang dimakan (ulat)." (QS. al-Fil: 1-5)

Pasukan gajah yang ingin memporak-porandakan Mekah dikalahkan. Kemudian mereka dihancurkan dan Tuhan pemilik Ka'bah berhasil melindungi rumah suci-Nya. Perlindungan tersebut bukan sebagai penghormatan bagi orang yang tinggal di rumah itu dan bukan sebagai bentuk pengkabulan doa kaum yang menyembah berhala yang memenuhi tempat itu. Allah SWT sebagai Pelindung Ka'bah memeliharanya karena adanya hikmah yang tinggi; Allah SWT menginginkan sesuatu bagi rumah itu;

Allah SWT ingin melindunginya agar tempat itu menjadi tempat yang damai bagi manusia dan supaya tempat itu menjadi pusat dari akidah yang baru dan menjadi tanah bebas yang aman, yang tidak dikuasai oleh seseorang pun dari luar dan juga tidak didominasi oleh pemerintahan asing yang akan membatasi dakwah. Yang demikian itu karena di sana terdapat rumah dari rumah-rumah di Mekah yang lahir di sana seorang anak di mana ibunya bernama Aminah binti Wahab dan ayahnya adalah Abdullah, salah seorang tokoh Arab. Anak itu belum dilahirkan dan belum dapat tugas kenabian dan ia belum memikul Islam di atas pundaknya dan belum menjadi rahmat bagi alam semesta. Kemudian datanglah Abrahah yang ingin menghancurkan semua ini tanpa ia mengetahui semua rahasia ini.

Tragedi yang menimpa Abrahah adalah karena bahwa ia berusaha menentang kehendak Ilahi sehingga kehendak Ilahi itu menghancurkannya dengan mukjizat yang mengagumkan. Datanglah banyak burung dengan membawa batu-batuan yang tidak didengar suaranya. Kemudian burung-burung melemparkan batu-batu itu kepada Abrahah beserta tentaranya. Semua ini berdasarkan rencana Ilahi terhadap rumah-Nya dan agama-Nya serta nabi-Nya sebelum orang mengetahui bahwa Nabi Islam telah bersiap-siap untuk meninggalkan tempat tidurnya di perut ibunya dan mulai memasuki kehidupan yang keras di muka bumi.

Di tengah-tengah kegembiraan Mekah karena keselamatan penghuninya dan selamatnya Ka'bah, Aminah binti Wahab bermimpi: di tengah suatu malam ia menyaksikan dirinya berdiri sendirian di tengah-tengah gurun, dan telah keluar dari dirinya suatu cahaya besar yang menyinari timur dan barat dan terbentang hingga langit. Aminah tiba-tiba terbangun dari tidurnya namun ia tidak mengetahui tafsir dari mimpinya.

Berlalulah hari demi hari dari tahun gajah. Dan pada waktu sahur dari malam Senin hari keduabelas dari bulan Rabiul Awal, Aminah melahirkan seorang anak kecil yang yatim yang bernama Muhammad bin Abdillah bin Abdul Muthalib, seorang cucu dari Ismail bin Ibrahim bin Adam.

Sebelum ia dilahirkan, dunia mati karena kehausan padanya. Kehausan dunia sangat besar kepada cinta, rahmat, dan keadilan. Sekarang teiah berlalu 600 tahun dari kelahiran al-Masih dan orang- orang Masehi telah menjauhi ajaran cinta, bahkan keyakinan- keyakinan berhalaisme telah meresap kepada sebagian kelompok mereka dan kejernihan ajaran tauhid telah ternodai. Sedangkan orang-orang Yahudi telah meninggalkan wasiat-wasiat Musa dan mereka kembali menyembah lembu yang terbuat dari emas. Dan setiap orang dari mereka lebih memilih untuk memiliki lembu emas yang khusus. Demikianlah, berhalaisme telah menyerang di bumi. Bumi dipenuhi oleh kegelapan. Akal disingkirkan dan Tuhan diiupakan dan mereka menyerahkan diri mereka kepada pembohong.

Ketika jantung dunia telah terkena kekeringan, maka memancarlah dari timur suatu mata air keimanan yang jernih yang menjadi puas dengannya separo dunia. Dan mukjizat besar terjadi ketika mata air ini mengeluarkan air yang jernih dari jantung gurun yang paling besar ketandusannya di dunia, yaitu gurun jazirah Arab. Berkenaan dengan penggambaran masa tersebut, dalam hadis yang mulia dikatakan: "Sesungguhnya Allah melihat penduduk bumi lalu Dia murka kepada mereka, baik orang-orang Arab maupun orang-orang Ajam kecuali sebagian kecil dari Ahlulkitab."

Di tenda yang kasar, lahirlah seorang anak yatim yang kemudian bertanggung jawab untuk memberikan minum kepada dunia yang haus pada cinta, keadilan, kebebasan, serta kebenaran. Sementara itu, beberapa langkah dari tempat kelahirannya terdapat berhala-berhala yang memenuhi Baitul 'Athiq dan sekitar Ka'bah yang dibangun oleh Nabi Ibrahim dan Nabi Ismail agar menjadi rumah Allah SWT dan Dia disembah di dalamnya dan manusia merasa tenteram di dalamnya. Di rumah yang kuno ini―yang dibangun sebelumnya oleh Adam―dipenuhi patung-patung tuhan yang terbuat dari batu dan kayu. Ini menunjukkan betapa akal orang-orang Arab saat itu mengalami titik terendah.

Sementara itu nun jauh di sana, tepatnya di Yatsrib atau Madinah dipenuhi oleh orang-orang Yahudi yang mereka datang di sana karena melarikan diri dari penindasan orang-orang Romawi. Mereka tinggal di situ bagaikan srigala-srigala di atas tanah yang tersubur di mana mereka melakukan monopoli dalam perdagangan. Mereka membagun kejayaan mereka dengan memanfaatkan orang-orang Arab dan keheranan mereka terhadap diri mereka sendiri.

Para cendikiawan Yahudi memperdagangkan segala sesuatu, dimulai dari emas sampai Taurat. Mereka menyembunyikan kertas-kertas darinya dan menampakkan sebagiannya; mereka mengubah kertas- kertas Taurat itu untuk memperkaya diri mereka. Pada saat orang- orang Yahudi menyembah emas dan sangat lihai melakukan persekongkolan, orang-orang Arab justru menyembah batu dan mereka pandai berperang. Mereka juga lihai dalam membuat syair lalu menggantungkannya di atas tirai-tirai Ka'bah. Orang-orang Arab hidup di bawah naungan sistem kesukuan di mana kepala suku adalah pemimpin dan nilainya sebanding dengan anak buahnya, dan kemampuan mereka dalam berperang. Dan keutamaan seseorang dilihat dari asal muasalnya serta nilainya juga dilihat dari kefanatikannya serta kebanggannya kepada nasab yang merupakan kemuliannya, juga kefanatikannya terhadap berhala tertentu yang merupakan agamanya. Jadi, segala bentuk kemuliaan dan kewibawaan tidak terbentuk kecuali dalam ruang lingkup yang sempit dalam kabilah atau kesukuan.

Sedangkan di tempat yang jauh dari Mekah, Romawi menyerupai burung rajawali yang lemah, namun belum sampai kehilangan kekuatannya. Orang-orang Romawi sangat menyanjung kekuatan. Sedangkan di belahan timur dari utara negeri Arab, orang-orang Persia menyembah api dan air. Api tetap menyala di tempat peribadatan mereka di mana manusia rukuk untuknya. Dan di sana terdapat danau Sawah yang dianggap suci oleh mereka.

Sementara itu, Kisra, raja kaum Persia duduk di atas singgasananya dan memberikan keputusan terhadap manusia. Keputusan Kisra selalu didengar dan dilaksanakan. Tidak ada seorang pun yang berani menentangnya dan menolaknya. Orang-orang Persia berhasil mengalahkan Romawi dan Yunani, sehingga mereka menjadi kekuatan yang dahsyat di muka bumi. Meskipun mereka memiliki kekuatan yang sangat luar biasa, namun penyembahan api jelas-jelas menunjukkan betapa bodohnya mereka dan betapa kekuatan mereka diliputi oleh kebodohan sehingga akal mereka tercabut dan mereka terhalangi untuk mencapai kebenaran. Alhasil, kegelapan semakin meningkat di setiap penjuru bumi dan kehidupan berubah menjadi hutan yang lebat di mana di dalamnya seorang yang kuat akan menyingkirkan seorang yang lemah dan di dalamnya yang menang adalah kebatilan.

Di tengah-tengah suasana yang demikian kelam, lahirlah seorang anak di tenda Mekah. Ketika anak tersebut lahir, maka padamlah api yang disembah oleh kaum Persia dan keringlah danau Sawah yang disucikan oleh manusia, bahkan robohlah empat belas loteng dari istana Kisra. Dan setan merasa bahwa penderitaan yang besar telah merobek-robek hatinya. Ini semua sebagai simbol dimulainya kehancuran kejahatan atau keburukan di muka bumi dan terbebasnya akal manusia dari penyembahan terhadap sesama manusia atau terhadap hal-hal yang bersifat khurafat. Manusia diajak hanya untuk menyembah kepada Allah SWT. Kelahiran Rasul sebagai bukti hilangnya kelaliman, sebagaimana kelahiran Nabi Musa yang menunjukkan kebebasan Bani Israil dari kelaliman Fir'aun.

Ajaran Muhammad bin Abdillah merupakan ajaran revolusi yang paling meyakinkan dan yang paling penting yang pernah dikenal di dunia; ajaran yang bertugas untuk menyelamatkan dan membebaskan akal dan materi. Tentara Al-Qur'an adalah tentara yang paling adil dan paling berani untuk menghancurkan orang-orang yang lalim. Kita akan melihat dalam sejarah Nabi bahwa kejadian-kejadian luar biasa telah mengelilingi Ka'bah sebelum kelahirannya. Kemudian terjadilah peristiwa luar biasa setelah kelahirannya di mana terjadilah peristiwa pembelahan dada pada saat beliau masih kecil, begitu juga beliau dinaungi oleh awan di waktu kecil, bahkan beliau terkenal pada saat masih kecil dengan kecenderungan untuk meninggalkan permainan-permainan yang biasa dimainkan oleh anak-anak kecil seusia beliau. Allah SWT memberikan penjagaan khusus kepadanya sehingga Jibril as turun kepadanya dengan membawa wahyu.

Selanjutnya, mukjizatnya yang pertama adalah mukjizat yang terdapat pada kepribadiannya dan pemikiran-pemikirannya. Itulah yang menjadi mukjizatnya yang terbesar setelah Al-Qur'an; itu adalah bangunan ruhani yang tinggi di mana beliau mampu menahan penderitaan di jalan Allah SWT. Dan dalam menegakkan kebenaran, beliau memikul berbagai macam rintangan. Beliau melaksanakan amanat yang diembannya secara sempurna dan sebaik-baik mungkin. Hal yang indah yang dikatakan tentang mukjizat Nabi setelah diutusnya beliau adalah bahwa beliau tidak mempunyai mukjizat selain usaha membebaskan akal: tanpa memiliki kekuatan luar biasa selain membebaskan pikiran, tanpa dalil selain kalimat Allah SWT.

Sedangkan Isa bin Maryam telah berdakwah dan mengajak manusia untuk menciptakan kesamaan, persaudaraan, dan cinta kasih di antara mereka, namun Muhammad saw diberi karunia untuk mewujudkan persamaan, persaudaraan, dan cinta kasih di antara orang-orang mukmin di tengah-tengah kehidupannya dan setelah kehidupannya.

Ketika Nabi Isa mampu menghidupkan orang-orang yang mati dan mengeluarkan mereka dari kuburan, Muhammad bin Abdillah menghidupkan orang-orang hidup dari kematian mereka yang tidak pernah mereka sadari. Itu adalah bentuk kematian yang paling berat. Beliau juga mengeluarkan rnereka dari kegelapan dan kebodohan menuju cahaya ilmu, dan dari belenggu syirik dan kekufuran menuju dunia tauhid.

Sulaiman sebagai seorang Nabi dan raja mampu memperkerjakan jin untuk mengabdi padanya, bahkan mereka mampu terbang beribu- ribu mil untuk menghadirkan singgasana musuh-musuhnya agar mereka semua tercengang terhadap kemampuannya, sehingga mereka masuk Islam. Namun Muhammad saw justru mengabdi kepada Islam hanya sebagai seorang tentara yang sederhana. Beliau mengetahui bahwa ketika beliau lalai sesaat saja dari dakwah di jalan Allah SWT, maka kesempatannya dalam menyebarkan agama Islam akan hilang.

Di saat terjadi peristiwa besar dalam peperangan, tiba-tiba azan salat dikumandangkan, sehingga para pasukan yang berperang mengerjakan salat. Tidak ada malaikat yang turun untuk melindungi mereka ketika salat atau mencegah datangnya anak-anak panah dari punggung mereka saat sujud. Karena itu, hendaklah para pasukan melindungi dirinya sendiri. Para pasukan mukmin berusaha salat secara bergantian: sebagian mereka salat dan sebagian mereka bertugas untuk menjaga.

Allah SWT berfirman:

"Dan apabila kamu berada di tengah-tengah mereka (sahabatmu) lalu kamu hendak mendirikan salat bersama-sama mereka, maka hendaklah segolongan dari mereka berdiri (salat) besertamu dan menyandang senjata, kemudian apabila mereka sujud (telah menyempurnakan serakaat), maka hendaklah mereka pindah dari belakangmu (untuk menghadapi musuh) dan hendaklah datang golongan yang kedua yang belum bersembahyang, lalu bersembahyanglah mereka denganmu, dan hendaklah mereka bersiap siaga dan menyandang senjata. Orang-orang kafir ingin agar kamu lengah terhadap senjatamu dan harta bendamu, lalu mereka menyerbu kamu dengan sekaligus."(QS. an-Nisa': 102)

Selesailah masalah itu dan tidak adak malaikat yang turun untuk melindunginya dan menolongnya. Ini adalah masa kematangan akal dan masa keletihan para nabi dan orang-orang mukmin. Dan sesuai kadar keletihan mereka dalam menyampaikan ajaran Islam, mereka pun akan mendapatkan balasan yang besar.

Pada masa para nabi sebelum Nabi Muhammad saw, mereka menghadirkan mukjizat-mukjizat kepada kaum mereka saat memulai dakwah, sehingga kaum tersebut mempercayai apa saja yang mereka bawa, sedangkan Nabi Muhammad bin Abdillah tidak menghadirkan kepada kaumnya selain dirinya dan ketulusannya.

Allah SWT telah memutuskan untuk melindungi Musa dan memerintahkannya untuk mengangkat gunung di atas kaumnya hingga mereka beriman kepada Taurat, atau untuk menjatuhkan gunung tersebut di atas mereka. Ketika mengetahui hal yang Demikian itu, orang-orang Yahudi sujud dengan meletakkan pipi mereka di atas tanah dan mereka mengamati bukit batu yang berada di atas kepala mereka yang diangkat oleh tangan yang tersembunyi. Sedangkan Nabi Muhammad bin Abdillah tak pernah memaksa seseorang pun. Berimanlah beberapa orang kepadanya dan puaslah beberapa orang kepadanya dan matilah bersamanya orang-orang yang mati dalam keadaan puas. Beliau tidak membawa pedang kecuali saat panah yang beracun mendekati jantung Islam dan mengancamnya.

Dakwah para nabi menuntut terjadinya mukjizat demi mukjizat. Ini karena masa kekanak-kanakan manusia serta kelemahan akal dan hilangnya panca indera menuntut rahmat Allah SWT untuk mendatangkan mukjizat yang sesuai dengan masa turunnya mukjizat tersebut dan budaya masyarakat setempat. Adalah hal yang maklum bahwa di tengah-tengah penduduk Mekah saat itu tidak terdapat orang-orang yang cerdas atau orang-orang yang bijak yang mampu menyerap kata-kata yang baik. Dan kesulitan yang dihadapi oleh Islam adalah bahwa ia tidak diturunkan pada masa ini saja, tetapi Islam diturunkan untuk setiap masa. Allah SWT mengetahui bahwa manusia telah memasuki masa kematangan berpikir yang mengagumkan, maka hikmah-Nya menuntut bahwa pernyataan yang pertama kali disebutkan dalam risalah-Nya adalah *"iqra'"* (bacalah). Di samping itu, risalah tersebut mengandung pemikiran yang universal, sistem yang membangun, dan hukum yang mempesona, serta kebebasan yang diidamkan, dan manusia yang sempurna.

Adalah tidak mengurangi kehormatan para nabi sebelum Nabi Muhammad saw di mana mereka tidak diutus di masa-masa kematangan pemikiran, tetapi yang menambah kehormatan Nabi Muhammad saw bahwa beliau diutus di tengah-tengah masa kematangan berpikir, dan beliau diutus sebelum datangnya masa ini. Beliau memikul berbagai lipat cobaan yang pernah dipikul oleh para nabi; beliau berdakwah dengan menanggung berbagai lipat godaan dan cobaan; beliau mengalami siksaan yang pernah dialami oleh semua para nabi; beliau mencintai Allah SWT sebagaimana para nabi mencintai-Nya. Allah SWT memuliakannya ketika beliau mengimami mereka di saat salat pada saat beliau melakukan Isra' dan Mi'raj. Meskipun demikian, ketika beliau keluar pada suatu hari menemui sahabat-sahabatnya dan mendapati mereka mengutamakan para nabi dan mendahulukannya atas mereka, maka beliau justru menampakkan kemarahan dan wajahnya berubah. Beliau berkata: "Janganlah kalian mengutamakan aku atas Yunus bin Mata."

Melalui pernyataan itu, beliau berusaha meletakkan suatu pondasi pemikiran yang harus dilalui oleh kaum Muslim di mana para nabi memang memiliki derajat tertentu di sisi Allah SWT. Boleh jadi ada nabi yang lebih afdal atau yang lebih mulia daripada yang lain. Siapakah yang menetapkan hal itu? Tidak ada seorang pun selain Allah SWT. Ada pun kaum Muslim hendaklah mereka berhenti pada batas tertentu yang seharusnya mereka berikan berkaitan dengan sopan santun terhadap para nabi. Selama Allah SWT menyampaikan shalawat kepada rasul sebagai bentuk penghormatan dan memerintahkan mereka untuk menyampaikan shalawat kepadanya, dan selama Rasulullah seperti nabi-nabi yang lain, maka hendaklah mereka juga bershalawat kepada semua nabi tanpa perbedaan, meskipun pada bentuk shalawat itu sendiri.

Sementara itu, bayi yang mungil itu yang lahir di Mekah bergerak setelah tahun gajah. Kemudian berita tersebar di sana sini dan

Sampailah ke telinga kakeknya bahwa cucunya telah dilahirkan. Abdul Muthalib segera menuju ke tempat itu dan membawa cucunya yang yatim lalu berkeliling dengannya di Ka'bah sambil memikirkan namanya. Abdul Muthalib tidak merasa terpukau dengan nama-nama yang mulai beredar di benaknya. Ia tampak bingung menentukan nama yang paling tepat buat cucunya, bahkan kebingungannya itu berlanjut sampai enam hari, sehingga sang Nabi disunat. Ketika malam telah menyelimuti kawasan Mekah, datanglah kepadanya suara yang sama yang dulu pernah dilihatnya dan didengarnya yang memerintahkannya untuk menggali zamzam. Di tengah-tengah tidurnya, suara itu membisikkan kepadanya bahwa nama cucunya berasal dari *al-Ham,* yang berarti Muhammad atau Ahmad.

Orang-orang Quraisy bertanya kepada Abdul Muthalib: "Nama apa yang engkau berikan kepada cucumu?" Abdul Muthalib menjawab sambil mengingat bisikan suara yang didengarnya saat mimpi, "Muhammad." Nama tersebut sebenarnya tidak umum di kalangan orang-orang Jahilliyah. Mereka bertanya, "Mengapa Abdul Muthalib tidak memakai narna-nama kakek-kakeknya dan nama-nama yang biasa dipakai di kalangan mereka." Abdul Muthalib menjawab: "Aku ingin Allah SWT memujinya di langit dan manusia memujinya di bumi."

Kami tidak mengetahui dorongan apa yang mendikte Abdul Muthalib untuk menyatakan kalimat tersebut. Apakah kalimat itu bersumber dari realitas kebanggaan orang-orang Arab yang populer atau berasal dari realitas kebanggaan tradisional? Atau, apakah berangkat dari realitas kegembiraan yang dalam dengan kelahiran si cucu, ataukah kalimat itu bersumber dari suasana ruhani yang jernih dan bisikan alam gaib? Tentu kami tidak bisa menjawab. Yang dapat kami ketahui adalah bahwa seseorang tidak akan layak menyandang predikat manusia yang dipuji di bumi dan dipuji oleh Allah SWT di langit seperti predikat yang disandang oleh Muhammad bin Abdillah.

Nabi Muhammad saw muncul ke alam wujud dalam keadaan yatim. Beliau ditinggalkan oleh ayahnya saat beliau masih janin di dalam perut ibunya. Allah SWT berfirman:

"Bukankah Dia mendapatimu sebagai seorang yatim, lalu Dia melindungimu?" (QS. adh-Dhuha: 6)

Allah SWT melindunginya. Orang-orang sufi mengatakan bahwa sebab-sebab kemanusiaan seperti adanya kakeknya Abdul Muthalib dan bagaimana ia mengasuhnya dan melindunginya tidak lain hanya bentuk lahiriah yang tidak begitu penting, sedangkan bentuk batiniah yang sebenarnya adalah kita berada di hadapan manusia yang dilindungi dan diasuh oleh Tuhannya sejak masih kecil. Allah SWT mendidiknya saat beliau masih kecil, dan mengujinya dengan keyatiman saat beliau masih janin serta mengujinya dengan kelaparan sejak masih kecil, dan dewasa dengan kematian si ibu, saat beliau masih kecil dengan keterasingan di tengah-tengah keramaian, dan dengan terjaga di tengah-tengah tidur serta dengan penderitaan demi penderitaan. Allah SWT telah menyiapkannya sejak usia dini untuk memikul beban risalah terakhir.

Selanjutnya, ibunya seringkali memeluknya lebih dari sebelumnya. Ia melihat bahwa banyak dari wanita-wanita yang menyusui tidak berkenan untuk mengasuhnya. Adalah sudah menjadi tradisi yang berkembang di Mekah di mana keluarga-keluarga yang mulia mengirim anaknya ke kawasan dusun agar anak tersebut menyerap dan menghirup udara segar serta memperoleh mainan yang memadai. Dan biasanya wanita-wanita yang menyusui anak-anak lebih tertarik menyusui anak-anak dari orang-orang kaya. Namun ketika pemimpin manusia seorang yang fakir, maka wanita-wanita yang biasa menyusui tidak berminat kepadanya.

Marilah kita telusuri bagaimana Halimah binti Abi Duaib menceritakan kisahnya bersama anak kecil yang disusuinya: "Saat itu terjadi musim tandus dan kami tidak memiliki sesuatu sehingga aku dan suamiku mengalami kemiskinan yang luar biasa. Lalu kami menetapkan keluar ke Mekah dan menemani wanita-wanita dari Bani Sa'ad. Kami semua mencari anak-anak yang masih menyusu agar orang tua mereka dapat membantu kami untuk memenuhi kebutuhan hidup.

Binatang yang aku tunggangi sangat lemah dan sangat kurus yang itu semua disebabkan oleh kekurangan makanan. Bahkan kami khawatir kalau-kalau ia berhenti di tengah perjalanan dan mati. Dan kami tidak tidur semalaman karena melihat kondisi anak kecil yang bersama kami. Ia menangis karena tidak menemukan makanan yang dapat dimakannya. Ia menangis karena kelaparan dan tidak mendapat air susu, baik dari air susuku maupun air susu unta yang dibawa oleh suamiku, sehingga kami tidak dapat memuaskan dahaganya. Di tengah-tengah malam, aku merasakan keputusasaan. Aku bertanya-tanya bagaimana aku dapat melakukan sesuatu dalam keadaan yang demikian.

Akhirnya, kami sampai di Mekah. Sementara itu, wanita-wanita yang ingin mencari anak-anak yang dapat mereka susui telah mendahului kami. Mereka mengambil anak-anak kecil yang mereka sukai, kecuali satu anak, yaitu Muhammad di mana ayahnya telah meninggal dan ia berasal dari keluarga yang miskin meskipun sebenarnya kedudukannya sangat mulia di antara tokoh-tokoh Quraisy. Oleh karena itu, wanita-wanita enggan untuk mengasuhnya. Namun aku dan suamiku tidak sepaham dengan mereka karena aku tidak peduli dengan keyatiman dan kefakirannya. Kemudian aku malu untuk kembali dan tidak mengambil bayi yang dapat aku susui kemudian. Di samping itu, aku malu jika mendapat cercaan dari wanita-wanita itu. Lalu aku merasakan adanya kasih sayang yang memenuhi hatiku terhadap anak kecil yang tampan itu yang akan diganggu oleh udara yang kotor."

Kisah tersebut mengatakan bahwa saat anak-anak kecil mendapatkan wanita-wanita yang menyusuinya, maka Muhammad bin Abdillah sedang tidur dalam keadaan lapar di ranjangnya yang kasar, tanpa disusui oleh siapa pun. Suatu hikmah yang tinggi berkehendak agar bayi yang masih menyusui itu menghadapi dunia dalam keadaan yatim dan dalam keadaan kelaparan agar ia dapat merasakan penderitaan anak-anak yatim dan orang-orang yang lapar sebelum ia menyelamatkan mereka.

Halimah mengatakan bahwa ia meyakinkan suaminya bahwa ia merasakan keinginan yang kuat untuk mengambil anak yatim ini, sehingga suaminya menyetujuinya. Halimah tidak mengetahui rahasia keinginannya yang samar agar ia kembali untuk mengambil anak yatim yang masih menyusu ini. Ia tidak mengetahui bahwa Allah SWT telah menanamkan rasa cinta kepada anak kecil itu dalam hatinya seperti Allah SWT menanamkan cinta kepada Musa pada hati isteri Fir'aun. Jika Musa menolak wanita-wanita lain untuk menyusuinya kecuali ibunya setelah Allah SWT mencegahnya dari susuan wanita-wanita lain agar ibunya merasa bahagia dan tidak bersedih, maka Muhammad bin Abdillah―seorang anak kecil yang masih menyusu dan mulia―justru ditolak oleh wanita-wanita yang menyusui, sedangkan ia sendiri tidak pernah menolak seseorang pun.

Halimah kembali kepadanya dan ia memberitahu bahwa ia akan mengasuhnya. Nabi Muhammad saw adalah seorang yang mulia. Halimah meletakkan tangannya di dadanya, sehingga anak kecil itu tertawa. Halimah mencium di antara kedua matanya. Ia meletakkannya di kamarnya. Halimah mengetahui bahwa kedua air susunya telah kering, namun tiba-tiba air susunya memancar dengan keras sebagai bentuk kasih sayang dan tanda kebesaran dari Allah SWT. Kini Halimah pun dapat menyusuinya. Apakah itu merupakan hikmah yang tinggi di mana anak kecil tersebut merasa cukup dengan sesuatu yang sedikit? Ataukah anak kecil itu sudah dapat mendidik dirinya untuk zuhud dan qanaah sebelum ia mendidik orang-orang dewasa tentang pengorbanan dan kesatriaan?

Halimah kembali ke gurun Bani Sa'ad dan ia membawa Muhammad bin Abdillah. Belum lama ia menyaksikan tanahnya yang tandus sehingga tiba-tiba kebaikan dunia terbuka dan mekar di hadapanya, di mana bumi dipenuhi dengan kehijau-hijauan setelah mengalami masa tandus. Pohon-pohon berbuah dan buah kurma tampak berseri-seri setelah sebelumnya layu, bahkan susu-susu binatang pun mulai tampak banyak. Allah SWT memberikan berkah-Nya kepada tempat tersebut. Halimah mengetahui bahwa kabaikan ini telah datang bersama kedatangan anak kecil yang diberkahi, sehingga cintanya kepada anak itu semakin bertambah. Bahkan suaminya pun menjadi tawanan cinta yang lain kepada Muhammad saw.

Pada suatu hari ia berkata kepada isterinya: "Apakah engkau mengetahui wahai Halimah bahwa engkau telah mengambil seorang anak yang mulia?" Halimah berkata: "Anak kecil itu tidak menangis dan tidak berteriak kecuali ketika ia telanjang." Ketika anak kecil itu gelisah di tengah malam dan tidak tidur, maka Halimah membawanya keluar dari kemah dan ia berhenti bersamanya di bawah sinar bintang. Saat itu anak itu tampak bergembira ketika menyaksikan langit. Setelah kedua matanya terpuaskan oleh pandangan ke arah langit, ia pun mulai tidur.

Ketika anak itu mencapai tahun yang kedua, maka ia telah disapih, sehingga ibunya ingin mengambilnya, tetapi Halimah tidak kuat untuk menahan perpisahan ini. Halimah menjatuhkan dirinya di hadapan kedua kaki sang ibu dan ia mulai menciuminya dan ia meminta agar membiarkannya bersama anaknya sehingga anak itu benar-benar kuat dan dapat kembali menghirup udara segar gurun. Akhirnya, Rasulullah saw tinggal di tempat Bani Sa'ad sampai lima tahun. Dan pada masa lima tahun ini terjadi peristiwa penting yang terkenal dengan peristiwa pembelahan dada. Kehendak Ilahi telah menetapkan kepada *Ruhul Amin,* yaitu Jibril untuk menemui Muhammad bin Abdillah dan membelah dadanya dengan perintah Ilahi serta menyuci hatinya dengan rahmat dan mengeringkannya dengan cahaya dan mengeluarkan bagian dunia darinya.

Seperti biasanya Rasulullah saw keluar pada suatu hari bersama saudara susuannya dengan menunggangi sekawanan domba menuju tempat pengembalaan. Di tengah hari, saudaranya berlari-lari dalam keadaan takut dan menangis sambil berteriak bahwa Muhammad telah terbunuh. Muhammad diambil oleh dua orang laki-laki yang memakai baju yang putih lalu kedua orang itu menelentangkannya dan membelah dadanya.

Mendengar hal itu, Halimah sangat kaget dan terpukul. Ia segera pergi sambil berlari mencari Muhammad dan diikuti oleh suaminya yang mengikuti petunjuk anak kecil dari saudara Muhammad. Akhirnya, mereka menemukan Muhammad sedang duduk di atas tanah di mana wajahnya tampak pucat dan kedua matanya menyala.

Halimah dan suaminya mencium dengan lembut dan mulai menampakkan kasih sayangnya. Kemudian mereka bertanya, "apa yang terjadi?" Muhammad menjawab: "Ketika aku memperhatikan domba-domba yang sedang bermain aku dikagetkan dengan kedatangan dua orang yang memakai pakaian yang putih. Mula-mula aku menyangka bahwa mereka adalah burung yang besar, namun ternyata aku salah. Mereka adalah dua orang yang tidak aku kenal yang memakai pakaian warna putih. Salah seorang dari mereka berkata kepada temannya dengan menunjuk ke arahku, "Apakah ini anaknya?" Yang lain menjawab, "benar." Aku merasakan ketakutan yang luar biasa. Lalu mereka mengambilku dan menidurkan aku serta membelah dadaku dan mereka mengambil sesuatu darinya hingga mereka mendapatinya dan membuangnya jauh-jauh. Setelah itu, mereka bersembunyi laksana bayangan."

Hadis tersebut diriwayatkan oleh Anas dan juga diriwayatkan oleh Muslim dan Ahmad. Para mufasir berbeda pendapat tentang simbolisme yang dalam ini. Sebagaian besar ulama menakwilkan peristiwa tersebut. Pakar-pakar klasik, seperti Qurthubi berpendapat bahwa peristiwa itu diisyaratkan oleh firman-Nya: *"Bukankah Kami telah melapangkan untukmu dadamu?."* (QS. Alam Nasyrah: 1)

Sedangkan tokoh-tokoh hadis, seperti Ghazali berpendapat bahwa manusia istimewa seperti Muhammad saw tidak mungkin terlepas dari bimbingan Ilahi dan tidak mungkin terkena waswas sekecil apa pun yang biasa menimpa manusia biasa. Jika suatu kejahatan menjadi suatu gelombang yang memenuhi cakrawala, maka di sana terdapat hati yang segera memungutnya dan terpengaruh dengannya, namun hati para nabi dengan adanya bimbingan Allah SWT tidak akan terpanggil dan tidak terkena arus kejahatan tersebut.

Dengan demikian, usaha para nabi terfokus pada peningkatan kemajuan atau ketinggian, bukan memerangi kerendahan. Diriwayatkan oleh Abdillah bin Mas'ud bahwa Rasulullah saw bersabda: "Tidak ada seseorang di antara kalian kecuali ia diawasi oleh temannya dari kalangan jin dan temannya dan dari kalangan malaikat." Para sahabat berkata: "Apakah hal itu juga berlaku kepadamu wahai Rasulullah?" Beliau menjawab: "Ya, tetapi Allah SWT membantuku, sehingga ia berserah diri dan tidak memerintahkan kepadaku kecuali dalam kebaikan."

Begitulah sikap orang-orang yang dahulu dan para ahli hadis berkaitan dengan peristiwa pembelahan dada. Kami kira bahwa kejadian yang luar biasa tersebut berhubungan dengan persiapan Nabi untuk melalui Isra' dan Mi'raj. Ia merupakan perjalanan di mana Rasulullah saw akan menebus alam angkasa dan akan mencapai alam langit. Kemudian beliau akan melampaui alam ini, sehingga sampai di Sidratul Muntaha yang di sana terdapat Janatul Ma'wah.

Pandangan tersebut kembali kepada pendapat kami yang mengatakan bahwa peristiwa pembelahan dada berulang lebih dari sekali saat Rasul saw mencapai usia lima puluh tahun. Dan peristiwa pembelahan dada terjadi kedua kalinya pada malam Isra' dan Mi'raj.

Bukhari meriwayatkan dari Malik bin Sh'asha'a bahwa Rasulullah saw menceritakan kepada mereka peristiwa malam Isra' di mana beliau bersabda: "Ketika aku berada di Hathimóatau beliau berkata di Hijrósaat aku dalam keadaan antara tidur dan bangun, maka seorang datang kepadaku lalu ia membelah antara ini dan ini. Yaitu antara kerongkongan dan perutnya. Beliau melanjutkan: Lalu ia mengeluarkan hatiku dan membawa mangkok dari emas yang penuh dengan keimanan lalu ia menyuci hatiku. Kemudian diulanginya."

Kami kira bahwa pembelahan dada merupakan bentuk simbolis yang menunjukkan kesucian Rasul saw dan sebagai bentuk penyiapannya untuk melalui Isra' dan Mi'raj. Itu merupakan pemberitahuan dari Ilahi bahwa anak ini akan mencapai suatu kedudukan yang belum pernah dicapai oleh manusia dan tidak akan dicapai manusia sesudahnya. Setelah peritiwa pembelahan dada, berubahlah kehidupan anak kecil itu di mana sebagian besar waktunya digunakan untuk merenung dan menyendiri. Dari roman wajahnya tampak keseriusan yang biasanya menghiasi wajah orang-orang dewasa.

Berlalulah hari demi hari, tahun demi tahun dan Selesailah masa menetapnya bersama Halimah di dusun Bani Sa'ad. Beliau sangat terpengaruh dan sangat terkesan dengan keadaan di sana. Diriwayatkan bahwa beliau pemah mengingat masa kecilnya di Bani Sa'ad dan beliau membanggakannya. Beliau menyebutkan pengorbanan mereka dan sikap mereka yang baik. Beliau berkata: "Aku termasuk dari Bani Sa'ad, tanpa bermaksud menyombongkan diri. Jika mereka berhadapan atau menyaksikan salah seorang mereka lapar, maka mereka akan membagi makanan di antara mereka."

Kemudian Muhammad bin Abdillah kembali ke Mekah saat usianya lima tahun. Beliau hidup beberapa hari bersama ibunya di mana si ibu merasakan kesedihan yang dalam atas kepergian ayahnya. Sesuai janji untuk mengingat ayahnya yang telah pergi, Aminah menetapkan untuk mengunjungi kuburannya di Yatsrib. Jarak antara Mekah dan Yatsrib lebih dari lima ratus kilo meter di gurun yang kering yang jauh dari tanda-tanda kehidupan. Anak itu menempuh peijalanan yang berat. Setelah perjalanan yang berat ini, Muhammad bin Abdillah tinggal di tempat paman-paman dari ibunya di Madinah selama satu bulan. Muhammad melihat rumah yang di situ ayahnya meninggal sebelum ia dilahirkan. Ia berziarah bersama ibunya ke kuburan yang sederhana yang ayahnya dikuburkan di dalamnya. Mula-mula pikirannya terfokus pada keadaan yatim sambil ia mulai memperhatikan linangan air mata ibunya yang diam.

Selesailah masa satu bulan keberadaannya di sisi paman-pamannya. Kemudian ibunya menemaninya untuk kembali ke Mekah. Kedua anak manusia itu sampai di pertengahan jalan. Muhammad bin Abdillah tidak mengetahui rahasia kepucatan wajah ibunya. Lalu malaikatul maut turun di suatu tempat yang yang bernama Abwa. Di situlah Aminah binti Wahab telah bertemu dengan kekasihnya, Allah SWT.

Sang ibu meninggal dan meninggalkan anak satu-satunya bersama seorang pembantu. Pembantu itu menampakkan rasa kasihnya terhadap anak kecil yang kehilangan ayahnya saat masih janin dan kehilangan ibunya saat berusia enam tahun. Muhammad bin Abdillah kini menjadi sendiri dan ia dalam keadaan menangis. Ia mencapai kematangan setelah ia melewati kesedihan kehidupan dan kerasnya kehidupan sebagai anak yatim.

Rasulullah saw pernah ditanya setelah masa diutusnya: "Bagaimana pandanganmu?" Beliau menjawab: "Pengetahuan adalah modalku. Akal adalah dasar agamaku. Cinta adalah pondasiku. Zikrullah adalah kesenanganku. Dan kesedihan adalah temanku."

Allah SWT telah menyiramkan kepadanya sungai-sungai kesedihan sehingga beliau dapat memberikan kepada manusia buah dari kegembiraan dan ketulusan.

Anak kecil itu kembali ke Mekah dalam keadaan sedih dan ia tampak terpaku. Lalu Abdul Muthalib, kakeknya menampakkan cinta yang luar biasa dan penghormatan padanya. Setelah dua tahun ketika Muhammad bin Abdillah berusia delapan tahun, maka meninggallah salah satu benteng yang terbaik yang menjaganya, yaitu kakeknya Abdul Muthalib. Kemudian anak kecil itu kini merenungi kakeknya laksana orang dewasa. Ia tampak tegar seperti layaknya orang dewasa.

Kita tidak mengetahui mengapa terjadi demikian. Mengapa hikmah Allah SWT mencegah Nabi yang terakhir untuk mendapatkan kasih sayang seorang ayah, kasih sayang seorang ibu, dan bimbingan seorang kakek? Apakah Allah SWT ingin memberi Nabi yang terakhir suatu kasih sayang dan cinta yang semata-mata bersumber dari sisi-Nya? Apakah Allah SWT ingin mendidiknya dengan kesedihan dan memberinya perasaan-perasaan yang penuh dengan penderitaan? Apakah Allah SWT ingin membuat hati Rasul-Nya hanya tertuju kepadanya? Dahulu Allah SWT berkata kepada Musa:

"Dan Aku telah memilihmu untuk diri-Ku." (QS. Thaha: 41)

Dahulu Allah SWT memberi kabar gembira kepada Musa di dalam Taurat sebagaimana Isa memberi kabar gembira di dalam Injil dengan kedatangan seorang Nabi setelahnya yang bernama Ahmad. Dan Nabi Musa meminta kepada Tuhannya agar memberinya dan memberi umatnya puncak keutamaan, lalu Allah SWT menjawab bahwa Dia telah menetapkan keutamaan ini kepada Nabi yang terakhir Ahmad dan umatnya.

Allah SWT telah memilih Musa untuk diri-Nya. Meskipun Demikian, Dia tidak mencegahnya untuk mendapatkan kasih sayang seorang ibu dan mendidiknya di tengah-tengah keluarganya. Namun Dia berkehendak untuk menjadikan Nabi yang terakhir tercegah dari mendapatkan kasih sayang seorang manusia dan cinta seorang manusia, sehingga Nabi tersebut hanya mendapatkan kasih sayang Ilahi dan cinta Ilahi.

Allah SWT berfirman menceritakan tentang keadaan Rasul terakhir:

"Bukankah Dia mendapatimu sebagai seorang yatim, lalu Dia melindungimu. Dan Dia mendapatimu sebagai seorang yang bingung, lalu Dia memberikan petunjuk. Dan Dia mendapatimu sebagai seorang yang kekurangan, lalu Dia memberikan kecukupan.

Adapun terhadap anak yatim, maka janganlah kamu berlaku sewenang-wenang. Dan terhadap orang yang meminta-minta, maka janganlah kamu menghardiknya. Dan terhadap nikmat Tuhanmu maha hendaklah kamu menyebut-nyebutnya (dengan bersyukur)." (QS. ad-Dhuha: 6-11)

Makna ayat tersebut secara harfiah adalah bahwa beliau dalam keadaan yatim lalu Allah SWT melindunginya; beliau dalam keadaan tersesat lalu Allah SWT memberinya petunjuk; beliau dalam keadaan fakir lalu Allah SWT memampukannya. Allah SWT melindunginya dengan mengasuhnya, membimbingnya, dan mencukupinya. Itu adalah derajat keutamaan yang tidak pernah dicapai oleh seseorang pun di dunia.

Setelah kematian kakeknya, maka pamannya Abu Thalib mengasuhnya. Allah SWT telah meletakkan kecintaan pada hati pamannya, sehingga pamannya mengutamakan Muhammad saw daripada anak-anaknya dan memuliakannya serta menghormatinya, bahkan Abu Thalib mendudukkannya di ranjangnya yang biasa dibentangkannya di hadapan Ka'bah di mana tidak ada seorang pun yang duduk selainnya.

Muhammad bin Abdillah hidup di jantung gurun Mekah sebagai seorang yang memiliki kesadaran yang tinggi di antara kaum yang sedang lalai dan kaum yang mabuk-mabukan dan para penyembah berhala serta para pedagang minuman keras dan para syair dan orang-orang yang berperang dan tokoh-tokoh kabilah.

Muhammad bin Abdillah seorang yang banyak diam dan ketika usianya semakin dewasa, maka ia bertambah banyak diam. Beliau tidak berbicara kecuali jika diajak seseorang berbicara; beliau tidak terlibat dalam permainan hura-hura anak-anak muda; beliau merasakan kesedihan yang dalam; beliau sering menyendiri dan membuka matanya di hamparan pasir-pasir. Mulutnya terdiam dan akalnya berpikir. Beliau merenungkan di masa kecilnya bagaimana kaumnya bersujud terhadap berhala dan terpukau dengannya;

bagaimana orang-orang berakal mau bersujud kepada batu-batu yang tidak memberikan mudharat dan manfaat dan tidak berbicara serta tidak dapat melakukan apa-apa. Beliau mewarisi dari kekeknya Ibrahim kebencian yang fitri terhadap dunia berhala dan patung.

Di dalam dirinya terdapat penghinaan yang besar terhadap sembahan-sembahan dari batu ini, suatu penghinaan yang menjadikannya tidak mau mendekat selama-lamanya terhadap patung tersebut. Namun hatinya yang besar dipenuhi dengan kesedihan yang lebih hebat dari kesedihan kakeknya Ibrahim. Beliau sedih karena akal manusia menyembah batu dan emas, kesombongan serta kekuasaan penguasa; beliau mendengar apa yang dikatakan manusia dan mengamat-amati urusan kehidupan dan keadaan masyarakat; beliau juga menyaksikan betapa banyak pertentangan dan perkelahian di antara manusia yang justru disebabkan oleh masalah-masalah yang sepele, sehingga keheranan beliau semakin bertambah dan sudah barang tentu kesedihannya pun semakin dalam. Tidakkah manusia mengetahui bahwa mereka akan mati seperti ayahnya, ibunya, dan kakeknya? Mengapa mereka menimbulkan pertentangan ini, hingga mereka mendapatkan lebih banyak kejahatan?

Ketika usianya semakin bertambah, maka bertambahlah kezuhudannya dalam hidup, dan sepak terjangnya terus bersinar memenuhi penjuru Mekah. Beliau tidak sama dengan seseorang pun dari kalangan pemuda saat itu. Meskipun kami kira bahwa kesedihannya disebabkan oleh hal-hal yang umum, tetapi beliau tidak mengungkapkan kegelisahan hatinya pada seseorang pun. Beliau belum bertujuan untuk memperbaiki masyarakat atau kemanusiaan. Benar bahwa pertanyaan-pertanyaan kritis timbul dalam benaknya dan ingin segera menemukan jawaban, tetapi akalnya sendiri tidak dapat menemukan jawaban atau jalan keluar. Inilah yang dimaksud dengan makna ayat:

"Dan Dia mendapatimu sebagai seorang yang bingung, lalu Dia memberikan petunjuk." (QS. adh-Dhuha: 7)

Yang dimaksud *ad-Dhalal* (kesesatan) di sini ialah kebingungan akal dalam menafsirkan kejahatan dan usaha melawannya karena ketiadaan senjata dan kecilnya usia. Semua itu justru menambah sikap diam anak kecil itu dan menjauhkannya dari dunia yang akan mencemari akal, sehingga akalnya selamat dari segala noda dan tetap di bawah naungan kejernihannya.

Anak kecil itu tetap jauh dari dosa-dosa yang dilakukan oleh kaumnya yang berupa kecenderungan untuk menyembah berhala dan cinta kekuasaan dan kebanggaan. Ia selalu mendekat dan lebih mendekat kepada hakikatnya yang suci; ia mampu mempengaruhi orang lain dengan jiwanya yang bersih dan rahmatnya atau kasih sayangnya tertuju kepada manusia, bahkan kepada binatang dan burung. Ketika ia duduk akan makan lalu ada burung merpati berkeliling di seputar makanannya rnaka ia meninggalkan makanannya untuk burung itu. Pada saat orang-orang memukul anjing yang mendekat kepada makanan mereka, maka ia justru mencabut suapan yang ada di mulutnya dan memberikannya pada anjing, kucing, anak-anak kecil, dan orang-orang fakir. Bahkan seringkali di waktu malam ia tidur dalam keadaan lapar karena ia memberikan makanannya ke orang lain.

Muhammad saw adalah seorang fakir yang harus bekerja agar dapat makan, maka beliau bekerja sebagai pengembala kambing, seperti Nabi Daud, Nabi Musa, dan nabi-nabi yang lain yang diutus oleh Allah SWT. Kemudian beliau melakukan perjalanan bersama kafilah pamannya Abu Thalib menuju Syam saat beliau berusia tiga belas tahun. Beliau menyaksikan keadaan umat-umat yang lain, maka keheranannya semakin bertambah terhadap masa jahiliyah ini. Ketika beliau menyaksikan orang-orang tersesat, maka kesedihannya semakin bertambah dan hatinya semakin tersentuh dan pikirannya semakin dalam.

Pada saat perjalanan menuju ke Syam ini terjadi suatu peristiwa terhadap anak kecil itu. Kemungkinan besar itu justru menambah kebingunganriya. Seorang pendeta yang bernama Buhaira berdiri di jendela rumah yang menjadi tempat peribadatannya di Suria. Tiba- tiba ia memperhatikan suatu awan putih—tidak seperti biasanya—yang menghiasi langit yang biru. Saat itu udara sangat terang, sehingga munculnya awan tersebut sangat mengherankan. Kemudian pandangan Buhaira yang tertuju ke langit, kini tertuju ke bumi di mana ia mendapati awan itu menyerupai burung yang putih yang menaungi kafilah kecil yang menuju ke arah utara. Buhaira memperhatikan bahwa awan tersebut mengikuti kafilah.

Jantung Buhaira berdebar dengan keras karena ia mengetahui melalui buku-buku peninggalan kaum Masehi yang otentik bahwa seorang nabi akan muncul ke dunia setelah Isa. Sifat dan kabar nabi tersebut diceritakan dalam buku-buku kuno. Buhaira segera meninggalkan tempatnya, lalu ia segera memerintahkan untuk menyiapkan makanan yang besar. Kemudian ia mengutus seseorang untuk menemui kafilah tersebut dan mengundang mereka untuk jamuan makan. Salah seorang mereka berkata dengan nada bercanda kepada Buhaira: "Demi Lata dan 'Uzza, engkau hari ini tampak lain wahai Buhaira. Engkau tidak pernah melakukan demikian kepada kami, padahal kami telah melewati dan singgah di tempat ini lebih dari sekali. Ada peristiwa apa gerangan wahai Buhaira?"

Buhaira menjawab: "Hari ini kalian adalah tamu-tamuku." Pertanyaan orang tersebut tidak dijawab dengan terang-terangan. Ia sengaja menghindarinya dan tidak menyingkapkan rahasia kemuliaan yang datangnya tiba-tiba ini. Buhaira memberi makan mereka dan mulai memperhatikan di antara mereka adanya seseorang yang memiliki tanda-tanda yang dibacanya dalam kitab-kitabnya yang kuno tentang seorang rasul yang ditunggu. Namun ia tidak menemukannya, hingga ia bertanya kepada mereka: "Wahai kaum Quraisy, apakah ada seseorang yang tidak hadir bersama jamuanku ini?" Mereka menjawab: "Benar, ada seseorang yang tidak ikut bersama kami. Kami meninggalkannya karena ia masih kecil." Buhaira berkata: "Sungguh aku telah mengundang kamu semua. Panggilah ia supaya hadir bersama kami dan memakan makanan ini." Salah seorang lelaki dari kaum Quraisy berkata: "Demi Lata dan 'Uzza, sungguh tercela bagi kami untuk meninggalkan Muhammad bin Abdillah bin Abdul Muthalib dari jamuan yang kami diundang di dalamnya.

Pamannya meminta maaf karena Muhammad masih kecil, kemudian sebagian mereka berdiri dan menghadirkannya. Belum lama Buhaira memandangi kejernihan dua mata Muhammad, sehingga ia mengetahui bahwa ia telah mendekati tujuannya. Buhairah terpaku ketika memandangi Muhammad bin Abdillah sehingga kaum selesai makan dan mereka berpisah.

Muhammad bin Abdillah duduk sendirian. Buhaira menghampirinya dan berkata: "Wahai anak kecil, demi kedudukan Lata dan 'Uzza, sudikah kiranya engkau memberitahu aku terhadap apa yang aku tanyakan kepadamu?" Buhaira ingin mengetahui sikap anak ini terhadap berhala kaumnya. Anak kecil itu menjawab: "Jangan engkau bertanya kepadaku tentang Lata dan 'Uzza. Demi Allah, tidak ada sesuatu yang lebih aku benci daripada keduanya." Buhaira berkata: "Dengan izin Allah aku ingin bertanya kepadamu." Anak kecil itu menjawab: "Tanyalah apa saja yang terlintas di benakmu."

Buhaira bertanya kepada anak kecil itu tentang keluarganya, kedudukannya di tengah-tengah kaumnya, mimpinya dan pendapat-pendapatnya. Dialog tersebut terjadi jauh dari pantauan kaum karena mereka tidak akan diam ketika mendengar bahwa Muhammad membenci berhala-berhala mereka. Kemudian Muhammad menjawab pertanyaan-pertanyaan Buhaira dengan yakin, hingga membuat Buhaira mantap bahwa ia sekarang duduk bersama seorang Nabi yang kabar berita gembiranya disampaikan oleh Nabi Isa sebagaimana disampaikan oleh nabi-nabi dari kaum Israil dari kaum Nabi Musa. Setelah itu, ia bangkit meninggalkan anak kecil itu dan menuju ke Abu Thalib ia bertanya tentang kedudukan anak kecil itu di sisinya. Abu Thalib menjawab: "Ia adalah anakku." Buhaira berkata: "Tidak mungkin ayahnya masih hidup." Abu Thalib berkata: "Benar. Ia anak saudaraku. Ayahnya dan ibunya telah meninggal." Buhaira berkata: "Engakau benar, kembalilah kamu ke negerimu dan hati-hatilah dari kaum Yahudi." Abu Thalib bertanya tentang rahasia dari apa yang dikatakan oleh pendeta itu. Pendeta itu mulai mengetahui bahwa ia telah berbicara lebih dari yang semestinya. Lalu ia berkata: "Ia akan memiliki kedudukan tertentu." Buhaira tidak menjelaskan lebih dari itu dan ia tidak menentukan kedudukan yang dimaksud.

Lalu berlalulah peristiwa tersebut tanpa terlintas dari benak seseorang atau tanpa menggugah kesadaran di antara mereka. Kisah tersebut tidak membawa pengaruh berarti bagi kafilah atau kepada Nabi sendiri. Kafilah menganggap bahwa penghormatan pendeta kepada Muhammad bin Abdillah dan memberitahunya akan kedudukan yang akan disandangnya adalah semata-mata basa-basi yang biasa diucapkan di atas meja makan ketika para tamu memuji kedermawanan tuan rumah. Dan sebagai balasannya, orang yang mengundang akan memuji akhlak para pemuda mereka. Alhasil, peristiwa tersebut tidak membawa pengaruh apa pun, baik bagi Muhammad maupun bagi sahabat-sahabat yang ikut dalam kafilah, sehingga mereka tidak mengetahui rahasia perkataan pendeta dan mereka tidak menyebarkan pembicaraan yang mereka dengar darinya. Peristiwa itu tersembunyi meskipun ia sungguh sangat membingungkan Muhammad.

Apa gerangan yang terjadi antara dirinya dan orang-orang Yahudi, sehingga pendeta perlu mengingatkan pamannya dari ancaman mereka? Apa kedudukan yang akan diembannya seperti yang diceritakan oleh pendeta itu? Dan apa hubungan semua ini dengan kesedihan-kesedihannya yang dalam serta kebingungannya? Pertanyaan-pertanyaan tersebut sedikit demi sedikit berputar di benaknya. Kemudian seperti biasanya kafilah tersebut kembali ke Mekah. Muhammad kembali menuju keterasingannya. Ia memperhatikan keadaan alam di sekitarnya. Kemudian ia melihat kembali penderitaannya; ia berusaha untuk mendapatkan kehidupannya; ia mengabdi kepada manusia dan mengorbankan apa saja demi kemuliaan mereka.

Hari demi hari berlalu. Muhammad saw tampil dengan pakaian ketulusan kasih sayang, dan amanah serat cinta, sebagaimana pelita dipenuhi oleh cahaya, sehingga kejujurannya terkenal di tengah-tengah kaumnya. Bahkan kejujuran dan amanatnya tidak bakal diragukan oleh seseorang pun dari penduduk Mekah. Dan ketika beliau datang dengan membawa risalahnya dan beliau ditentang mayoritas masyarakatnya, namun tak seorang pun yang berani meragukan kejujurannya. Mereka hanya menuduh bahwa ia terkena sihir atau kesadarannya telah hilang.

Pada tahun ketiga belas dari masa kenabian, ketika semua kabilah sepakat untuk membunuhnya dan mengucurkan darahnya di antara para kabilah dan mereka mengepung rumahnya, maka di saat situasi yang sulit ini beliau menetapkan untuk berhijrah. Tetapi sebelumnya beliau mewasiatkan kepada Ali bin Abi Thalib, anak pamannya untuk tetap tinggal di rumahnya agar ia dapat mengembalikan amanat yang dititipkan oleh semua musuhnya dan para sahabatnya. Ini beliau maksudkan agar Ali dapat menyerahkan amanat tersebut di waktu pagi kepada para pemiliknya. Anda dapat melihat betapa para musuhnya merasa aman terhadap harta mereka ketika dijaga oleh Muhammad saw.

Hari demi hari berlalu dan tahun demi tahun pun lewat. Sementara itu, kesucian dan kejujuran Muhammad saw semakin meningkat. Dan di tengah lautan keheningan yang mencekam, ketika Muhammad bin Abdillah menyebarkan layar perahunya yang putih, maka ia harus menemui hakikat azali yang bertemu dengan-nya semua nabi dan rasul. Muhammad bin Abdillah mengetahui bahwa alam yang besar ini mempunyai Tuhan Pengatur dan Pencipta; Tuhan yang Maha Satu dan yang tiada tuhan selain-Nya.

Muhammad dijauhkan dari suasana kenikmatan dan foya-foya yang biasa dilakukan oleh para pemuda seusianya. Dan ketika pemuda Mekah berbangga-bangga dengan banyaknya minuman keras yang mereka minum dan banyaknya bait-bait syair yang mereka katakan tentang wanita, maka Muhammad bin Abdillah telah menemukan jati dirinya di suatu gua yang tenang di gunung yang besar. Ia memilih untuk menghabiskan waktunya di dalam keheningan gua tersebut. Ia merenung dengan hatinya tentang keadaan alam; ia memikirkan keagungan rahasia-rahasianya dan rahmat Penciptanya serta kebesaran-Nya.

Pada tahun yang kedua puluh lima, beliau mengenal Ummul Mu'minin, isterinya yang pertama, yaitu Khadijah binti Khuwailid yang saat itu berusia empat puluh tahun. Khadijah adalah wanita yang mulia dan mempunyai cukup harta. Ia berdagang dan suaminya telah meninggal. Banyak orang yang mendekatinya dengan alasan untuk mendapatkan kekayaannya. Khadijah mencari seseorang laki- laki yang dapat membawa harta dagangannya menuju Syam, lalu Khadijah mendengar berita yang cukup banyak berkenaan dengan kejujuran dan amanat serta kesucian Muhammad bin Abdilah. Akhirnya, Khadijah mengutus Muhammad saw untuk membawa barang dagangannya. Muhammad saw pergi dalam perjalanannya yang kedua ke Syam saat beliau berusia dua puluh lima tahun. Allah SWT memberkati perjalannya di mana beliau kembali dengan membawa keuntungan yang berlipat ganda yang diserahkannya kepada Khadijah. Muhammad saw tidak peduli dengan harta Khadijah dan tidak peduli kepada kecantikannya; Muhammad saw hanya memandang kemuliaan yang dipegangnya. Kemudian Khadijah merasakan getaran cinta terhadap Muhammad saw. Dan Akhirnya, ia mengutarakan keinginan untuk menikah dengannya, hingga Muhammad saw pun setuju.

Paman Muhammad saw, Abu Thalib berdiri dan menyampaikan khotbah pada saat perayaan perkawinannya: Muhammad saw tidak dapat dibandingkan dengan seorang pun dari kaum Quraisy karena ia adalah seorang yang mulia, baik dari sisi akal maupun ruhani. Meskipun ia seorang yang fakir namun harta adalah naungan yang akan hilang dan benda yang bersifat sementara.

Setelah menikah, Muhammad saw justru mendapatkan kesempatan yang lebih besar untuk merenung dan menyendiri serta beribadah.

Kemudian kehidupan yang dijalaninya justru meningkatkan kemuliaannya, sehingga keutamaannya tersebar di sana sini. Beliau tidak pernah terlibat dalam pergulatan yang keras untuk memperebutkan materi-materi dunia. Beliau selalu menggunakan akal sehatnya daripada terlibat dalam kesesatan mereka dan kegelapan berhala yang menyelimuti banyak orang pada saat itu. Kemudian usianya kini mendekati empat puluh tahun.

Setelah merasakan kesunyian di tengah-tengah masyarakat, beliau lebih memilih untuk menjauh dari mereka. Beliau mencari-cari hakikat, sehingga Allah SWT membimbingnya untuk menyendiri di gua Hira. Akhirnya, beliau dapat keluar dari Mekah. Beliau berjalan beberapa mil. Kemudian beliau mulai mendaki dan mendaki. Setiap kali ia mendaki gunung, maka tempat itu semakin luas. Udara tampak lembut dan tersingkaplah hijab, dan pandangan semakin terbentang. Kemudian beliau memasuki gua. Keheningan menyelimuti segala sesuatu, namun hati tetap sadar dan tidak ada sesuatu yang dapat menghalang-halangi pandangan internal yang dalam. Dalam suasana kesunyian terkadang lahirlah pemikiran- pemikiran yang cemerlang yang kemudian menyebarkan sayap- sayapnya dan membumbung, pertama-tama di atas angkasa gua lalu tersebar menuju ke tempat yang lebih luas. Tidak ada sesuatu pun yang membatasinya atau mengekang kebebasannya.

Kita tidak mengetahui pikiran-pikiran apa yang terlintas pada manusia termulia dan terbesar di atas bumi itu saat beliau duduk di gua Hira beberapa bulan. Apa yang beliau pikirkan dan apa gerangan yang beliau risaukan? Mimpi apa yang ada di benaknya dan perasaan-perasaan apa yang lahir dalam hatinya? Bagaimana keadaan batu-batu yang ada di sisinya? Apakah atom-atom batu yang berputar di sekelilingnya menyahuti tasbihnya yang diam, seperti atom-atom batu yang bersahut-sahutan bersama Daud saat ia membaca kitabnya Zabur.

Kami tidak mengetahui secara pasti bentuk kelahiran yang terjadi dalam dirinya. Yang kita ketahui adalah bahwa beliau tidak berpikir tentang kenabian dan beliau tidak berpikir untuk memberikan petunjuk kepada manusia; beliau tidak melakukan praktek-praktek sufisme karena beliau sudah menjadi seorang sufi sebelum diutus di tengah-tengah manusia. Kemudian Allah SWT memilihnya sebagai Nabi lalu beliau meninggalkan uzlahnya dan turun ke medan serta membawa senjata. Beliau mempertahankan kebenaran, sehingga beliau bertemu dengan Tuhannya. Mula-mula lahirlah tasawuf dan setelahnya lahirlah jihad di jalan Allah SWT. Tasawuf bukanlah puncak atau hasil sebagaimana diyakini oleh manusia sekarang, tetapi ia adalah permulaan jalan yang panjang di mana pada akhirnya yang bersangkutan menggunakan senjata sebagai bentuk usaha untuk membela manusia dan kehormatannya.

Pada suatu hari beliau duduk di gua Hira dan tiba-tiba beliau dikagetkan dengan kedatangan Jibril yang berdiri di depan pintu gua. Malaikat tersebut memeluknya erat-erat lalu memerintahkannya untuk membaca sambil berkata: "Bacalah!" Muhammad bin Abdillah menjawab: "Aku tidak mampu membaca." Beliau ingin mengatakan bahwa beliau tidak mengenal bacaan dan tulisan. Kalau begitu, apa yang harus beliau baca? Malaikat kembali memeluknya dengan kuat sehingga Rasulullah saw menganggap bahwa ia meninggal. Kemudian malaikat melepasnya dan memerintahkannya untuk membaca. Beliau kembali menjawab: "Aku tidak bisa membaca." Malaikat yang mulia kembali memeluknya dan kembali memerintahkan untuk membaca. Dan lagi-lagi Rasulullah saw menjawab dengan gemetar: "Apa yang aku baca?" Kemudian Jibril membaca permulaan ayat-ayat yang turun kepada beliau:

"Bacalah dengan (menyebut) nama Tuhanmu Yang menciptakan, Dia telah menciptakan manusia dari segumpal darah. Bacalah dan Tuhanmulah Yang Paling Pemurah. Yang mengajar (manusia)

dengan perantaraan kalam. Dia mengajarkan kepada manusia apa yang tidak diketahuinya." (QS. al-'Alaq: 1-5)

Setelah peristiwa itu, Jibril menghilang secara tiba-tiba sebagaimana ia muncul secara tiba-tiba. Rasulullah saw merasakan dalam dirinya kejadian yang luar biasa yang pernah dirasakan oleh Nabi Musa saat beliau mendengar panggilan-panggilan suci di lembah Thuwa. Sebagaimana Nabi Musa lari ketakutan, maka Muhammad bin Abdillah pun segera menuju ke rumahnya dalam keadaan ketakutan. Ia turun ke gunung dan kembali ke rumahnya dan kembali ke isterinya. Tubuhnya yang mulia bergetar denga keras dan beliau merasakan ketakutan dan kegelisahan.

Apakah beliau kali ini berhubungan dengan jin atau alam perdukunan? Apakah beliau telah mengigau sehingga beliau mendengar suara-suara dan melihat wajah-wajah yang belum pernah dilihatnya? Rasulullah saw mengkhawatirkan dirinya karena beliau sangat benci kepada perdukunan. Beliau memasuki rumahnya dengan keadaan gemetar. Beliau berkata kepada isterinya: "Selimutilah aku, selimutilah aku!" Kemudian isterinya segera menyelimuti dengan selimut dari wol dan mengusap keringat yang berada di keningnya. Isterinya dikagetkan dengan kepucatan wajah beliau yang mulia dan kegemetaran tubuhnya.

Khadijah bertanya kepadanya: "Apa yang sedang terjadi?" Kemudian Muhammad saw menceritakan secara detail apa yang dialaminya. Kemudian ia berkata: "Sungguh aku khawatir terhadap diriku." Khadijah mengetahui bahwa ia sekarang berhadapan dengan masalah yang serius, suatu berita gembira yang ia tidak mengetahui hakikatnya, suatu berita gembira yang seharusnya tidak dihadapi Muhammad saw dengan kekhawatirkan dan kegelisahan.

Khadijah berkata dengan maksud untuk meredakan ketakutannya: "Tenanglah. Demi Allah, Allah SWT tidak akan menghinakanmu selama-lamanya. Sungguh engkau adalah seorang yang baik, yang menyambung tali silaturahmi, yang berbicara dengan jujur, dan yang menghormati tamu."

Meskipun kalimat-kalimat tersebut penuh dengan kedamaian dan kesejukan, tetapi kegelisahan Rasul saw juga belum hilang. Kemudian Khadijah pergi bersama beliau ke rumah Waraqah bin

Nofel, yaitu anak dari paman Khadijah. Waraqah adalah seorang Nasrani dan dia mampu menulis kitab dalam bahasa Ibrani dan ia cukup mengetahui kitab-kitab Taurat dan Injil di mana matanya telah buta karena masa tua.

Khadijah berkata kepadanya: "Wahai putra pamanku, dengarlah dari anak saudaramu." Waraqah berkata: "Wahai anak saudaraku, apa yang engkau lihat?" Rasulullah saw menceritakan apa yang dialaminya secara sempurna. Waraqah berkata sambil mengangkat kepalanya yang tampak keheranan: "Itu adalah Namus (Jibril) yang Allah SWT turunkan kepada Musa." Sebagai seorang yang mengerti, Waraqah bin Nofel mengetahui bahwa ia berada di hadapan seorang Nabi yang berita gembiranya disampaikan oleh Taurat dan Injil.

Setelah keheningan sesaat, Waraqah berkata: "Seandainya aku masih hidup ketika kaummu mengeluarkanmu dan mengusirmu." Rasulullah saw bertanya: "Mengapa aku harus diusir oleh mereka?" Waraqah menjawab: "Benar, tidak ada seorang pun yang akan datang seperti dirimu kecuali engkau akan mengalami penderitaan dan pengusiran. Seandainya aku hadir di saat itu niscaya aku akan menolongmu."

Demikianlah, akhirnya Islam pun dikembangkan. Kehendak Allah SWT terlaksana dan Allah SWT telah memilih Nabi yang terakhir di muka bumi dan orang Muslim yang pertama. Barangkali pembaca akan bertanya: Apa hakikat dari Islam? Apabila Muhammad saw sebagai Nabi yang terakhir yang diutus oleh Allah SWT di muka bumi dan kita mengetahui bahwa para nabi semuanya sebagai Muslim, maka bagaimana beliau dapat dikatakan mendahului mereka dalam keislaman dan menjadi orang Muslim yang pertama?

Islam yang dibawa oleh Muhammad saw tidak berbeda dalam esensinya dengan Islam yang dibawa oleh Nabi Nuh, Nabi Musa,

Nabi Isa atau nabi yang lain, tetapi yang berbeda adalah bentuknya, sedangkan esensinya tetap seperti semula, yakni berdasarkan tauhid. Islam yang dibawa oleh Nabi Muhammad saw berbeda dalam bentuknya dengan Islam yang dibawa nabi-nabi sebelumnya karena sebab yang penting, yakni bahwa Islam ini merupakan ajaran yang universal dan berisi aspek kemanusiaan yang abadi. Islam tidak terbatas atas orang-orang Arab tetapi ia berlaku atas semua golongan. Islam yang dibawa oleh Nabi Muhammad saw tidak terbatas untuk kabilah tertentu atau bangsa tertentu atau bumi tertentu atau lingkungan tertentu atau zaman tertentu, tetapi ia untuk semua manusia. Atau dengan kata lain, ia merupakan ajakan untuk membangkitkan akal manusia di mana saja mereka berada tanpa ada batasan tempat atau waktu.

Universalitas ajaran Islam tidak dikenal pada risalah-risalah Ilahi sebelumnya di mana setiap risalah itu diperuntukkan bagi bangsa tertentu dan zaman tertentu. Oleh karena itu, mukjizat-mukjizat yang mengagumkan yang bersifat temporal seringkali mendukung risalah- risalah yang dahulu. Ketika Islam datang sebagai bentuk ajakan untuk menghidupkan akal manusia secara bebas, maka di sana tidak ada alasan untuk membawa mukjizat yang mengagum-kan. Hanya ada satu kata yang dapat dijadikan pembuka untuk berdakwah dan membuka akal manusia, yaitu kata *"iqra'"* (bacalah). Dan hendaklah bacaan ini berdasarkan nama Allah SWT. Dengan nama Tuhanmu yang menciptakan. Dia menciptakan manusia dari segumpal darah. Coba Anda renungkan permulaan pertumbuhan dan puncak pencapaian. Di sini tersembunyi mukjizat yang hakiki jika Anda berusaha mencari mukjizat yang hakiki.

Bacalah, dan Tuhanmu Yang Maha Mulia, yang memberikan nikmat penciptaan dan rezeki serta rahmat dan kelembutan. Dia Maha Mulia yang mengajarkan manusia apa saja yang tidak diketahuinya. Demikianlah esensi dari Islam, yaitu ajakan untuk membaca. Ia adalah dakwah yang menunjukkan kedudukan ilmu. Allah SWT berfirman:

"Sesungguhnya yang takut kepada Allah di antara hamba-hamba- Nya hanyalah orang-orang yang berilmu (ulama)." (QS. Fathir: 28)

Takut kepada Allah SWT tidak akan muncul kecuali berdasarkan ilmu. Mustahil kebodohan dengan bentuk apa pun akan melahirkan rasa takut. Oleh karena itu, dalam pandangan Islam ilmu adalah hal yang pokok. Ia bukan kemewahan dan bukan hanya perhiasan. Kaum Muslim telah mengalami masa kemuliaan dan kejayaan dan mereka berhasil menguasai bumi ketika mereka memahami Islam secara benar, tetapi ketika pemahaman ini jauh dari mereka, maka mereka kembali dalam keadaan yang paling buruk, bahkan lebih buruk daripada masa jahiliah.

Jadi, ilmu dalam Islam merupakan tujuan yang mulia dan utama dalam penciptaan alam wujud. Kisah Nabi Adam dan Hawa, sebagaimana diceritakan oleh Al-Qur'an adalah bukan semata-mata kisah kesalahan memakan pohon terlarang, tetapi ia juga kisah yang memiliki dimensi-dimensi yang dalam dan aspek-aspek yang beraneka ragam. Ketika Anda menyelami kedalamannya, maka Anda akan dapat menemukan simbol-simbol dari makna-makna yang lebih penting.

Dialog internal yang dialami oleh para malaikat tentang rahasia pemilihan Nabi Adam untuk memakmurkan bumi dan menjadi khalifah di dalamnya serta pengajaran yang diperoleh Nabi Adam tentang nama-nama semuanya dan bagaimana beliau mengemukakan nama-nama tersebut kepada para malaikat, serta ketidaktahuan mereka tentang nama-nama itu, kemudian usaha Nabi Adam untuk memberitahu mereka tentang apa yang diketahuinya serta pengetahuan para malaikat tentang rahasia pemilihan Nabi Adam dan para keturunannya untuk memakmurkan bumi, semua ini menjadikan tujuan dari penciptaan manusia adalah pencapaian ilmu atau ma'rifah secara umum. Pandangan tersebut dikuatkan oleh firman Allah SWT:

"Dan Aku tidak menciptakan jin dan manusia kecuali untuk menyembah-(Ku)." (QS. adz-Dzariat: 56)

Lalu bagaimana kita memahaminya saat ini dan bagaimana generasi yang pertama dari kaum Muslim dan dari sahabat-sahabat Rasul saw dan para pengikutnya dan para tentaranya memahaminya? Saat ini kita memahaminya dengan pemahamam yang sederhana. Kita mengetahui bahwa kalimat *"untuk menyembah-Ku "* berarti ritualitas dalam beribadah dan aspek-aspek lahiriahnya, seperti mengucapkan kalimat syahadat, salat, puasa, haji, zakat dan lain-lain. Sehingga orang-orang yang salat diperbolehkan untuk menyembah Allah SWT di negeri mereka atau di rumah-rumah mereka, meskipun mereka hidup di bawah pemikiran orang-orang Barat dan membeli produk- produk yang dibuat mereka serta memanfaatkan ilmu dan kecanggihan tehnologi orang-orang Barat. Namun mereka sendiri tidak menghasilkan apa-apa. Mereka tidak dapat memberikan kontribusi kepada kehidupan; mereka tak ubah-nya seperti bulu yang dimainkan oleh ombak. Sedangkan pemahaman yang dahulu berkaitan dengan kalimat tersebut sebagai berikut:

"Dan Aku tidak menciptakan jin dan manusia kecuali untuk menyembah-(Ku). " (QS. adz-Dzariat: 56)

Ibnu Abbas membacanya: *"Illa liya'rifuun."* (Agar mereka mengetahui). Perhatikanlah bagaimana pentingnya perbedaan antara praktek-praktek ibadah dengan bentuk-bentuknya dan kedalamannya yang jauh dalam ma'rifah yang menyebabkan rasa takut kepada Allah SWT. Orang Muslim yang pertama meyakini bahwa Allah SWT menciptakannya agar ia mengetahui Allah SWT atau agar ia mengenal Allah SWT. Sehingga ambisi orang Muslim yang pertama sangat mengagumkan. Mereka pergi untuk membebaskan dunia semuanya: satu tangan berpegangan dengan Al-Qur'an dan tangan yang lain memegang pedang untuk menghancurkan belenggu-belenggu yang menyeret manusia kepada kesesatan.

Kemudian jatuhlah dari Islam hakikat ilmu, sehingga umat Islam tidak dapat memimpin kehidupan dan mereka justru men-dapatkan kehinaan. Allah SWT berfirman:

"Allah menyatakan bahwasannya tidak ada Tuhan melainkan Dia, Yang menegakkan keadilan. Para malaikat dan orang-orang yang berilmu (juga menyatakan yang demikian itu). Tak ada Tuhan melainkan Dia, Yang Maha Perkasa lagi Maha Bijaksana. Sesungguhnya agama yang diridhai di sisi Allah hanyalah Islam."
(QS. Ali 'Imran: 18)

Setelah kesaksian kepada Allah swt dan kesaksian kepada malaikat, maka disebutlah secara langsung kesaksian kepada orang-orang yang berilmu. Maka, adakah penghormatan terhadap ilmu yang lebih besar daripada penghormatan ini? Ilmu dalam Islam berbeda dengan ilmu dalam peradaban Barat. Memang benar bahwa Islam yang bertanggung jawab terhadap tumbuhnya pandangan ilmiah dan metode eksperimental di mana berdasarkan metode ini tegaklah peradaban Barat yang kemudian melahirkan berbagai produksi, pembuatan, dan penemuan. Dan metode eksperimental adalah metode *al-Istiqra*, yaitu suatu metode yang mengikuti bagian-bagian terkecil (parsial) melalui jalan eksperimen yang dapat tunduk terhadap eksperimen dan melalui jalan memperhatikan hal-hal yang tidak dapat tunduk terhadap suatu eksperimen, atau melalui jalan matematis murni yang membutuhkan kepada matematis murni di mana hal itu bertujuan untuk menyingkap hukum-hukum yang menguasai benda. Sistem ini bidangnya adalah alam dan alatnya adalah panca indera dan akal. Sistem ini dimanfaatkan oleh seorang Eropa yang bernama Roger Bikun. Ia mengakui bahwa ia sangat berhutang kepada kaum Muslim dan peradaban Islam.

Seorang guru yang bernama Bruicll dalam bukunya *Abna' al-Insaniah* menceritakan tentang dasar-dasar peradaban Barat di mana ia berkata: "Roger Bikun mempclajari bahasa Arab dan ilmu-ilmu Arab di sekolah Oxford kepada guru-gurunya yang berasal dari Arab di Andalus. Dan Roger Bikun dan Fenessis Bikun tidak dapat menisbatan keutamaan yang mereka peroleh dalam menciptakan sistem eksperimental kepada diri mereka sendiri. Roger Bikun hanya seorang duta dari duta-duta ilmu. Oleh karena itu, ia tidak malu ketika menyatakan bahwa mempelajari bahasa Arab dan ilmu-ilmu Arab adalah jalan satu-satunya untuk mengetahui kebenaran."

Demikianlah pernyataan pakar-pakar Barat yang jujur. Yang demikian ini bisa dijadikan sanggahan terhadap orang-orang Barat yang tidak jujur agar mereka mengetahui bahwa mereka sebenarnya mengambil senjata yang sebenarnya berasal dari Islam. Dan jika dikatakan bahwa rahasia kebangkitan Barat saat ini dan keunggulannya atas Timur kembali kepada pengambilannya terhadap sebab-sebab metode eksperimental, yaitu metode Islam, maka rahasia kehancuran Barat dan kebingungannya serta kegelisahannya adalah karena mereka tidak menghubungkan metode tersebut dengan kebesaran Allah SWT sebagaimana semestinya. Metode eksperimen-tal—sebagaimana diambil orang-orang Barat—dimulai dari alam dan berakhir kepadanya sebagai sesuatu tujuan. Jadi, ruang lingkup pembahasan mereka adalah berkisar kepada materi, dan alat-alat pembahasan adalah eksperimen dan pengamatan serta *istiqra*.

Tiada setelah alam kecuali kematian dan kematian adalah rahasia yang misterius dan melawannya adalah hal yang mustahil. Kita tidak mengetahui apa yang terjadi setelah kematian; kita tidak mengetahui sesuatu pun tentang ruh. Tidak ada hubungan antara ilmu dan akhlak; tidak ada jawaban dari ilmu tentang tujuan kehidupan ini. Kita hanya mempelajari aspek-aspek lahiriah dan mencapai hukum-hukumnya saja. Demikianlah pandangan Barat tentang ilmu di mana ia hanya sekadar alat dan sarana untuk mengatur alam dan berusaha menguasainya. Sedangkan metode ilmiah dalam Islam menyatakan bahwa gerakan atom dengan gerakan sistem tata surya di bawah kendali Zat Yang Maha Tahu dan Zat Yang Maha Pencipta. Ilmu dalam Islam justru membimbing manusia untuk menuju Allah SWT:

"Dan bahwasannya kepada Tuhanmulah kesudahan (segala sesua- tu)." (QS. an-Najm: 42)

Ilmu justru mengantarkan manusia untuk mencapai rasa takut kepada Allah SWT sebagaimana membimbingnya beribadah kepadanya dan mencintai-Nya:

"Sesungguhnya yang takut kepada Allah di antara hamba-hamba-Nya hanyalah orang-orang yang berilmu (ulama)." (QS. Fathir: 28)

Islam datang dan mengajak manusia untuk membaca, mengetahui, dan takut kepada Allah SWT serta hanya beribadah kepadanya. Jika ilmu merupakan sayap pertama di dalam Islam, maka sayap yang kedua adalah kebebasan. Rasulullah saw memberitahu dan menyatakan bahwa tidak ada Tuhan selain Allah SWT dan tidak ada sembahan selain Allah SWT.

Seruan ini mengisyaratkan keruntuhan tuhan-tuhan yang mengusai bumi semuanya, baik tuhan yang berupa kepentingan-kepentingan pribadi, kekayaan, raja, penguasa, pemikiran-pemikiran yang mengusai manusia, warisan para kakek dan nenek, berhala-berhala yang terbuat dari batu dan kayu, maupun berbagai macam tuhan lain yang bohong. Adalah salah jika seseorang membayangkan bahwa kalimat "tiada Tuhan selain Allah" hanya sekadar hiasan mulut seorang Muslim di mana segala sesuatu yang ada di sekitarnya penuh dengan kebohongan dan tidak membenarkan apa yang dikatakannya. Kalimat tersebut dalam Islam merupakan per-gulatan besar bersama kegelapan yang ada pada diri manusia, suatu pergulatan yang berakhir pada penyerahan diri; pergulatan yang akan berpindah pada kehidupan yang lebih berat, sehingga kehi-dupan akan berserah diri. Dan mustahil pergulatan itu akan terjadi kecuali jika terpenuhi suatu kebebasan: kebebasan akal untuk meragukan dan menolak dan kebebasan yang berakhir kepada pencapaian batas- batasnya dan kemampuannya serta kebebasan yang meninggi untuk mencapai keimanan yang dalam dan kokoh. Itu adalah tanggung jawab yang berarti bahwa ia harus memikul senjata untuk membebaskan orang lain sebagaimana ia membebaskan dirinya sendiri. Demikianlah esensi dari Islam, yaitu ilmu yang berdiri di atas kebebasan dan tanggung jawab yang tumbuh dari kebebasan, dan buah terAkhirnya adalah tauhid dalam kedalamannya yangjauh.

Jika tauhid dipahami secara benar, maka manusia akan terbebas dari penyembahan selain Allah SWT: manusia akan bebas terhadap rasa takut dari kematian, kekhawatiran atas rezeki, manusia akan terbebas dari sikap bakhil dan ketakutan terhadap hari-hari yang akan datang.

Muhammad bin Abdillah datang nntuk menyerukan bahwa hanya Allah SWT yang patut disembah dan bahwa semua manusia adalah hamba-hamba-Nya. Dcngan membebaskan manusia dari menyembah sesama mereka, maka kebcbasan yang hakiki telah dimulai. Rasulullah saw memberitahu bahwa kematian adalah perpindahan dari satu rumah ke rumah yang lain. Ia bukan akhiran yang misteri dari kehidupan yang tidak dapat dipahami, tetapi ia hanya sekadar perpindahan. Takut kepada kematian tidak akan menyelamatkan dari kematian itu sendiri, dan cinta kepada kehidupan tidak akan memanjangkan ajal. Pada setiap ajal ada ketentuannya. Maka keberanian merupakan unsur dari unsur-unsur pembentukan kepribadian Islam dan bagian dari bagian-bagian sel yang ada dalam tubuh seorang Muslim.

Rasulullah saw juga menyatakan bahwa rezeki di dunia sudah dijamin dan ditentukan oleh Allah SWT:

"Dan tidak ada suatu binatang melata pun di bumi melainkan Allah- lah yang memberi rezekinya." (QS. Hud: 6)

Jibril mewahyukan kepada Rasul saw bahwa suatu jiwa tidak akan memenuhi ajalnya sehingga rezekinya disempurnakan. Jika demikian halnya, maka tidak ada alasan bagi manusia untuk khawatir terhadap rasa lapar dan gelisah terhadap hari esok. Semua ini terjadi dalam ruang lingkup mengambil atau melalui jalanjalan menuju sebab. Yakni berusaha untuk mencapai rezeki yang merupakan kewajiban bagi orang Muslim dan percaya terhadap kedermawan Allah SWT yang juga merupakan suatu kewajiban bagi orang Muslim untuk mempercayainya. Allah SWT berfirman:

"Dan di langit terdapat (sebab-sebab) rezekimu dan terdapat (pula) apa yang dijanjikan kepadamu." (QS. adz-Dzariat: 22)

Allah SWT telah menjamin rezeki di dunia dan memerintahkan manusia untuk berusaha mencapai rezeki di akhirat. Rezeki di dunia adalah sesuatu yang sudah dijamin, sehingga manusia tidak perlu melakukan usaha yang terlalu sengit untuk mencapainya. Cukup baginya untuk berusaha secara benar dan seimbang. Sedangkan berkenaan dengan rezeki akhirat, Allah SWT memerin-tahkan manusia untuk berusaha mencapainya karena ia adalah rezeki yang Allah SWT tidak menjaminnya kecuali jika manusia berhasil melampaui dua jihad: jihad yang besar dan jihad yang kecil. Jihad besar adalah jihad melawan hawa nafsu dan jihad kecil adalah jihad melawan musuh di medan perang.

Dengan terbebasnya seorang Muslim dari kerisauan pada kematian, rezeki, dan rasa takut, maka Islam memberi seorang Muslim senjatanya dan alat-alatnya dan ia memerintahkannya untuk mulai memerangi kekuatan-kekuatan kelaliman di muka bumi. Allah SWT berfirman tentang umat Islam:

"Kamu adalah umat yang terbaik yang dilahirkan untuk manusia, menyuruh kepada yang makruf, dan mencegah dari yang mungkar, dan beriman kepada Allah." (QS. Ali 'Imran: 110)

Perhatikanlah, bagaimana Allah SWT menyebutkan amal makruf nahi mungkar sebelum keimanan kepada Allah SWT. Ini dimaksudkan agar akal manusia tergugah akan pentingnya jihad di jalan Allah SWT. Amal makruf dan nahi mungkar tidak terwujud semata-mata dengan memegang tongkat dan mencambukannya kepada punggung orang-orang Islam yang tidak salat; ia juga tidak berupa usaha untuk menahan orang-orang Muslim yang tidak berpuasa. Masalah itu lebih penting dan lebih besar dari sekadar memperhatikan hal-hal yang bersifat lahiriah, sedangkan hal-hal yang bersifat batiniah tidak diperhatikan.

Ayat tersebut berarti, hendaklah seorang Muslim membawa senjata dan berdakwah di jalan Allah SWT serta memerangi orang-orang lalim di muka bumi. Abu Bakar berkata: "Wahai manusia, kalian membaca ayat berikut ini:"

"Hai orang-orang yang beriman, jagalah dirimu. Tiadalah orang yang sesat itu akan memberi mudharat kepadamu apabila kamu telah mendapat petunjuk," (QS. al-Maidah: 105)

Dan aku mendengar Rasulullah saw bersabda: "Sesungguhnya ketika masyarakat melihat orang yang lalim dan mereka tidak menghentikannya, maka Allah SWT akan menimpakan azab kepada mereka semua."

Penafsiran Abu Bakar terhadap ayat tersebut sangat jelas artinya. Yakni bahwa pelaksanaan ayat tersebut dapat diwujudkan dengan adanya jihad di jalan Allah SWT dengan mengangkat senjata sebagai usaha untuk menghentikan orang-orang yang lalim. Setelah itu, seorang Muslim dapat mengatakan: "Aku telah melaksanakan tugasku dan tidak akan berdampak kepadaku orang yang sesat setelah aku memberikan petunjuk."

Demikianlah pemahaman orang-orang Islam yang pertama. Maka bandingkanlah pemahaman tersebut dengan pemahaman kita saat ini di mana kita telah kehilangan keberanian, dan rasa takut telah menghinggapi tubuh orang-orang Islam. Kaum Muslim lebih mengutamakan keselamatan diri mereka daripada memerangi orang-orang yang lalim.

Muhammad bin Abdillah datang dengan membawa risalah Islam yang di dalamnya terdapat perintah Ilahi untuk rnemerangi orang-orang yang lalim dan mempertahankan kehormatan orang-orang yang tertindas di muka bumi. Allah SWT berfirman:

"Karena itu, hendaklah orang-orang yang menukar kehidupan dunia dengan kehidupan akhirat berperang di jalan Allah. Barangsiapa yang berperang di jalan Allah, lalu gugur atau memperoleh kemenangan, maka kelak akan Kami berikan kepadanya pahala yang besar. Mengapa kamu tidak mau berperang dijalan Allah dan (membela) orang-orang yang lemah baik laki-laki, wanita-wanita maupun anak-anak yang semuanya berdoa: 'Ya Tuhan kami, keluarkanlah kami dari negeri ini yang lalim penduduknya dan berilah kami pelindung dari sisi-Mu, dan berilah kami penolong dari sisi-Mu." (QS. an-Nisa': 74-75)

Muhammad bin Abdillah membacakan kepada kaumnya tentang penafsiran Allah SWT berkenaaan dengan makna kejayaan yang besar:

"Sesungguhnya Allah telah membeli dari orang-orang mukmin diri dan harta mereka dengan memberikan surga untuk mereka. Mereka berperang di jalan Allah, lalu mereka membunuh atau terbunuh. (Itu telah menjadi) janji yang benar dari Allah di dalam Taurat, Injil, dan Al-Qur'an. Dan siapakah yang lebih menepati janjinya (selain) daripada Allah?, maka bergembiralah dengan jual beli yang telah kamu lakukan itu, dan itulah kemenangan yang besar." (QS. at-Taubah: 111)

Bacalah ayat tersebut dua kali dan renungkanlah tentang kedermawan Allah SWT. Betapa tidak, Dia membeli jiwa orang-orang mukmin dan harta mereka, padahal jiwa tersebut dan harta tersebut pada hakikatnya adalah milik-Nya sendiri. Lihatlah bagaimana kemuliaan Allah SWT di mana Dia membeli harta milik-Nya yang khusus dengan surga dan bagaimana Allah SWT menganjurkan orang-orang Islam untuk berperang, dan Dia memberitahu mereka bahwa urusan memerangi orang-orang lalim dan orang-orang yang tersesat bukanlah hal yang baru atas orang-orang Islam. Allah SWT telah memerintahkan hal tersebut dalam Injil dan Taurat. Sebagaimana Nabi Isa diutus dengan pedang, seperti yang disebutkan dalam lembaran-lembaran atau buku-buku orang-orang Nasrani, maka Nabi Musa pun diutus dengan membawa pedang. Dan ketika Bani Israil berkata kepada Nabi Musa, "pergilah engkau bersama Tuhanmu dan berperanglah, dan kami hanya di sini duduk-duduk saja,", maka kehendak Ilahi menetapkan agar mereka mendapatkan kesesatan selama empat puluh tahun sebagai akibat dari perbuatan mereka itu, agar generasi yang lemah dan hina itu hancur yang mereka justru tidak memenuhi panggilan Allah SWT dan mereka membiarkan Nabi Musa bersama Tuhannya berperang, padahal peperangan itu merupakan tanggung jawab mereka dan tugas mereka yang harus mereka emban sebagai pengikut Nabi Musa.

Demikianlah esensi dari ajaran Islam sebagaimana yang dibawa oleh Muhammad bin Abdillah. Yakni ajakan untuk membaca dan menggali ilmu serta mendapatkan kebebasan dan yang terpenting adalah usaha melawan kekuatan-kekuatan lalim. Suatu ajakan yang universal yang tidak dikhususkan untuk kalangan tertentu atau untuk waraa kulit tertentu atau untuk kaum tertentu atau untuk tempat tertentu; suatu ajakan kemanusiaan yang komprehensif yang universal yang ingin mengikat ilmu dan kebebasan dan jihad dengan tujuan yang lebih tinggi, yaitu mencapai tauhid kepada Allah SWT dan menyucikan-Nya serta keimanan terhadap hari kemudian dan kebangkitan manusia semuanya di hadapan Allah SWT.

Adalah salah jika ada orang yang menganggap bahwa Islam hanya memperhatikan aspek akhirat dan melupakan aspek duniawi. Menurut Islam dunia adalah lembar-lembar jawaban yang akan dikoreksi di hari akhir. Ia adalah ujian dan tempat percobaan bagi manusia agar manusia mengetahui apakah ia layak untuk menda- patkan kemuliaan dari Allah SWT yang telah diberikan kepada Adam. Atau apakah iajustru layak untuk jadi bagian dari tanah neraka Jahim dan batunya, sebagaimana firman Allah SWT:

"Yang bahan bakarnya manusia dan batu." (QS. al-Baqarah: 24)

Rasulullah saw telah menjelaskan hikmah dari penciptaan manusia, penciptaan kehidupan dan kematian ketika beliau menyampaikan firman Allah SWT dalam surah al-Mulk:

"Yang menjadikan mati dan hidup, supaya Dia menguji kamu, siapa di antara kamu yang lebih baik amabiya." (QS. al-Mulk: 2)

Dunia adalah rumah pergulatan. Dan Allah SWT telah menciptakan kehidupan dan kematian agar manusia menyadari siapa di antara mereka yang terbai amalnya. Tentu pengetahuan ini tidak akan menambah kekuasaan Allah SWT. Pengetahuan itu justru dibutuhkan oleh manusia. Allah SWT menciptakan manusia agar menusia mengetahui, danpengetahuan yang paling penting adalah pengetahuan atau pengenalan terhadap diri. Dan pada hari kiamat manusia akan mengenal dirinya secara sempurna dan ia akan mengenal balasan yang akan diterimanya secara sempurna.

Dan barangkali mukadimah yang kami sarikan dari hari akhir ini mengharuskan kehidupan di atas bumi dipenuhi dengan kesucian dan kebersihan, yaitu diliputi dengan kemanusiaan yang sempurna yang di dalamnya manusia layak untuk hidup. Demikianlah Islam yang dibawa oleh Muhammad saw. Inilah asasnya dan hakikatnya. Itu adalah pondasi dan hakikat yang tidak diciptakan oleh Muhammad saw dan tak didahului oleh rasul-rasul sebelumnya. Hakikat risalah- risalah yang dulu semuanya adalah tauhid dan mempertahankan kebenaran† serta keimanan terhadap hari akhir dan menyerahkan jiwa dan anggota tubuh hanya kepada Allah SWT. Yang baru dalam Islam adalah ilmu, kebebasan dan universalitas ajaran Islam serta warna keadilan yang sangat kental, sehingga sangat tepat jika dikatakan bahwa karakter dari Islam adalah keadilan. Barangkali bagian ini perlu diperhatikan.

Meskipun agama-agama samawi pada esensinya satu, tetapi kehendak Allah menuntut turunnya lebih dari agama dan lebih dari satu nabi. Kehendak tersebut menuntut agar pada setiap agama terdapat karakter yang khusus yang menggambarkan bentuk yang paling tepat sesuai dengan kebutuhan utama yang di situ agama itu diturunkan dan sesuai dengan waktu saat itu. Orang-orang Yahudi misalnya, mereka hidup di tengah-tengah suasana penyembahan berhala dikalangan orang-orang Mesir kuno. †Yahudisme diturunkan pada Bani Israil yang suka membangkang dan karena itu, karakter utamanya adalah ketegasan (*as-Sharamah*) agar mereka tidak terpengaruh dengan fenomena berhalaisme ala Mesir atau mereka terkena pengaruh dari tindakan semena-mena Fir'aun. Dengan ketegasan inilah agama Yahudi selamat dan dapat menjadi risalah penyelamatan dan pembebasan.

Namun Bani† Israil yang memperbudak manusia dan mempunyai hati yang keras pada saat yang sama mereka keluar dari Fir'aun untuk masuk ke cengkraman orang-orang Romawi di mana orang- orang Romawi† justru lebih lalim dan lebih kuat dari orang-orang Mesir. Oleh karena itu, orang-orang Masehi bertanggung jawab untuk melakukan pembebasan baru tetapi dengan cara yang berbeda sesuai dengan perubahan keadaan. Cara tersebut adalah menjauhkan penggunaan kekuatan bersenjata karena kekuatan orang-orang Romawi mengungguli kekuatan saat itu dan menguasai bumi secara keseluruhan. Maka kemenangan yang mungkin dapat diperoleh adalah dengan cara menghindari tindak kekerasan dan lebih mengutamakan pendekatan cinta. Dan pada kali yang lain orang- orang Masehi memperoleh kemenangan melalui cara kedamaian dan cinta yang disebarkannya atas imperialisme Romawi dengan segala senjatanya dan kekuasaannya.

Adapun Islam datang sebagai agama yang terakhir dan menyeluruh yang layak untuk diterapkan di muka bumi, sehingga Allah SWT mewariskan bumi dan apa saja yang ada di dalamnya kepada orang- orang yang berhak mewarisinya. Oleh karena itu, agama yang terakhir ini harus mempunyai karakter khusus dan karakter itu adalah karakter keadilan.

Ketegasan hanya cocok untuk zaman tertentu dan kelompok tertentu dan keadaan tertentu, sedangkan cinta adalah contoh yang tertinggi, tetapi ia tidak dapat menjadi sesuatu tolok ukur untuk dibandingkan dengan tindakan-tindakan tertentu atau untuk dijadikan alat untuk melakukan sesuatu. Dan jika ia menjadi tolok ukur bagi orang-orang yang memilki perasaan yang tinggi atau budaya yang tinggi, maka ia tidak dijadikan tolok ukur umum dan universal. Adapun keadilan, maka ia menjadi karakter Islam yang berarti keseimbangan dalam sifat-sifat keutamaan dan meletakkan segala sesuatu pada tempatnya. Ini adalah tolok ukur yang menyeluruh dan barometer yang akhir. Dan barangkali kebesaran keadilan dan pengaruhnya dalam pengaturan alam bersandarkan kepada firman Allah SWT:

"Allah menyatakan bahwasannya tidak ada Tuhan melainkan Dia. Yang menegakkan keadilan. Para malaikat dan orang-orang yang berilmu (juga menyatakan yang demikian itu)." (QS. Ali 'Imran: 18)

Apabila Allah SWT dalam Islam merupakan cermin yang tertinggi, maka keadilan yang disaksikan oleh Allah SWT terhadap diri-Nya sendiri harus menjadi karakter Islam dan kaum Muslim. Keadilan dalam Islam bukan hanya keadilan ekonomi atau keadilan hukum atau keadilan dalam balasan, tetapi ia mencakup semuanya. Sebelum semua ini dan sesudahnya, kcadilan dalam Islam merupakan suatu sistem dalam kehidupan dan metode utama dalam Islam.

Ketika Anda memalingkan pandangan Anda dalam Islam, maka Anda akan menemukan keadilan menghiasi seluruh wajah Islam. Di sana terdapat keadilan antara agama-agama yang dulu, keadilan antara individu dan masyarakat, keadilan antara dunia dan agama, keadilan antara pria dan wanita, keadilan untuk orang-orang yang fakir dan orang-orang yang kaya, keadilan antara para penguasa dan rakyat, bahkan dengan keadilan itu sendiri bumi dan langit ditegakkan dan Allah SWT menyebut diri-Nya sebagai *al-'Adl* (Yang Maha Adil).

Selanjutnya, Islam adalah agama yang sudah lama sebagaimana lamanya kedatangan para nabi. Nabi Nuh as berkata dalam surah Yunus:

"Jika kamu berpaling (dari peringatanku), aku tidak meminta upah sedikit pun darimu. Upahku tidak lain hanyalah dari Allah belaka dan aku disuruh supaya aku termasuk golongan orang-orang yang berserah diri (kepadanya)." (QS. Yunus: 72)

Nabi Ibrahim dan Nabi Ismail as berkata dalam surah al-Baqarah saat keduanya membangun Ka'bah:

"Ya Tuhan kami, terimalah dari kami (amalan kami), sesungguhnya Engkaulah Yang Maha Mendengar lagi Maha Mengetahui. Ya Tuhan Kami, jadikanlah kami berdua orang yang tunduk patuh kepada Engkau dan tunjukkanlah kepada kami cara-cara dan tempat-tempat ibadat haji kami, dan terimalah tobat kami. Sesungguhnya Engkaulah Yang Maha Menerima taubat lagi Maha Penyayang." (QS. al-Baqarah: 127-128)

Nabi Ibrahim tidak lupa untuk berwasiat kepada keturunannya dan di antara mereka adalah Yakub agar mereka mati dalam keadaan Islam. Allah SWT berfirman:

"Dan Ibrahim telah mewasiatkan ucapan itu kepada anaknya, Demikian pula Yakub. (Ibrahim berkata): 'Hai anak-anakku, Sesungguhnya Allah telah memilih agama ini bagimu, maka janganlah kamu mati kecuali dalam memeluk agama Islam.'" (QS. al-Baqarah: 132)

Ketika kematian mendekati Yakub, beliau mengumpulkan anak-anaknya di sekelilingnya dan bertanya kepada mereka:

"Apa yang kamu sembah sepeninggalku? Mereka menjawab: 'Kami akan menyembah Tuhanmu dan Tuhan nenek moyangmu, Ibrahim, Ismail, dan hhaq, (yaitu) Tuhan Yang Maha Esa dan kami hanya tunduk patuh kepadanya.'" (QS. al-Baqarah: 133)

Allah SWT memberitahu kita dalam surah Yunus tentang perkataan Nabi Musa kepada kaumnya:

"Hai kaumku, jika kamu beriman kepada Allah, maka bertawakallah kepada-Nya saja, jika kamu benar-benar orang yang berserah diri." (QS. Yunus: 84)

Sementara itu, Nabi Sulaiman adalah seorang Muslim sesuai dengan nas ayat-ayat yang menceritakan tentang kisahnya bersama Ratu Saba' ketika Ratu tersebut berkata:

"Ya Tuhanku, sesungguhnya aku telah berbuat lalim terhadap diriku dan aku berserah diri bersama Sulaiman kepada Allah, Tuhan semesta alam." (QS. an-Naml: 44)

Demikian juga Nabi Yusuf, beliau berdoa kepada Allah SWT dan meminta kepadanya agar mematikannya sebagai orang Muslim dan memasukannya dalam kelompok orang-orang yang saleh. Allah SWT berfirman dan bercerita tentang Yusuf dalam surah Yusuf:

"Ya Tuhanku, sesungguhnya Engkau telah menganugerahkan kepadaku sebagaian kerajaan dan telah mengajarkan kepadaku sebagian ta'bir mimpi. (Ya Tuhan) Pencipta langit dan bumi, Engkaulah Pelindungku di dunia dan di akhirat, wafatkanlah aku dalam keadaan Islam dan gabungkanlah aku dengan orang-orang yang saleh." (QS.Yusuf: 101)

Sementara itu dalam surah al-Maidah, Allah SWT mewahyukan kepada kaum Hawariyin agar mereka beriman kepadanya dan kepada rasul-Nya lalu mereka berkata:

"Kami telah beriman dan saksikanlah (wahai rasul) bahwa Sesungguhnya kami adalah orang-orang yang patuh (kepada seruanmu)." (QS. al-Maidah: 111)

Jadi, Nabi Nuh, Nabi Ibrahim, Nabi Ismail, Nabi Yakub, Nabi Musa Harun, Nabi Sulaiman, Nabi Yusuf, Nabi Isa adalah nabi-nabi yang Muslim sesuai dengan nas ayat-ayat tersebut. Maka seluruh nabi adalah orang-orang Muslim, lalu bagaimana Nabi Muhammad saw sebagai Nabi yang terakhir dikatakan sebagai orang Muslim yang pertama?

Allah SWT berfirman dalam surah al-An'am yang ditujukan kepada Nabi yang terakhir:

"Katakanlah: 'Sesungguhnya shalatku, ibadatku, hidupku dan matiku hanyalah untuk Allah, Tuhan semesta alam, tiada sekutu bagi-Nya; dan demikian itulah yang diperintahkan kepadaku dan aku adalah orang yang pertama-tama menyerahkan diri (kepada Allah).'" (QS. al-An'am: 162-163)

Maka, bagaimana beliau menjadi orang Muslim yang pertama, padahal penamaan umat beliau dengan sebutan *al-Muslimin* adalah penamaan yang sebenarnya sudah dahulu dikenal di kalangan nabi- nabi yang terdahulu dan kedatangannya ke alam wujud dan penamaan agamanya dengan sebutan *al-Islam* sebenarnya berhutang kepada kakeknya yang jauh, yaitu Nabi Ibrahim. Allah SWT berfirman dalam surah al-Hajj:

"Dan Dia sekali-kali tidak menjadikan untuk kamu dalam agama suatu kesempitan. (Ikutilah) agama orang tuamu Ibrahim. Dia telah menamai kamu sekalian orang-orang Muslim dari dahulu." (QS. al- Hajj: 78)

Tidak ada pertentangan dalam pendahuluan para nabi dengan sebutan *al-Muslimin* daripada Rasulullah saw dan kedudukan beliau sebagai orang Muslim yang pertama. Tentu kata *al-Awwal* (yang pertama) di sini tidak dipahami dari sisi waktu atau masa kemunculan, tetapi yang dimaksud dengan orang Muslim di sini adalah *akmalul muslimin* (orang yang paling sempurna di antara orang-orang Muslim). Suatu kali Aisyah pernah ditanya tentang akhlaknya Rasulullah saw lalu dia menjawab dengan kalimatnya yang singkat: "Akhlak beliau adalah Al-Qur'an."

Kita mengetahui bahwa Al-Qur'an al-Karim menetapkan akhlak yang mulia meskipun dalam batasannya yang sederhana dan rendah, dan menyebutkan keutamaan akhlak dalam tingkatannya yang tinggi. Oleh karena itu, akhlak seperti apa yang dimiliki oleh Rasulullah saw: apakah beliau memiliki akhlak yang sifatnya tengah-tengah, atau apakah beliau mendahului dalam kebaikan, atau apakah beliau termasuk *ashabul yamin* (orang-orang yang berasal di sebelah kanan), atau apakah beliau termasuk *al-Muqarrabin* (orang-orang yang dekat dengan Allah SWT)?

Rasulullah saw tidak hanya memiliki semua karakter tersebut dan atribut tersebut, bahkan kedudukan beliau lebih dari itu semua. Beliau berada di puncak dari segala puncak keutamaan akhlak, sehingga beliau berhak untuk mendapatkan sebutan dari Allah SWT:

"Dan sungguh pada dirimu terdapat budi pekerti yang agung." (QS. al-Qalam: 4)

Para Mufasir berbeda pendapat tentang makna dari *al-Huluqul 'adzim* (budi pekerti yang agung). Sebagian mereka mengatakan bahwa yang dimaksud adalah Al-Qur'an. Sebagian yang lain mengatakan itu adalah Islam. Ada juga yang mengatakan bahwa beliau tidak memiliki sesuatu kecuali keinginan untuk menuju jalan Allah SWT.

Dalam Al-Qur'an al-Karim terdapat penjelasan tentang derajat beliau yang tinggi dalam dua ayat yang mulia. Ayat yang pertama adalah firman-Nya:

"Katakanlah: 'Sesungguhnya Shalatku, ibadatku, hidupku dan matiku hanyalah untuk Allah, Tuhan semesta alam, tiada sekutu bagi-Nya; dan demikian itulah yang diperintahkan kepadaku dan aku adalah orang yang pertama-tama menyerahkan diri (kepada Allah).'" (QS. al-An'am: 162-163)

Beliau adalah orang yang paling utama di antara manusia semuanya; beliau memiliki keutamaan yang melebihi semua manusia; beliau memiliki rahmat dan kemuliaan yang tidak dapat ditandingi oleh seseorang pun. Meskipun beliau datang sebagai Nabi yang terakhir namun justru karena posisi beliau sebagai Nabi yang terakhir, maka beliau menjadi bata yang terakhir dalam pembangunan rumah kenabian yang tinggi, sehingga bata yang terakhir itu harus menjadi puncak pembangunan manusia. Sedangkan ayat yang kedua adalah firman-Nya:

"Dan Kami tidak mengutusmu kecuali sebagai rahmat bagi alam semesta." (QS. al-Anbiya': 107)

Beliau bukan hanya menjadi rahmat bagi orang-orang Arab saja; beliau bukan hanya menjadi rahmat bagi orang-orang Quraisy dan beliau bukan menjadi rahmat bagi zamannya saja, begitu juga beliau tidak menjadi rahmat bagi jazirah Arab saja, tetapi beliau menjadi rahmat bagi alam semesta; beliau senantiasa menjadi rahmat bagi alam semesta: dimulai dari diturunkannya wahyu kepadanya dengan kalimat *iqra* hingga Allah SWT mewariskan bumi dan apa saja yang ada di dalamnya kepada orang-orang yang berhak mewarisinya sampai hari kiamat. Alhasil, beliau adalah rahmat yang dihadiahkan kepada manusia; beliau adalah rahmat yang tidak menonjolkan mukjizat yang mengagumkan, tetapi beliau adalah rahmat yang memulai dakwah dengan mengutamakan fungsi akal atau pembacaan dua kitab: pertama, pembacaan kitab alam atau Al-Qur'an yang diciptakan atau kalimat-kalimat Allah SWT yang terdiri dari jutaan bentuk dan kedua pembacaan Al-Qur'an yang diturunkan melalui malaikat Jibril di mana ia merupakan *kalamullah* yang abadi. Dan kitab alam dibaca dengan ribuan cara: dibaca melalui penelusuran dunia:

"Katakanlah: 'Berjalanlah kamu di mnka bumi dan amat-amatilah.'" (QS. an-Naml: 69)

Atau dibaca melalui usaha menyingkap misteri dan penggunaan akal:

"Kami akan memperlihatkan kepada mereka tanda-tanda (kekuasaan) Kami di segenap penjuru dan pada diri mereka sendiri,

sehingga jelaslah bagi mereka bahwa Al-Qur'an itu adalah benar."

(QS. Fushilat: 53)

Atau dibaca melalui ilmu dan pengamatan:

"Atau siapakah yang telah menjadikan bumi sebagai tempat berdiam, dan yang telah menjadikan sungai-sungai di celah-celahnya, dan yang menjadikan gunung-gunung untuk (mengokohkan)nya dan menjadikan suatu pemisah antara dua laut 1 Apakah di samping Allah ada tuhan (yang lain)? Bahkan (sebenarnya) kebanyakan dari mereka tidak mengetahui." (QS. an-Naml: 61)

Jika di sana terdapat ribuan jalan atau cara untuk membaca kalimat-kalimat Allah SWT dan kitab alam, maka di sana terdapat satu jalan untuk membaca *kalamullah* yang abadi, yaitu hendaklah Al-Qur'an dibaca dengan mata hati dan kecermelangan basirah, sehingga Al-Qur'an menjadi bagian akhlak dari yang membaca sesuai dengan kemampuannya.

Sebelum turunnya Al-Qur'an, dunia diliputi dengan kekurangan, baik secara materi, ruhani, undang-undang maupun dari dimensi kehidupan yang biasa melekat pada manusia saat itu. Dan sebelum diutusnya Rasul saw yang beliau adalah manusia yang sempurna dan paling utama, alam belum mencapai puncak dari penyerahan diri kepada Allah SWT atau puncak dari keutamaan akhlak. Ketika Rasulullah saw diutus, maka manusia mengalami kesempurnaan dan mampu mencapai tingkat kesempurnaannya. Dengan Kitab yang mulia ini dan Nabi yang pengasih, Allah SWT yang menyempurnakan agama bagi manusia dan menyempurnakan nikmat-Nya atas mereka, sebagaimana firman-Nya:

"Pada hari ini telah Ku-sempurnakan untuk kamu agamamu, dan telah Ku-cukupkan kepadamu nikmat-Ku, dan telah Ku-ridhai Islam itu jadi agama bagimu." (QS. al-Maidah: 3)

Namun semua itu tidak terwujud begitu saja, Nabi yang mulia harus berjuang secara serius dan sungguh-sungguh, sehingga beliau menjadi manusia yang paling layak untuk mendapatkan pujian pendduduk bumi dan penduduk langit. Dan Rasulullah saw telah melakukan semua itu. Kita tidak mengenal seorang nabi yang perasaannya dihina dan dicaci maki lebih dari apa diterima oleh Muhammad bin Abdillah; kita tidak mengenal seorang nabi yang memikul berbagai penderitaan, dan memiliki kesabaran yang mengagumkan di jalan Allah SWT sebagaimana yang ditunjukkan oleh Nabi kita.

Kemudian, seorang yang diutus oleh Allah SWT sebagai rahmat bagi alam semesta tidak akan mengajak manusia menuju kebenaran kecuali jika manusia tersebut dari kalangan orang-orang yang kafir dan membangkang. Beliau berdakwah bagi orang yang berhak mendapatkan dakwah; beliau siap memikul tanggung jawab dakwah dengan berbagai tantangan dan cobaannya; beliau menunjukkan kesabaran yang luar biasa. Setelah itu, beliau datang kepada Allah SWT dengan hati yang puas dan air mata yang bercucuran dan dengan suara berbisik berkata: "Ya Allah, jika tidak ada kemurkaan pada diri-Mu, maka aku tidak akan peduli dengan manusia." Segala sesuatu akan menjadi mudah jika di sana terdapat ridha Allah SWT.

Setelah turunnya wahyu kepada Rasul saw, beliau memulai tahapan dakwah dan mengajak manusia untuk menyembah Allah SWT. Dimulailah dakwah secara rahasia yang berlangsung selama tiga tahun dalam persembunyian.

Mula-mula Ummul Mu'minin, Khadijah binti Khuwailid beriman kepadanya, lalu beriman juga sahabatnya, Abu Bakar sebagaimana beriman kepadanya anak pamannya, Ali bin Abi Thalib yang saat itu masih kecil dan hidup di bawah asuhan Muhammad, dan juga beriman kepadanya Zaid bin Tsabit, seorang pembantunya. Kemudian Abu Bakar juga ikut berdakwah, sehingga ia memasukkan dalam dakwah teman-temannya, seperti Usman bin Affan, Thalha bin Ubaidilah, dan Sa'ad bin Abi Waqas. Juga beriman seorang Masehi, yaitu Waraqah bin Nofel dan Rasulullah saw melihatnya setelah kematiannya tanda kesenangan yang itu menunjukkan ketinggian derajatnya di sisi Allah SWT. Setelah itu, Abu Dzar al-Ghifari juga masuk Islam, lalu disusul oleh Zubair bin Awam dan Umar bin 'Anbasah serta Sa'id bin 'Ash. Jadi, Islam mulai mengepakkan sayapnya secara rahasia di Mekah.

Kemudian berita tersebarnya akidah yang baru ini sampai kepada pembesar-pembesar Quraisy, tetapi mereka tidak begitu peduli. Barangkali mereka membayangkan bahwa Muhammad telah menjadi—karena uzlah yang dilakukannya di gua Hira—salah seorang juru bicara tentang ketuhanan sebagaimana pernah dilakukan oleh Umayah bin Shalt dan Qas bin Sa'adah.

Demikianlah dakwah secara rahasia berhasil mengembangkan misinya dan dapat melindungi akidah yang baru. Dan selama perjalanan tiga tahun yang dibutuhkan tahapan dakwah secara rahasia keimanan telah tertanam dalam hati kaum Muslim yang pertama. Rasulullah saw telah mendidik mereka dan telah menanamkan kepada diri mereka sifat-sifat kemuliaan dan telah menciptakan mereka sebagai benih pertama dari pasukan Islam. Pada suatu hari Jibril turun dengan membawa firman Allah SWT:

"Dan berilah peringatan kepada kerabat-kerabatmu yang terdekat."

(QS. asy-Syu'ara': 214)

Demikianlah, datanglah perintah Ilahi agar Rasulullah saw berdakwah secara terang-terangan. Lalu berkumpullah di sekeliling Nabi sekelompok tentara yang besar dan datanglah perintah Ilahi agar beliau menyampaikan dakwah secara terang-terangan dan mengingatkan keluarga dekatnya. Ketika Nabi melakukan hal tersebut, maka dakwah memasuki tahapan yang kedua. Dan tahapan dakwah yang baru ini berakibat pada timbulnya penekanan terhadap para dai di mana mereka mengalami penindasan, bahkan mereka didustakan oleh masyarakat serta diboikot.

Orang-orang Quraisy mengetahui bahwa Muhammad berbahaya bagi mereka. Beliau bukan hanya berbicara tentang ketuhanan, tetapi beliau mengajak rnanusia untuk mengikuti agama baru, yaitu agama yang mencoba untuk menyingkirkan berhala-berhala dan patung- patung mereka serta tuhan-tuhan mereka yang mereka yakini; agama yang mencoba menyingkirkan kedudukan sosial mereka dan kepentingan-kepentingan ekonomi mereka; agama yang menyatakan bahwa tiada tuhan lain selain Allah SWT, dan tiada hukum lain selain hukum-Nya, serta tiada penguasa lain selain Dia. Kedatangan agama tersebut menyebabkan penduduk kota Mekah membencinya dan orang-orang yang memegang kekuasaan di dalamnya merasa gelisah.

Setelah pengumuman dakwah secara terang-terangan, dimulailah dan ditabuhlah gendrang peperangan. Kemudian peperangan yang dahsyat terjadi antara para pembesar Quraisy dan para pengikut Rasulullah saw. Orang yang pertama kali menyerang Islam adalah seorang tokoh Mekah yang bernama Abu Lahab.

Bukhari meriwayatkan bahwa Rasulullah saw menaiki bukit Shafa dan beliau mulai memanggil-manggil tokoh Quraisy dan para kabilah Mekah. Dan ketika semua berkumpul, beliau bertanya kepada mereka: "Apakah kalian percaya jika aku memberitahu kalian bahwa seekor kuda akan datang menyerang kalian?" Mereka menjawab: "Tentu, kami belum pernah melihatmu berbohong." Beliau berkata: "Aku seorang yang diutus sebagai pemberi peringatan terhadap kalian. Di hadapanku terdapat siksaan yang berat jika kalian menentang." Abu Lahab berkata: "Sungguh celaka engkau, apakah karena ini engkau mengumpulkan kami."

Dengan penghinaan inilah, peperangan terhadap Islam dimulai. Ketika kaum Muslim tidak mampu mempertahankan diri mereka, maka mula-mula Allah SWT membantu mereka dan menolong mereka dengan menurunkan surah yang pendek yang mengecam tindakan Abu Lahab:

"Binasalah kedua tangan Abu Lahab dan sesungguhnya dia akan binasa. Tidaklah bermanfaat kepadanya harta bendanya dan apa yang dia usahakan. Kelak dia akan masuk ke dalam api yang bergejolak. Dan (begitu pula) isterinya, pembawa kayu bakar. Yang di lehernya ada tali dari sabut." (QS. Allahab: 1-5)

Dengan ayat-ayat yang pendek dan tepat tersebut, Abu Lahab memasuki kancah sejarah dari pintunya yang paling pendek. Gambaran tentang kejahatan Abu Lahab tertulis selama-lamanya. Abu Lahab adalah seorang yang menentang dakwah kebenaran karena ia mengkhawatirkan kedudukannya dan kekayaannya, padahal harta yang dipertahankannya dan dijaganya tidak memiliki arti sama sekali di sisi Allah SWT karena ia sekarang berada dan dijebloskan di tengah-tengah neraka yang menyala-nyala, sedangkan isterinya membawa kayu bakar, sehingga menambah nyala api itu sendiri. Dan di lehernya terdapat suatu belenggu sebagai simbol keterikatannya dengan dunia binatang yang tidak berakal. Sebagian besar orang-orang yang menentang dakwah adalah orang-orang yang berhubungan dengan dunia binatang yang tidak sadar.

Allah SWT berfirman:

"Atau apakah kamu mengira bahwa kebanyakan mereka itu mendengar atau memahami. Mereka itu tidak lain, hanyalah seperti binatang ternak, bahkan mereka lebih sesat jalannya (dari binatang ternak itu)." (QS. al-Furqan: 44)

Seandainya hari ini kita merenungkan reaksi orang-orang kafir dan orang-orang musyrik, maka kita akan terheran-heran.

Allah SWT berfirman:

"Dan mereka heran karena mereka kedatangan seorang pemberi peringatan (rasul) dari kalangan mereka; dan orang-orang kafir

berkata: 'Ini adalah seorang ahli sihir yang banyak berdusta. Mengapa ia menjadikan tuhan-tuhan itu Tuhan yang Satu saja?

Sesungguhnya ini benar-benar suatu hal yang sangat mengherankan". (QS. Shad: 4-5)

Coba perhatikan bagaimana kebodohan kaum itu di mana mereka menganggap bahwa pada hakikatnya terdapat multi tuhan dan mereka jutru merasa heran ketika terdapat hanya satu tuhan atau tuhan yang esa. Mereka justru merasa heran ketika berhadapan dengan masalah yang fitri dan jelas ini.

Allah SWT berfirman:

"Dan apabila mereka melihat kamu (Muhammad), mereka hanyalah menjadikan kamu sebagai ejekan (dengan mengatakan): 'Inikah orangnya yang diutus Allah sebagai rasul? Sesungguhnya hampirlah ia menyesatkan kita dari sembahan-sembahan kita, seandainya kita tidak sabar (menyembah)nya." (QS. al-Furqan: 41- 42)

Perhatikanlah betapa nekatnya kaum itu di mana mereka mulai menghina dan mengejek Rasulullah saw, padahal beliau telah datang di tengah-tengah mereka untuk menyelamatkan mereka dari api neraka, dan coba perhatikan bagaimana pandangan mereka terhadap tuhan-tuhan mereka. Mereka membayangkan bahwa mereka nyaris tersesat jika mereka tidak bersabar dalam membela tuhan-tuhan tersebut. Demikianlah kesesatan mengejek kebenaran dan kebodohan menghina ilmu. Mereka justru merasa heran terhadap kepandaiannya yang dapat menyelamatkannya dari meninggalkan tuhan-tuhannya yang terbuat dari batu dan kayu, bahkan terkadang mereka membuat tuhan dari adonan roti di mana mereka menyembahnya kemudian memakannya. Mereka mengatakan bahwa tuhan-tuhan kami menyelamatkan kami dari rasa lapar atau mereka mengatakan bahwa kami menyembah mereka agar mereka dapat mendekatkan kami pada Allah sedekat-dekatnya.

Meskipun demikian, dakwah Nabi terus berlanjut dan tertanam di muka bumi. Mereka orang-orang musyrik menuduh Nabi sebagai seorang dukun; mereka menuduhnya juga sebagai seorang gila, bahkan mereka menuduhnya sebagai seorang penyihir; mereka menuduh bahwa beliau berbohong atas nama kebenaran dan beliau dibantu oleh kaum yang lain; mereka mengatakan ini adalah dongengan orang-orang yang dahulu.

Mereka meminta kepada beliau untuk mendatangkan mukjizat dengan bentuk tertentu; mereka memberitahu bahwa mereka tidak akan beriman kepadanya, sehingga terdapat suatu mata air yang memancar dari bumi atau terwujud di depan mereka suatu taman dari pohon kurma dan anggur yang memancar di tengah-tengahnya sungai, atau langit akan runtuh sebagaimana yang beliau sampaikan kepada mereka sebagai bentuk azab atau beliau datang dengan Allah SWT dan para malaikat dan mereka semua menjamin kebenaran dakwah yang diserukannya, atau beliau memiliki rumah dari emas atau beliau mampu mendaki langit dan mereka masih belum beriman terhadap pendakian itu meskipun ia mendaki di hadapan mata mereka dan kembali dengan selamat, kecuali jika ia menghadirkan kitab kepada mereka yang dapat mereka baca dari langit.

Nabi tidak peduli dengan usaha mereka untuk menyakiti hati beliau; Nabi tetap memberitahu mereka dengan penuh kelembutan bahwa apa saja yang mereka minta itu tidak sesuai dengan Islam. Sebab, Islam hanya menyeru akal dan berusaha menciptakan kebebasan. Beliau menyampaikan kepada mereka bahwa beliau hanya sekadar manusia yang diutus oleh Tuhan; beliau datang kepada mereka untuk mengingatkan mereka akan suatu hari di mana seorang tua tidak akan menyelamatkan anaknya dan tidak bermanfaat di dalamnya harta dan anak-anak, dan mereka tidak akan selamat di dalamnya dari siksaan. Orang-orang yang mempunyai kedudukan atau para tokoh mereka adalah para tiran-tiran di muka bumi di mana semua itu tidak akan bermanfaat bagi mereka pada hari kiamat. Siksaan yang bakal mereka terima tidak dapat mereka hindari dan mereka pun tidak dapat meringankannya.

Demikianlah Islam sebagaimana agama-agama sebelumnya mengumpulkan di sekelilingnya orang-orang yang berakal dan orang-orang yang fakir serta orang-orang yang menderita di muka bumi. Berimanlah sekelompok orang-orang fakir di mana mereka menjadi kelompok sosial yang tertindas dan tersingkirkan di Mekah. Mereka menjadi makanan empuk kelompok-kelompok yang lalim.

Islam bukan hanya memberikan solusi ekonomi terhadap tragedi kehidupan atau masyarakat, tetapi Islam memberikan solusi Ilahi terhadap keberadaan manusia secara umum; Islam meyakini bahwa manusia bukan hanya sekadar perut yang harus dikenyangkan dan naluri seksual yang harus dipuaskan, manusia bukan hanya dilihat dan dinilai dari sisi ini, namun Islam justru meletakkan manusia pada tempatnya yang hakiki, tanpa membesar-besarkan atau mengecilkannya. Dalam pandangan Islam, manusia terdiri dari bangunan fisik dan ruhani, terdiri dari akal dan ambisi dan terdiri dari celupan dari Allah SWT dalam ruhnya.

Islam tidak mementingkan fisik saja dan meninggalkan ruhani, begitu juga sebaliknya. Terkadang fisik boleh jadi mendapatkan kebahagiaan dalam kehidupan, tetapi ruhani justru mengalami penderitaan yang luar biasa. Karena itu, pemuasan salah satu dimensi dari dimensi manusia tidak akan membawa manusia kepada kesempurnaan atau kebahagiaan. Maka, Islam datang untuk membawa suatu solusi yang dapat menyelamatkan manusia dari dalam dirinya sendiri dan Islam membebankan tugas ini, yakni tugas perubahan ini kepada Al-Qur'an.

Al-Qur'an menjadi cermin dalam kehidupan di mana ayat-ayatnya diturunkan kepada Rasul saw, lalu beliau mengajarkannya kepada kaum Muslim. Kemudian Al-Qur'an berubah menjadi orang-orang yang berjalan di pasar-pasar dan mengancam singgasana kebencian yang menguasai Mekah, sehingga orang-orang musyrik justru meningkatkan usaha pengejekan dan penghinaan terhadap Rasul saw. Oleh karena itu, beliau semakin sedih lalu Allah SWT menghiburnya. Allah SWT memberitahu beliau bahwa mereka tidak mendustakannya, tetapi mereka justru melalimi diri mereka sendiri. Mereka mulai menentang Nabi dan ayat-ayat Allah SWT, padahal Nabi adalah salah satu dari ayat Allah SWT.

Allah SWT berfirman:

"Sesungguhnya Kami mengetahui bahwasannya apa yang mereka katakan itu menyedihkan hatimu, (janganlah kamu bersedih hati), karena mereka sebenarnya bukan mendustakan kamu, akan tetapi orang-orang yang lalim itu mengingkari ayat-ayat Allah." (QS. al-An'am: 33)

Kemudian kaum musyrik meningkatkan penindasan kepada Rasul saw dan para pengikutnya. Peperangan dimulai: dari peperangan urat saraf sampai peperangan fisik. Mereka mulai menyiksa para pengikut Rasul saw, bahkan membunuhnya. Pada saat itu, musuh- musuh Islam membayangkan bahwa dengan cara menindas kaum Muslim dan menekan mereka dakwah Islam akan berhenti dan kaum Muslin akan enggan untuk berdakwah. Mereka menganggap bahwa kaum Muslim justru memilih untuk menyelamatkan diri mereka. Namun para tokoh-tokoh Quraisy dan para tokoh-tokoh Mekah dikagetkan ketika melihat penekanan yang mereka lakukan justru semakin membakar semangat kaum Muslim untuk berdakwah. Saat itu kaum Muslim merasa yakin bahwa benih yang telah ditanam Rasulullah saw dalam diri mereka menjadikan mereka tetap bersemangat untuk menyebarkan risalah Allah SWT di muka bumi, yaitu suatu risalah yang mengembalikan bumi menuju kematangan (kesempurnaan) yang telah hilang darinya dan kema-nusiaan yang telah disia-siakan serta kehormatan yang telah ditumpahkan dan kebebasan yang telah hilang.

Kaum Muslim yakin bahwa mereka bukan hanya membangun suatu negeri yang kecil di Mekah, dan mereka bukan hanya memperbaiki masyarakat yang rusak, yaitu masyarakat jazirah

Arab, tetapi mereka mengetahui bahwa mereka akan membangun suatu manusia yang baru. Mereka akan menciptakan manusia seutuhnya; mereka akan menghadirkan dunia dalam bentuk yang baru dan dalam gambar yang baru yang merupakan cermin dari gambar kebesaran sang Pencipta.

Sebelum kedatangan Islam, orang-orang Arab tidak dikenal. Dibandingkan dengan peradaban yang dahulu dan modern, orang-orang Arab tidak memiliki apa-apa. Mereka tidak memberikan kontribusi kepada dunia dalam bentuk ilmu, seni, atau peninggalan apa pun yang dapat dijadikan sebagai kebanggaan. Namun ketika Islam turun kepada mereka, mereka menjadi cermin kejayaan manusia di mana mereka dapat memberikan sumbangan nyata pada umat manusia. Bahkan orang-orang Barat banyak berhutang kepada mereka dalam kemajuan yang mereka capai saat ini. Sebaliknya, ketika mereka berpaling dari Islam di mana Islam hanya menjadi lembaran cerita-cerita dan kertas-kertas yang tidak berguna, maka saat itulah orang-orang Barat dapat menguasai kaum Muslim karena mereka justru mendapatkan ilmu dari Kaum Muslim itu sendiri. Mereka justru mencapai kemajuan ketika kaum Muslim meninggalkan agama mereka. Jadi, ketika kaum Muslim memahami Islam secara benar dan berusaha untuk memnghidupkan ajaran-ajarannya niscaya mereka akan mencapai puncak keilmuan.

Pada awal-awal masa tersebarnya Islam, kaum Muslim menyadari bahwa mereka menghadapi peperangan yang tidak akan berhenti. Selama kehidupan ada, maka pertentangan pun tetap ada. Oleh karena itu, ketika mereka mendapatkan penganiayaan dan siksaan, maka keimanan mereka justru semakin meningkat, dan setiap penganiayaan yang dilakukan oleh kaum Quraisy, maka mereka tetap bertahan untuk mempertahankan kebenaran. Sebagai contoh, Amar bin Yasir mengalami penderitaan dan penganiayaan. Ia adalah salah seorang budak yang menjadi korban dari sistem ekonomi yang berlaku saat itu, yaitu ekonomi yang berdasarkan kepada sistem perbudakan. Seorang yang beriman tersebut disiksa di Mekah di mana ia tidak memperoleh kebebasannya yang hakiki kecuali setelah ia memeluk Islam. Mereka mengeluarkannya ke gurun dan menyiksanya beserta ibunya. Bahkan siksaan semakin meningkat atas ibunya agar ia kembali menjadi musyrik. Ketika ia tetap mempertahankan keimanannya dan dengan tegas menolak ajakan untuk menentang Islam, maka Abu Jahal menikamnya dengan belati yang ada di dua tangannya. Ia pun meninggal. Dan Islam mengorbankan syahidnya yang pertama. Wanita mulia itu bernama Sumayah, ibu dari Amar bin Yasir.

Banyak kalangan orang-orang bodoh mengatakan tentang persetujuan Islam terhadap sistem perbudakan, atau Islam mendiamkan sistem perbudakan. Mereka lupa bahwa Islam dibangun berdasarkan suatu prinsip yang ingin membebaskan perbudakan dengan segala bentuknya; Islam ingin mengeluarkan manusia dari kepemilikan sesama manusia menuju kepemilikan kepada Allah SWT.

Jika Islam tidak turun dengan nas-nas yang terperinci yang mengharamkan sistem perbudakan, maka dasar-dasarnya secara umum dan prinsip-prinsip utamanya menghentikan—baik dalam tindakan maupun ucapan—sumber-sumber sistem ini. Allah SWT sebagai pemilik syariat mengetahui bahwa sistem perbudakan adalah sistem ekonomi yang sementara yang akan berubah dengan perubahan waktu, dan karena Islam tidak turun pada waktu yang terdapat perbudakan saja, tetapi ia turun secara umum dan menyeluruh untuk setiap zaman, maka Islam sengaja melewati bentuk-bentuk yang temporal ini dari bentuk-bentuk eksploitasi menuju unsur yang pertama atau dasar pertama yang menimbulkan bentuk-bentuk eksploitasi tersebut, sehingga Islam mengharamkannya. Dengan cara demikian, Islam mengharamkan sistem perbudakan secara bertahap, seperti proses pengharaman khamer. Jadi, keseriusan Islam sangat menonjol dalam usaha menghapus dan mengharamkan perbudakan.

Jika dikatakan kepada kita bahwa Islam membolehkan para tentaranya untuk memperbudak para tawanan perang, maka kita akan mengatakan bahwa Islam menerapkan sistem ini sebagai bentuk pembalasan terhadap perlakuan yang sama di mana musuh-musuh Islam menjadikan kaum Muslim sebagai budak-budak mereka ketika mereka menawannya. Oleh karena itu, secara alami orang-orang Islam pun menawan mereka sebagai budak-budak. Jika Islam tidak melakukan yang demikian, maka boleh jadi Islam akan dimain-mainkan dan ada kesempatan besar bagi orang-orang musyrik untuk memperdaya Islam.

Demikianlah bahwa dakwah Islam mengalami berbagai macam hambatan dan penindasan. Dan ketika orang-orang yang tersiksa mengadu kepada Rasulullah saw atas penindasan yang mereka terima, maka Rasulullah saw memberitahu mereka dengan pembicaraan yang jelas bahwa para dai di jalan Allah SWT harus mengorbankan kesenangan mereka, kedamaian mereka, dan darah mereka sebagai harga yang pantas untuk tersebarnya dakwah Islam. Kebebasan bukan diperoleh dengan cuma-cuma. Sejarah kehidupan menceritakan kepada kita bahwa ia dipenuhi dengan gumpalan darah yang harus dibayar oleh masyarakat untuk memerangi musuh-musuhnya dari luar dan dari dalam. Jika ini dialami setiap orang yang menuntut kebebasan pada zaman dan tempat tertentu, maka bagaimana dengan orang-orang yang menuntut kebebasan manusia secara keseluruhan.

Seorang Muslim hendaklah sadar bahwa dengan mengumumkan dakwahnya, maka ia pasti akan menerima pengusiran, penindasan, penjara, pengepungan dan pembunuhan. Ini adalah harga yang pantas yang harus dibayar ketika berdakwah di jalan Allah SWT; inilah harga kebebasan. Bahkan terkadang kaum yang batil pun membayamya dengan senang hati, maka bagaimana mungkin orang- orang yang bersama kebenaran ragu untuk melakukannya.

Pada hakikatnya, manusia cinta kepada keabadian. Secara naluri manusia merasa takut pada azab dan kematian. Dan barangkali yang membedakan orang-orang Islam yang hakiki dengan yang lainnya adalah bahwa mereka terbebas dari rasa ketakutan dan cinta keabadian. Ini adalah tolok ukur yang pasti untuk membedakan antara seorang Muslim yang hakiki dan seorang Muslim yang hanya namanya atau Muslim warisan atau hanya klaim semata.

Seorang Muslim yang hakiki menyadari bahwa ajal di tangan Allah SWT, rezeki adajuga di tangan-Nya, begitu juga keamanan semua ada di tangan-Nya. Dengan keimanan seperti ini, ia memulai pergulatannya untuk menyebarkan dakwah. Ia siap untuk menerima penyiksaan dan penderitaan di jalan Allah SWT; ia pun siap meneteskan darahnya sebagai harga yang pantas yang diberikannya dalam rangka memperoleh kebebasan. Ini semua dilakukanya dengan begitu sederhana dan tidak ada rasa takut karena Islam membebaskannya dari rasa ketakutan. Dahulu para pembangkang menggergaji orang-orang yang menyeru di jalan Allah SWT dengan menggergaji saat mereka dalam keadaan hidup-hidup.

Khabab bin Irit pergi menemui Rasulullah saw dan meminta tolong kepada beliau dari penyiksaan orang-orang Quraisy, sambil berkata: "Tidakkah engkau menolong kami, wahai Rasulullah? Tidakkah engkau berdoa kepada kami, ya Rasulullah?" Rasulullah saw menjawab: "Sungguh sebelum kalian terdapat orang-orang yang berdakwah di jalan Allah SWT lalu mereka dimasukkan dalam suatu galian tanah lalu mereka digergaji di mana tubuh mereka dipisah menjadi dua, namun mereka tetap mempertahankan agamanya. Demi Allah, sungguh Allah SWT akan menolong masalah ini tetapi kalian terlalu tergesa-gesa."

Dengan kalimat-kalimat yang penuh kesabaran dan keberanian ini, Rasulullah saw ingin memahamkan kepada orang tersebut bahwa termasuk dari kesempurnaan iman adalah membayar harga kebebasan. Jelas sekali bahwa Islam tidak memberikan keuntungan bagi orang yang memeluknya. Orang-orang Islam yang pertama tidak bertanya dan mengatakan: "Apa yang kita peroleh dari agama ini?" Sebaliknya, mereka bertanya: "Apa yang kita bayar untuk Islam?" Jawabannya adalah: "Segala sesuatu dimulai dari suapan- suapan roti sampai darah yang tertumpah." Jadi, kaum Muslim yang pertama telah membayar ongkos kebebasan. Mereka merasakan kedamaian yang luar biasa untuk mempertahankan agama Allah SWT; mereka mendapatkan kepercayaan yang tinggi tentang kemenangan kebenaran yang datang kepada mereka; mereka justru memberitahu orang-orang musyrik bahwa mereka akan dapat mengalahkan raja-raja Kisra dan Kaisar. Dengan dakwah yang mereka lakukan, mereka akan menjadi pemimpin-pemimpin di muka bumi. Kaum musyrik justru memanfaatkan kepercayaan ini untuk mengejek mereka dan menertawakan mereka.

Ketika Aswad Ibnu Matlab dan orang-orang yang bersamanya melihat sahabat-sahabat Nabi, maka mereka mengejek dan mengatakan: "Telah datang kepada kalian pemimpin-pemimpin bumi yang esok akan mengalahkan raja-raja Kisra dan Kaisar, kemudian mereka bersiul dan bertepuk tangan." Namun kaum mukmin tidak peduli dengan ejekan tersebut. Demikianlah bahwa ejekan demi ejekan terus menyertai dakwah kaum Muslim. Kemudian kaum Quraisy mengadakan pertemuan yang bersejarah untuk menyatukan pandangan dalam rangka menyerang Rasulullah saw. Kaum musyrik menuduhnya bahwa beliau adalah seorang ahli sihir, dan pada kali yang lain mereka menuduhnya bahwa beliau adalah dukun, dan pada kali yang lain lagi mereka menuduhnya bahwa beliau adalah penyair, bahkan pada kali yang lain mereka menuduhnya bahwa beliau adalah seorang yang gila. Kemudian mereka semua sepakat untuk menuduh bahwa beliau adalah seorang penyihir.

Walid bin Mughirah yang terkenal sebagai orang yang terpandang di kalangan mereka menuduh Rasulullah saw sebagai penyihir yang dapat memisahkan antara sesama saudara dan antara seseorang dengan isterinya. Kemudian mereka membikin kelompok-kelompok yang mengingatkan para pendatang di Mekah bahwa Muhammad adalah seorang penyihir. Meskipun demikian, dakwah Islam tetap berlangsung. Ia tetap tersebar dengan pelan namun pasti dan kalimat- kalimat yang diutarakan Nabi justru mengingatkan perjanjian yang pernah dilakukan oleh manusia, yaitu perjanjian saat Allah SWT menyaksikannya ketika mereka masih di alam atom di punggung Adam:

"Bukankah aku Tuhan kalian? Mereka menjawab: 'Benar.'" (QS. al- A'raf: 172)

Bertambahlah jumlah kaum Muslim hingga kaum Quraisy merasakan ketakutan. Mereka mulai melihat bahwa penggunaan cara-cara kekerasan tidak selalu berhasil. Kemudian mereka memilih untuk menggunakan cara baru, yaitu bagaimana seandainya mereka menggunakan perdamaian dan perundingan. Orang-orang Quraisy mengutus 'Utbah bin Rabi'ah, seorang lelaki yang terkenal dengan kecerdasan dan kebijaksanaan sebagai juru runding.

'Utbah berkata kepada Rasul saw: "Wahai anak saudaraku, kami mengetahui kedudukanmu di sisi kami dari sisi nasab. Engkau datang kepada kaummu dengan suatu hal yang besar di mana engkau memisahkan kelompok-kelompok mereka. Maka dengarkanlah aku karena aku ingin berbicara tentang beberapa hal. Barangkali engkau akan menerima sebagiannya." Rasul saw berkata: "Silakan berbicara wahai 'Utbah." 'Utbah berkata: "Jika engkau menginginkan harta niscaya kami akan mengumpulkan harta bagimu, sehingga engkau akan menjadi orang yang paling kaya di antara kami, dan jika engkau menginginkan kehormatan, maka kami akan memberi kehormatan itu bagimu dan jika engkau menginginkan kekuasaan, maka kami akan menyerahkan kekuasaan padamu dan jika engkau terkena penyakit yang engkau tidak mampu menolaknya dari dirimu, maka kami akan mencarikan tabib bagimu dan kami akan mengeluarkan harta kami sehingga engkau sembuh."

Demikianlah 'Utbah mengakhiri pembicarannya. Kemudian ia menunggu reaksi Nabi. Lalu Rasulullah saw berkata:

"Dengan nama Allah yang Maha Pengasih lagi Maha Penyayang. Haa miim. Diturunkan dari Tuhan Yang Maha Pemurah lagi Maha Penyanyang. Kitab yang dijelaskan ayat-ayatnya, yakni bacaan dalam bahasa Arab, untuk kaum yang mengetahui. Yang membawa

berita gembira dan yang membawa peringatan, tetapi kebanyakan mereka berpaling (darinya);, maka mereka tidak (mau) mendengarkan. Mereka berkata: 'Hati kami berada dalam tutupan (yang menutupi) apa yang kamu seru kami kepadanya dan di telinga kami ada sumbatan dan antara kami dan kamu ada dinding, maka bekerjalah kamu; Sesungguhnya kami bekerja (pula).' Katakanlah: 'Bahwasannya aku hanyalah seorang manusia seperti kamu, diwahyukan kepadaku bahwasannya Tuhan kamu adalah Tuhan Yang Maha Esa, maka tetaplah pada jalan yang lurus menuju kepadanya dan mohonlah ampun kepadanya. Dan kecelakaan besarlah bagi orang-orang yang mempersekutukan-(Nya), (yaitu) orang-orang yang tidak menunaikan zakat dan mereka kafir akan adanya (kehidupan) akhirat. Sesungguhnya orang-orang yang beriman dan mengerjakan amal yang saleh mereka mendapat pahala yang tiada putus-putusnya.' Katakanlah: 'Sesungguhnya patutkah kamu kafir kepada yang menciptakan bumi dalam dua masa dan kamu adakan sekutu-sekutu bagi-Nya? (Yang bersifat) demikian itulah Tuhan semesta alam. Dan dia menciptakan di bumi itu gunung-gunung yang kokoh di atasnya. Dia memberkahinya dan Dia menentukan padanya kadar makanan-makanan (penghuni)nya dalam empat masa. (Penjelasan itu sebagai jawaban) bagi orang-orang yang bertanya. Kemudian dia menuju kepada penciptaan langit dan langit itu masih merupakan asap, lalu Dia berkata kepadanya dan kepada bumi: 'Datanglah kamu keduanya menurut perintah-Ku dengan suka hati atau terpaksa.' Keduanya menjawab: 'Kami datang dengan suka hati.' Maha Dia menjadikannya tujuh langit dalam dua masa dan Dia mewahyukan pada tiap-tiap langit urusannya. Dan Kami hiasi langit yang dekat dengan bintang-bintang yang cemerlang dan Kami memeliharanya dengan sebaik-baiknya. Demikianlah ketentuan Yang Maha Perkasa lagi Maha Mengetahui. Jika mereka berpaling, maka katakanlah: 'Aku telah memperingatkan kamu dengan petir, seperti petir yang menimpa kaum 'Ad dan kaum Tsamud." (QS. Fushilat: 1-13)

Rasulullah saw telah menjawab tawaran 'Utbah di mana beliau memilih untuk menghadapi tawaran dan iming-iming tersebut dengan membaca sebagian dari surah Fhusilat yang merupakan salah satu surah Al-Qur'an yang diturunkan oleh Allah SWT melalui malaikat Jibril. 'Utbah bangkit dari tempatnya ketika Rasulullah saw sampai pada firman-Nya:

"Jika mereka berpaling, maka katakanlah: 'Aku telah memperingatkan kamu dengan petir, seperti petir yang menimpa kaum "Ad dan kaum Tsamud." (QS. Fushilat: 13)

'Utbah berdiri dalam keadaan takut dan segera menuju kaum Quraisy. Bayang-bayang azab dunia terngiang di telinganya. Dan ketika ia sampai ke orang Quraisy, ia mengusulkan agar orang-orang Quraisy membiarkan apa saja yang dilakukan Muhammad. Gagallah perundingan dengan seorang Muslim yang pertama, yaitu Rasulullah saw. Gagalnya perundingan tersebut sebagai bentuk pemberitahuan tentang kembalinya tindak kekerasan dan penyiksaan terhadap sahabat-sahabat Rasul saw. Kemudian kaum musyrik semakin meningkatkan penindasan terhadap kaum Muslim. Rasulullah saw sangat menderita melihat hal yang dirasakan para sahabatnya. Ketika kaum Muslim membayar harga yang paling mahal sebagai konsekuensi dari akidah yang mereka anut dan mereka dengan sabar memikul penderitaan di jalan Allah SWT, maka Rasulullah saw mengisyaratkan mereka untuk berhijrah. Beliau memberikan izin untuk berhijrah bagi orang yang ingin hijrah.

Kemudian Dimulailah gelombang hijrah. Itu terjadi pada lima tahun dari turunnya wahyu setelah dua tahun diumumkannya dakwah. Maka berhijrahlah ke Habasyah enam belas orang Muslim. Mereka keluar secara rahasia dan mereka menuju ke laut. Mereka berlayar meskipun orang-orang yang tinggal di gurun sebenarnya tidak ingin berlayar karena mereka takut dari laut dan mereka yakin bahwa manusia yang berlayar di laut akan menjadi ulat di atas kayu-kayu yang berenang.

Selanjutnya, gelombang hijrah yang kedua pun dimulai. Kali ini diikuti oleh delapan puluh tiga orang laki-laki dan sembilan belas perempuan. Kemudian orang-orang Quraisy berusaha untuk mengirim beberapa orang dan tetap berusaha menyiksa dan menyakiti orang-orang yang berhijrah. Mereka mengutus ke Najasyi, Raja Habasyah, orang-orang yang dapat mempengaruhinya untuk menentang orang-orang yang berhijrah. Mereka menuduh kaum Muslim meninggalkan agama nenek moyang mereka di Mekah dan mereka juga tidak menganut agama Najasyi, yaitu agama Kristen. Kemudian orang-orang Quraisy tidak lupa mengirim hadiah kepada Najasyi sebagai bentuk suapan kepadanya. Tampaknya Najasyi seorang yang berakal lalu ia mengutus seseorang kepada kaum muhajirin dan bertanya kepada mereka tentang agama baru yang mereka anut. Kemudian kaum muhajirin menceritakan kepadanya tentang Islam.

Najasyi bertanya tentang Isa lalu mereka menjawab: "Ia adalah hamba Allah SWT dan rasul-Nya dan ruh-Nya serta kalimat-Nya yang diletakkan kepada Maryam, wanita yang perawan yang suci." Kemudian Najasyi mengambil satu kayu kecil dari bumi dan mengatakan: "Penjelasan tentang Isa yang kalian katakan tidak lebih dari kayu kecil ini. Pergilah kalian dan kalian akan aman." Najasyi mengembalikan hadiah kaum Quraisy dan mengatakan: "Allah tidak mengambil suap dariku sehingga aku tidak mungkin mengambilnya dari kalian."

Demikianlah kaum muhajirin tinggal di negeri yang damai, yaitu Habasyah negeri yang dipimpin oleh seorang laki-laki yang diberi kematangan berpikir di mana ia cenderung mengimani karakter al-Masih sebagai seorang manusia. Dan salah satu keajaiban kekuasaan Ilahi adalah bahwa masyarakat Islam yang berhijrah tersebut tidak mengalami kelemahan dalam akidahnya, namun mereka justru merasakan kekuatan.

Allah SWT memperkuat dakwah Islam dengan masuknya dua lelaki besar dalam Islam, yaitu Hamzah, paman Nabi dan Umar bin

Khatab. Kedua orang itu mempunyai kepribadian yang tangguh di Mekah di mana masing-masing dari mereka terkenal di tengah-tengah kaumnya. Allah SWT berkehendak untuk memberi Islam dua orang lelaki yang tangguh di Mekah dan Allah SWT telah meletakkan rahmat yang terpancar dalam hati mereka. Hamzah masuk Islam karena dorongan emosi, fanatisme, dan rahmat terhadaporang-orang yang tidak memberikan pembelaan kepada Muhammad saw.

Salah seorang perempuan berkata kepada Hamzah: "Seandainya engkau melihat apa yang diperoleh oleh anak dari saudaramu, Muhammad dari Abil Hakam bin Hisyam (Abu Jahal). Sungguh Abu Jahal telah mencelanya dan menyakitinya, sedangkan Muhammad hanya terdiam dan tidak mengatakan apa-apa." Mendengar pengaduan itu, darah mendidih berkobar dalam urat-urat Hamzah. Dengan kemarahan yang sangat, Hamzah mencari-cari Abu Jahal lalu ia melihatnya sedang duduk-duduk di tengah-tengah kaumnya. Hamzah mengangkat tangannya lalu memukulkannya ke kepala Abu Jahal sambil berteriak: "Apakah engkau akan mengejek Muhammad, padahal aku berada di atas agamanya."

Demikianlah permulaan keislaman Hamzah. Hamzah adalah seorang yang mulia di mana perasaannya berkobar ketika ia melihat anak saudaranya disiksa dan dianiaya dan dia tidak mendapati seorang pun yang membelanya. Beginilah sebab-sebab pertama dari keislaman Hamzah, namun sebab yang paling dalam dan yang paling menentukan adalah rahmat Allah SWT yang telah dianugerahkan kepadanya, meskipun Hamzah tidak mengetahuinya, yaitu rahmat yang mendorongnya untuk tidak membiarkan seseorang pun menyakiti lelaki yang berdakwah di jalan Allah SWT hanya karena ia seorang yang lemah dan tidak mempunyai penolong. Jadi, Hamzah adalah penolongnya.

Sedangkan Umar bin Khatab terkenal dengan ketangguhan sikap dan kekerasan perilaku. Seringkali kaum Muslim mendapat siksaan darinya ketika ia masih menganut jahiliah. Dan salah seorang yang mendapatkan siksaan ciarinya adalah Amir bin Rabi'ah dan isterinya. Amir beserta istcrinya menetapkan untuk berhijrah ke Habasyah. Umar bin Khatab menemuinya lalu ia mendapati isteri Amir dan tidak mencmukan suaminya. Umar melihat wanita itu sedang bersiap-siap untuk berhijrah lalu Umar berkata (saat itu sumber rahmat telah memancar pada dirinya): "Apakah engkau akan pergi wahai Ummu Abdillah?" Dengan nada jengkel, wanita itu berkata: "Benar, demi Allah kami akan keluar dan menuju tanah Allah SWT. Engkau telah menyiksa kami dan telah memaksa kami untuk berhijrah. Kami akan pergi sehingga Allah SWT akan memberikan kelapangan kepada kami." Umar berkata: "Mudah-mudahan Allah SWT menemanimu."

Wanita itu melihat tanda-tanda kelembutan dan kesedihan pada wajah Umar. Dan ketika suaminya kembali, ia menceritakan kepadanya bahwa ia sangat berharap kepada keislaman Umar. Lalu suaminya menjawab: "Ia tidak mungkin masuk Islam sampai keledai Umar masuk Islam." Ia mengatkan demikian karena ia melihat betapa bengisnya dan kejamnya Umar. Namun perasaan lembut wanita itu lebih kuat daripada pandangan pikiran lelaki itu dan keputusannya yang terlalu cepat kepada Umar.

Belum lama mereka berhijrah sehingga Umar masuk Islam. Orang-orang muhajirin mengeluarkan penutup sumur rahmat dalam dirinya. Dan barangkali Umar merasa kebingungan lalu ia menetapkan untuk membunuh Rasul saw. Dengan menghunuskan pedangnya, ia pergi menuju Rasul saw. Kemudian ia bertemu dengan orang-orang yang memergokinya dalam keadaan kebingungan, lalu mereka bertanya kepadanya, hendak kemana ia akan pergi? Umar menjawab: "Aku hendak ke Muhammad aku akan membunuhnya sehingga orang-orang Arab merasa tenteram." Dengan nada mengejek, seseorang berkata: "Tidakkah engkau memulai dari keluargamu sebelum engkau membunuh Muhammad." Dengan nada jengkel, Umar berkata: "Apa yang terjadi pada keluargaku?" Lelaki itu menjawab: "Saudara perempuanmu dan suaminya telah masuk Islam, sedangkan engkau tidak mengetahuinya." Umar segera mencari saudara perempuannya dan suaminya di mana saat itu keduanya sedang membaca Al-Qur'an.

Ketika melihat Umar, mereka menyembunyikan Al-Qur'an. Umar bertanya: "Sepertinya aku mendengar suara bisikan dari luar." Tetapi saudara perempuannya mengatakan: "Tidak." Kemudian suaminya ikut campur dan Umar pun tampak marah kepadanya. Wanita itu bangkit untuk membela suaminya lalu Umar memukulnya sehingga darah segar mengucur darinya. Darah itu justru membangkitkan sumber rahmat dari diri Umar. Akhirnya, Umar mengambil air wudhu agar mereka mengizinkan untuk membaca Al-Qur'an. Umar pun membacanya. Belum lama Umar membacanya sehingga ia pergi menemui Rasul saw.

Tanpa ragu, Umar memilih untuk masuk Islam. Dan pedang yang dibawanya itu menjadi pedang yang paling kuat yang dengannya ia mempertahankan agama Muhammad saw. Kemudian ia mengetuk pintu untuk menemui Rasul saw di mana saat itu beliau bersama sahabatnya. Dari celah-celah pintu, sahabat Nabi melihat Umar bin Khatab sedang menghunuskan pedang. Kemudian sahabat itu kembali kepada Nabi dengan membawa berita yang sangat mengejutkan ini. Ia menduga bahwa Umar datang dengan maksud jahat.

Rasulullah saw bangkit dan memerintahkan para sahabatnya agar membiarkan Umar. Rasulullah saw membukakan pintu Kemudian ia menyambut Umar bin Khatab dan bertanya kepadanya apa yang diinginkannya. Umar menjawab bahwa ia datang untuk mengucapkan dan bersaksi bahwa tiada Tuhan selain Allah dan Muhammad adalah utusan-Nya.

Orang-orang Quraisy mulai merasa bahaya akan mereka temui setelah keislaman Umar dan Hamzah. Para tokoh-tokoh Mekah dan orang-orang yang dihormati telah masuk Islam. Sebelum

Umar masuk Islam, kaum Muslim bertawaf di Ka'bah secara rahasia dan dengan malu-malu, namun ketika Umar masuk Islam ia menampakkan keislamannya dan ia menantang orang yang mencegahnya untuk bertawaf, bahkan banyak orang-orang memberikan jalan padanya saat tawaf. Mekah mengetahui bahwa ia menghadapi suatu dakwah yang akan dapat mengubah jazirah Arab.

Rasa ketakutan mulai menghantui para pemuka Quraisy dan mereka menetapkan metode baru untuk menghadapi kaum Muslim. Mereka yang sebelumnya menggunakan metode penghinaan dan pengejekan kini mulai mencoba untuk memblokade kaum Muslim secara ekonomi dan kemanusiaan. Kaum musyrik mengadakan perkumpulan dan pertemuan untuk memboikot kaum Muslim. Mereka mengadakan pertemuan itu di Ka'bah, sebagai penghormatan kepadanya. Orang-orang musyrik menghormati Ka'bah meskipun mereka memenuhinya dengan berbagai macam patung yang mereka sembah dalam rangka mendekatkan mereka kepada Allah. Pasal kesepakatan itu menetapkan, hendaklah penduduk Mekah tidak menjual barang apapun kepada kaum Muslim dan hendaklah mereka tidak menikah dengan kaum Muslim. Dengan ketetapan yang kejam tersebut, mereka ingin menghancurkan kaum Muslim dan membunuh perekonomian mereka. Rasulullah saw dan orang-orang yang beriman kepadanya terpaksa berlindung di dusun Bani Hasyim. Mereka dilindungi oleh keturunan Bani Muthalib, baik mereka orang-orang kafir maupun orang-orang beriman kecuali musuh Allah SWT, Abu Jahal di rnana ia bersama orang-orang Quraisy menentang kaummnya.

Kemudian Dimulailah blokade ekonomi terhadap kaum Muslim di mana tidak ada makanan dan minuman yang datang kepada mereka, sehingga penderitaan yang sulit kini dialami oleh sahabat-sahabat Nabi. Ketika kafllah perdagangan datang ke Mekah dan salah seorang dari sahabat Nabi menemui mereka di pasar untuk membeli makanan untuk keluarganya, maka Abu Lahab berdiri dan berkata kepada para penjual, wahai para pedagang, mahalkanlah dagangan kalian terhadap sahabat-sahabat Muhammad, sehingga mereka tidak mampu membelinya dan aku menjamin kerugian yang kalian alami, bahkan aku akan membeli apa saja yang ingin mereka beli dari kalian.

Mendengar hal tersebut, para pedagang pun menjual barang dagangannya dengan harga yang tidak wajar, sehingga seorang Muslim kembali ke rumah keluarganya tanpa membawa sedikit pun makanan. Kemudian padagang itu pergi ke Abu Lahab dan memin-ta kepadanya agar membeli barang yang ingin dibeli orang Muslim. Demikianlah peperangan tersebut terus terjadi sehingga kaum Muslim merasakan penderitaan yang sangat luar biasa di mana mereka dalam keadaan kelaparan dan kekurangan pakaian yang layak. Peperangan ekonomi ini terjadi selama tiga tahun penuh. Saking menderitanya para sahabat sampai-sampai Sa'ad bin Abi Waqas pernah keluar pada suatu hari untuk memenuhi hajatnya, lalu ia mendengar suara gemerincing di bawah air kencing. Tiba-tiba ia menemukan sepotong kulit unta yang kering lalu ia mengambilnya dan membasuhnya. Kemudian ia membakarnya dan mencucinya dengan air sampai bersih lalu ia menjadikannya makanan selama tiga hari.

Selama tiga tahun tersebut wahyu tetap turun kepada Rasul saw dan seakan-akan ia melupakan bencana yang keras ini. Allah SWT ingin mendidik para pengikut agama-Nya agar mereka mampu memikul segala penderitaan.

Meskipun kaum Muslim mendapatkan berbagai ujian selama tiga tahun tersebut, tetapi aktifitas dakwah Islam tidak pernah padam dan tidak pernah surut. Kaum Muslim bertemu orang-orang selain mereka pada musim haji lalu mereka berbicara kepada orang-orang tersebut tentang keberadaan Allah SWT dan mereka meminta kepada para pengujung itu untuk mencari rahmat Allah SWT dan ampunan- Nya. Keteguhan kaum Muslim dan keberanian mereka telah memikat banyak orang sehingga mereka masuk Islam. Bahkan orang-orang musyrik mulai bertanya kepada diri mereka dan mempertanyakan kebenaran apa tindakan mereka. Lalu kecemburuan kepada kebenaran mulai menyerang hati.

Kemudian Selesailah peperangan ekonomi terhadap kaum Muslim di mana kaum musyrik melihat itu tidak berdampak terlalu besar bagi kaum Muslim. Meskipun kaum Muslim menerima penderitaan dan kerugian namun jumlah mereka tetap bertambah dan keimanan mereka semakin kuat serta kepercaayaan kepada Allah SWT pun semakin meningkat. Lalu datanglah tahun kesedihan kepada Nabi. Belum lama Rasulullah saw merasakan dan menghirup udara segar setelah tiga tahun masa blokade dan beliau ingin memulai kehidupan barunya dan dakwahnya, sehingga beliau dikagetkan dengan kematian isteri tercintanya Ummul Mukminin Khadijah dan kematian pamannya yang tercita Abu Thalib.

Abu Thalib adalah seorang yang besar yang memiliki kewibawaan di tengah-tengah kaum Quraisy, sehingga usaha kaum Quraisy untuk menyakiti Nabi menjadi terbatas ketika mereka berhadapan dengan "tembok perlindungan" Abu Thalib kepada kemenakannya. Sedangkan Khadijah merupakan tempat perlindungan dan kedamaian bagi Nabi. Ia adalah hati yang sangat penyayang yang banyak menghibur Nabi saat beliau berdakwah. Khadiijah adalah sebaik-baik teman dan sebaik-baik isteri. Begitu juga, bagi Khadijah Rasulullah saw adalah sebaik-baik teman, sebaik-baik suami, sebaik- baik pembantu, dan sebaik-baik sahabat.

Rasulullah saw sangat sedih ketika kehilangan dua orang yang sangat berpengaruh dalam kehidupannya itu, bahkan para sejarawan menamakan tahun tersebut dengan tahun kesedihan. Sebaliknya, orangorang musyrik justru bergembira dengan kesedihan Rasul saw itu. Mereka menganggap bahwa Rasul saw tidak lagi memiliki seorang tua yang mampu melindunginya dan tidak lagi memiliki seorang isteri yang dapat meringankan beban penderitaannya.

Setelah kematian dua orang tcrscbut, penindasan dan penganiayaan kaum Quraisy kepada Nabi semakin meningkat dan orang-orang musyrik memilih waktu yang tepat untuk menyembelih binatang di Mekah lalu mereka membawa usus-usus atau jeroan dari unta dan mereka melemparkannya dan meletakkannya di atas punggung Nabi saat beliau sujud. Kemudian berita memilukan itu sampai kepada putri tercintanya, Fatimah az-Zahrah, sehingga ia segera datang dan berusaha membela ayahnya dan membersihkan kotoran yang ada di pundak ayahnya itu. Demikianlah kemuliaan Siti Fatimah az-Zahra yang senantiasa melindungi ayahnya.

Betapa sedihnya Nabi saw ketika beliau melihat bahwa keadaan beliau sampai pada batas di mana anak perempuan beliau pun turut membelanya. Namun beliau tetap bersabar dalam berdakwah di jalan Allah SWT. Pada suatu hari beliau berpikir untuk pergi ke Tha'if di mana di sana dihuni oleh kaum Tha'if. Barangkali beliau berkata dalam dirinya: jika di sini aku mendapati hati-hati yang telah membeku dan telah berhubungan mesra dengan kebatilan ialu mengapa aku tidak pergi ke Tsaqif. Barangkali Allah SWT akan membukakan pintu dakwah di sana. Mungkin di sana masih terdapat hati yang akan terbuka guna menerima kebenaran.

Saat itu kaum musyrik memberlakukan blokade umum atas dakwah yang dipimpin oleh Rasulullah saw sehingga tekanan kepada beliau semakin meningkat sampai pada batas di mana pergerakan dakwah tidak dapat bergerak satu langkah pun. Keadaan demikian ini sangat menggelisahkan Nabi. Beliau ingin untuk melepaskan belenggu yang mengikatnya. Lalu beliau memutuskan untuk pergi ke Tha'if. Jarak antara Mekah dan Tha'if lebih dari tujuh puluh kilo meter. Nabi menempuh perjalanan itu dengan jalan kaki, pergi dan pulang.

Kita tidak mengetahui pemikiran-pemikiran apa yang terlintas dalam benak Rasulullah saw saat beliau pergi dan menemui kabilah yang kafir kepada Allah SWT ini. Yang kita ketahui adalah bahwa beliau pergi ke sana dengan membawa rahmat dunia dan akhirat. Tetapi mereka justru membalas sikap baik Rasulullah saw itu dengan tindakan jahiliyah. Mereka bersikap buruk kepada beliau dan mendustakannya. Rasulullah saw tinggal di sana selama sepuluh hari. Beliau mondar-mandir dari satu rumah ke rumah yang lain dan dari pasar ke pasar yang lain dan dari satu jalan ke jalan yang lain. Tak seorang pun yang mendengar kedatangan beliau di sana; tak seorang pun yang mau mendengar dakwah beliau dan tak seorang pun yang mau beriman kepada ajakannya. Bahkan masyarakat di situ semakin menjadijadi dalam menyerang Rasulullah saw dan mengejeknya.

Pada hari yang terakhir yang mana beliau telah menetapkan untuk kembali ke Mekah. Rasulullah saw berdiri di Tha'if dan mengharap kepada masyarakat di sana agar merahasiakan kunjungannya kepada mereka sehingga pencelaan yang beliau terima di Mekah terhadap agama yang dibawanya tidak semakin menjadi-jadi. Tetapi penduduk Tha'if menolak permohonan yang terakhir ini. Mereka tidak cukup melakukan hal itu tetapi mereka melakukan perbuatan terburuk yang dilakukan manusia terhadap sesama manusia. Mereka menahan keluarga orang-orang yang bodoh dan orang-orang biasa untuk membentuk dua barisan dan memerintahkan mereka untuk melempari Rasulullah saw dengan batu dan mengejeknya. Nabi keluar dari Tha'if dan beliau mendapatkan lemparan bertubi-tubi dari keluarga Tha'if bahkan beliau merasakan kepedihan saat kakinya terkena lemparan batu itu sehingga darah suci mengucur dari kaki beliau.

Kemudian Rasulullah saw diusir sehingga beliau sampai di suatu kebun yang dimiliki oleh dua orang dari orang-orang kaya Tha'if. Di sana beliau duduk di bawah naungan pohon anggur. Dua orang pemilik kebun itu merasa kasihan melihat keadaan orang yang terusir dan terluka itu. Mereka membawa kepadanya setangkai anggur dengan seorang pembantu. Pembantu mereka adalah seorang Nasrani yang bernama Adas. Si pembantu meletakkan setangkai anggur itu depan Rasul saw lalu beliau mengulurkan tangannya kepadanya sambil berkata: "Bismillahirahmanirrahim (Dengan nama Allah yang Maha Pengasih lagi Maha Penyayang). Adas berkata kepada Nabi, perkataan ini tidak begitu dikenal oleh penduduk negeri ini. Nabi berkata: "Anda dari daerah mana?" Adas menjawab: "Aku adalah seorang Nasrani dari Nainawa." Nabi berkata: "Apakah engkau dari desa lelaki saleh Yunus bin Mata?" "Bagaimana engkau tahu tentang Yunus?, sambung lelaki itu. Nabi berkata: "Itu adalah saudaraku. Ia adalah seorang Nabi aku pun seorang Nabi."

Mendengar jawaban Rasul saw, Adas segera merobohkan tubuhnya di depan kedua kaki Rasul saw lalu ia menciuminya sambil menangis. Akhirnya, pembantu Nasrani itu masuk Islam sehingga ia menambah barisan kaum Muslim. Ia adalah seorang yang menjadi Muslim ketika Rasulullah saw berhijrah ke Tha'if. Inilah harga yang harus dibayar Rasulullah saw selania dua minggu saat beliau berada di Tha'if, dan kemudian beliau terkena cobaan dengan mengucurnya darah dari kaki beliau akibat lemparan batu penghuni Tha'if.

Kemudian Rasulullah saw kembali ke Mekah beliau kembali dalam keadaan ditolak oleh penduduk Tha'if dan kini beliau kembali menerima penolakan itu di Mekah. Meskipun demikian, beliau merasakan kesedihan yang mendalam melihat sikap kaumnya. Namun ketika kebencian semakin deras mengalir kepada beliau, hati beliau justru semakin bersemangat dan semakin dipenuhi dengan rahmat kemudian datanglah kepada Nabi masa di mana tampak di dalamnya Islam asing, dan tampak di dalamnya Nabi seorang diri, tanpa penolong.

Pada saat demikian ini ketika manusia mulai meninggalkan Rasulullah saw lalu langit turut campur dan terjadilah peristiwa besar dan mukjizat terbesar pada diri Nabi, yaitu Isra' dan Mi'raj. Ia adalah mukjizat yang tidak berhubungan dengan dakwah Islam; ia tidak datang untuk memperkuat dakwah ini atau menetapkannya tetapi ia datang semata-mata untuk memperkuat keteguhan Nabi dan sebagai penghormatan kepadanya.

Seakan-akan Allah SWT ingin berkata kepada Nabi, jika saja penduduk bumi tidak memujimu, maka penduduk langit mengenal kedudukanmu dan memberikan pujian yang layak kepadamu dan jika manusia menolak dakwahmu dan menolak keberadaanmu, maka sesungguhnya Allah SWT memilihmu dan memuliakanmu.

Untuk melihat tanda-tanda kebesaran-Nya, munculnya mukjizat Isra' dan Mi'raj dalam sejarah para nabi sebagai mukjizat satu-satunya yang tiada tandingannya dibandingkan dengan kisah nabi yang lain. Kita mengetahui bahwa di deretan para nabi ada nabi-nabi yang dinamakan oleh Allah SWT sebagai para kekasih-Nya dan sebagai para pendamping-Nya, seperti Nabi Ibrahim. Kita juga melihat bahwa di antara para nabi ada seseorang yang diajak bicara oleh Allah SWT tanpa perantara, seperti Nabi Musa. Kita juga melihat di antara para nabi ada yang didukung oleh Allah SWT dengan *ruhul kudus,* seperti Nabi Isa. Tetapi untuk pertama kalinya kita berada di hadapan seorang nabi yang diajak dan dipanggil oleh Allah SWT untuk menuju ke sisi-Nya.

Beliau naik bersama Jibril dengan jasadnya dan ruhaninya sehingga Jibril berdiri di suatu tempat dan Nabi maju sendirian. Itu adalah tingkat dari tingkat kehormatan di mana pena terasa keluh untuk mengungkapkannya dan sejarawan tidak dapat menulis apa yang terjadi saat itu. Kita telah melihat dalam kisah para nabi seorang nabi yang meminta kepada Tuhannya agar memperlihatkan kepadanya bagaimana Dia menghidupkan orang-orang yang mati. Allah SWT bertanya kepadanya, apakah ia belum beriman akan hal itu? Ibrahim menjawab: Bahwa ia beriman tetapi ia ingin menenangkan hatinya.

Kita juga melihat dalam kisah para nabi seorang nabi yang cintanya kepada Allah SWT memancar dalam kalbunya sehingga ia meminta:

"Ya Tuhanku, nampakkanlah (diri Engkau) kepadaku agar aku dapat melihat kepada Engkau". (QS. al-A'raf: 143)

Namun Allah SWT menjawab kepada Musa tentang kemustahilan melihat Allah SWT atas manusia. Nabi Musa memahami bahwa makhluk manapun tidak akan mampu menahan beban penampakan dari Zat sang Pencipta.

Adapun Muhammad bin Abdillah ia tidak bertanya kepada Tuhannya dan meminta kepadanya untuk diberi mukjizat atau kejadian yang luar biasa; ia tidak meminta kepada Tuhannya agar dapat melihat Zat-Nya dan ia tidak berusaha mencari ketenangan dalam hatinya. Cintanya kepada Allah SWT termasuk bentuk cinta yang sulit untuk dipahami atau diselami kedalamannya oleh para tokoh pecinta dan cintanya tersebut bukan termasuk bentuk yang menimbulkan berbagai pertanyaan. Cinta beliau melampaui tingkat permintaan menuju ketingkat penyerahan dan kepuasan atau ridha. Segala sesuatu yang menggelisahkan Nabi adalah ridha Allah SWT.

Rasulullah saw berkata saat beliau dalam keadaan ditolak dan diusir dan terluka akibat perbuatan kaum Tha'if: "Jika Engkau tidak murka kepadaku, maka aku tidak peduli dengan mereka."

Lihatlah tingkat cinta yang tinggi itu: bagaimana tingkat tersebut menyebabkan beliau merasa rendah diri sehingga beliau berkata, "jika Engkau tidak murka kepadaku ..." Seakan-akan beliau tidak menginginkan selain ridha Allah SWT dan yang beliau khawatirkan adalah kemarahan Allah SWT.

Sungguh adab yang diterapkan Rasulullah saw kepada Tuhannya adalah adab yang paling layak dan paling tinggi yang sesuai dengan kedudukan beliau sebagai orang Muslim yang paling sempurna.

Demikianlah mukjizat Isra' dan Mi'raj. Mukjizat yang tujuannya adalah menghormati kepribadian Rasulullah saw; mukjizat yang membangkitkan peranan akal dan hati secara bersama. Para nabi tanpa terkecuali didukung oleh berbagai macam mukjizat yang terjadi di muka bumi bahkan para nabi yang diangkat ke langit seperti Nabi Idris dan Nabi Isa, maka pengangkatan mereka sebagai bentuk menyelamatkan mereka dari usaha pembunuhan atau penyaliban. Mukjizat mereka saat mereka diangkat ke langit adalah bentuk akhir dari aktifitas mereka di muka bumi.

Ini adalah kali pertama ketika kita mendapati suatu mukjizat yang tempat utamanya di langit; suatu mukjizat yang terwujud bersama seorang Nabi yang diangkat ke langit dengan jasadnya dan ruhaninya saat beliau masih hidup. Di sana Allah SWT memperlihatkan kepadanya tanda-tanda kekuasaan-Nya. Kemudian beliau kembali ke bumi di mana beliau akan mendapatkan berbagai macam tantangan dan cobaan yang biasa diterima oleh penduduk bumi. Muhammad bin Abdillah adalah manusia yang pertama melewati planet bumi dan beliau menembus bulan dan matahari dan bintang-bintang. Kita menyaksikan di zaman kita manusia pertama atau astronot pertama yang mampu menembus ruang angkasa. Ruang angkasa itu baru dapat ditembus oleh manusia setelah empat belas abad dari turunnya risalah Muhammad saw, namun sejak empat belas abad yang lalu Nabi Islam telah dapat menembus ruang angkasa itu, bahkan beliau mencapai Sidratul Muntaha dan puncak al-Muntaha.

Beliau sampai pada batas yang di situlah alam makhluk diakhiri dan beliau menembus alam gaib. Bukankah surga bagian dari alam gaib? Beliau sampai di surga. Allah SWT menamakannya dengan Jannatul Ma'wah. Beliau sampai pada batas terputusnya ilmu manusia dan tiada yang mengetahui hakikat ilmu tersebut kecuali Allah SWT. Mukjizat Isra' bukanlah mukjizat Mi'raj, meskipun kedua-duanya terjadi di satu malam. Peristiwa Isra' dan Mi'raj dikutip oleh dua surah yang berbeda dalam Al-Qur'an al-Karim. Allah SWT berfirman tentang mukjizat Isra':

"Maha Suci Allah, yang telah memperjalankan hamba-Nya pada suatu malam dari Masjidil Haram ke Masjidil Aqsha yang telah Kami berkahi sekelilingnya agar Kami perlihatkan kepadanya sebagian dari tanda-tanda (kebesaran) Kami. Sesungguhnya Dia adalah Maha Mendengar lagi Maha Mengetahui." (QS. al-Isra': 1)

Sedangkan berkaitan dengan mukjizat Mi'raj, Allah SWT berfirman:

"Dan sesungguhnya Muhammad telah melihat Jibril itu (dalam rupanya yang asli) pada waktu yang lain, (yaitu) di Sidratil Muntaha. Di dekatnya ada surga tempat tinggal. (Muhammad

melihat Jibril) ketika Sidratil Muntaha diliputi oleh sesuatu yang meliputinya. Penglihatannya (Muhammad) tidak berpaling dari yang dilihatnya itu dan tidak (pula) melampauiya. Sesungguhnya dia telah melihat sebagian tanda-tanda (kekuasaan) Tuhannya yang paling besar." (QS. an-Najm: 13-18)

Pada malam Isra' dan Mi'raj, Nabi Muhammad berkeliling di sekitar Ka'bah dan berdoa kepada Allah SWT. Beliau dalam keadaan pucat wajahnya dan kedua air matanya mengucur; beliau tidak bertawaf bersama seseorang pun; beliau tawaf sendirian lalu orang-orang kafir dan orang-orang musyrik memandang beliau dengan pandangan kebencian saat beliau bertawaf dan berdoa. Allah SWT melihat hamba-Nya yang khusuk itu lalu Allah SWT menurunkan perintah- Nya kepada *Ruhul Amin* yaitu malaikat Jibril agar menemani hamba- Nya dari Masjidil Haram menuju Masjidil Aqsha Kemudian membawanya naik ke langit agar dia dapat melihat tanda-tanda kebesaran Tuhannya.

Di suatu rumah yang mulia dan sederhana dari rumah-rumah yang ada di Mekah, Nabi saw sedang tidur dan datanglah waktu pertengahan malam. Jibril turun dan memasuki rumah sang Rasul saw. Jibril as berdiri di sisi kepala sang Nabi dan ia melihat kepadanya dengan pandangan cinta. Pandangan Jibril itu membangunkan Rasul saw kemudian beliau membuka kedua matanya dan bangkit dari tempat tidurnya.

Jibril berkata kepada Nabi saw, salam kepadamu wahai Nabi yang mulia. Allah SWT ingin agar engkau melihat sebagian tanda-tanda kebesaran-Nya di alam. Kemudian Jibril berjalan bersama Nabi saw. Mereka keluar dari rumah dan beliau menyaksikan Buraq yaitu makhluk yang menyerupai burung dan mempunyai sayap seperti burung garuda; makhluk yang terbuat dari kilat. Karena itu, ia dinamakan dengan Buraq. Kilat adalah listrik dan listrik adalah cahaya. Cahaya adalah makhluk yang tercepat yang kita kenal di bumi. Kilauan cahaya pada satu detik saja mencapai 186 ribu mil. Kita tidak akan terlibat terlalu jauh tentang kendaraan luar angkasa yang digunakan dalam perjalanan itu; kita tidak akan bertanya bagaimana Nabi saw menembus alam ruang angkasa tanpa ada latihan sebelumnya dan berapa lama waktu yang beliau gunakan untuk pulang pergi; kami juga tidak akan bertanya tentang kecepatan Buraq; kami tidak heran dengan usaha penembusan luar angkasa ini; kita tidak akan bertanya tentang semua itu karena kita mempunyai satu jawaban dari semuanya: Allah SWT berkehendak agar hal itu terjadi dan untuk itu Allah SWT mengatakan *kun* jadilah, maka jadilah.

Para ulama beselisih pendapat tentang apakah Isra' dan Mi'raj terjadi dengan ruh saja atau dengan ruhani dan jasad sekaligus. Ahli hakikat mengatakan bahwa itu terjadi dengan ruh dan jasad. Tentu perselisihan itu berakibat pada perselisihan akal dan terjerumus dalam perangkap *kaifa* (bagaimana) dan bertanya tentang kekuasaan Allah SWT dan usaha untuk menundukkan masalah ini terhadap sebab-sebab yang biasa atau hukum-hukum kita yang alami atau logika kemanusiaan. Allah Maha Suci dan Maha Tinggi dari semua itu. Apakah seseorang akan bertanya, bagaimana Rasulullah saw naik berserta ruh dan fisiknya ke puncak segala puncak di langit kemudian beliau kembali sebelum tempat tidurnya dingin? Mukjizat apa yang terjadi di sini yang melebihi mukjizat berubahnya air mani menjadi manusia dan berubahnya benih menjadi pohon atau mukjizat air yang menghidupkan tanah, atau ia mampu memuaskan kehausan si dahaga atau mukjizat cinta yang mengikat dua hati yang belum pernah mengenal?

Sementara itu, Buraq menundukkan badanya kepada Nabi saw kemudian Nabi saw menungganginya bersama Jibril dan Buraq pergi bagaikan anak panah dari cahaya di atas gunung Mekah dan pasir- pasir menuju ke utara. Jibril mengisyaratkan agar menuju arah gunung Saina' lalu Buraq itu berhenti. Jibril berkata di tempat yang diberkati ini, Allah SWT berdialog dengan Musa as. Kemudian Buraq kembali pergi ke Baitul Maqdis, Nabi saw turun dari pesawat ini yang berjalan lebih cepat dari cahaya dan jutaan kali lebih cepat darinya dan ia tidak berubah dari cahaya.

Nabi berjalan bersama Jibril dan memasuki Baitul Maqdis. Beliau memasuki masjid dan beliau mendapati semua nabi sedang menunggunya di sana. Allah SWT membangkitkan gambar para nabi-Nya dari kematian dan mengumpulkan mereka di Mesjid Aqsha. Para malaikat memberinya suatu bejana yang di dalamnya terdapat susu dan bejana yang lain yang di dalamnya terdapat khamer. Lalu beliau memilih susu dan meminumnya. Dikatakan pada beliau, sesungguhnya engkau telah memilih fitrah dan umatmu akan memilih fitrah.

Para nabi mengitari Rasul saw dan datanglah waktu salat. Para nabi bertanya di antara sesama mereka, siapa di antara mereka yang menjadi imam salat, apakah itu Adam, Nuh, Ibrahim, Musa atau Isa? Jibril berkata kepada Muhammad saw, sesungguhnya Allah SWT memerintahkanmu untuk salat bersama para nabi. Rasulullah saw berdiri dan salat bersama para nabi. Mereka semua adalah orang- orang Muslim dan beliau adalah orang-orang Muslim yang pertama. Secara logis bahwa beliau layak menjadi imam dari para nabi sebagaimana kitabnya dijadikan kitab yang terbaik daripada kitab- kitab yang mendahuluinya. Beliau membacakan Al-Qur'an kepada mereka dan beliau menangis saat membacanya. Kekhusukan beliau saat membacanya membuat para nabi pun menangis. Dan ketika para nabi sujud di belakang imam mereka, pohon-pohon dan bintang- bintang pun turut bersujud.

Selesailah waktu salat dan para nabi membubarkan diri. Setiap nabi kembali ke langit yang mereka tinggal di dalamnya. Nabi keluar dari masjid bersama Jibril dan mereka kembali menunggang Buraq seperti panah dari cahaya. Buraq semakin meninggi dan ia melewati langit pertama lalu beliau menyaksikan

Nabi Adam. Kemudian ada panggilan dari Allah SWT: "Hendaklah hamba-Ku semakin meninggi dan menjauh." Kemudian hamba Allah SWT Muhammad bin Abdillah semakin terbang menjauh ia melampaui langit demi langit. Beliau melampaui tempat materi dan mulai menjangkau tempat ruhani dan melewatinya. Beliau bersiap berdiri di haribaan Ilahi; beliau semakin tinggi dan jauh di tingkat dan dipuncak ruhani dalam kecepatan yang tidak kurang dari kecepatan kilat.

Beliau melampaui kedudukan Nabi Adam di langit pertama dan melampaui kedudukan Nabi Yahya dan Nabi Isa di langit kedua. Lalu Tuhan pemilik kemuliaan memanggil, "hendaklah hamba-Ku lebih tinggi lagi." Kemudian hamba Allah SWT dan Nabi-Nya yang mulia mencapai tingkat yang lebih tinggi lagi. Beliau melampaui langit yang ketiga, keempat, kelima, keenam, dan ketujuh. Beliau melampaui alam materi semuanya dan melampaui alam ruhani. Akhirnya, beliau sampai ke Sidratul Muntaha. Beliau sampai di tempat yang suci yang Allah SWT menamakannya dengan sebutan Sidratul Muntaha dan di sana Nabi melihat dan menyaksikan Jannatul Ma'wa. Beliau menyaksikan yang kita tidak mampu mengetahuinya dan memahaminya bahkan membayangkannya:

"(Muhammad melihat Jibril) ketika Sidratil Muntaha diliputi oleh sesuatu yang meliputinya. Penglihatannya (Muhammad) tidak berpaling dari yang dilihatnya itu dan tidnk (pula) melampauinya." (QS. an-Najm: 16-17)

Sungguh terjadilah pada tempat itu apa yang terjadi dengannya. Dengan kebesaran yang misteri ini, Allah SWT memberitahu kita bahwa terjadilah hal penting di sana meskipun hakikat hal tersebut tersembunyi dari kita. Sesuatu yang Allah SWT sembunyikan dari kita tersebut disaksikan oleh Rasul saw. Itu adalah mukjizat yang khusus baginya; itu adalah tingkat cinta yang tidak tersingkap tabirnya karena ketinggiannya yang tidak mampu ditangkap oleh pengetahuan manusia biasa.

Kemudian Tuhan pemilik surga dan neraka memanggil, "hendaklah hamba-Ku lebih tinggi lagi." Hamba Allah SWT Muhammad bin Abdillah menaik ke tempat yang tinggi. Kali ini beliau melihat Jibril yang berada di belakangnya lalu beliau mendapatinya dalam keadaan bertasbih kepada Allah SWT. Jibril tidak berada dalam wujud manusia seperti yang Nabi saksikan ketika berada di dunia. Jibril as kembali ke dalam wujud malaikatnya. Nabi melihat Jibril dan ia merupakan tanda kebesaran Allah SWT yang Allah SWT janjikan untuk diperlihatkan kepadanya:

Penglihatannya (Muhammad) tidak berpaling dari yang dilihatnya itu dan tidak (pula) melampauinya." (QS. an-Najm: 17)

Pemandangan itu terjadi dengan hati dan mata serta panca indera yang dikenal dan yang tidak dikenal. Pemandangan itu benar-benar jelas. Di sana bukan mimpi, bukan khayalan, dan bukan gambaran. Rasul saw melihat semua itu dengan jasadnya dan ruhaninya:

"Penglihatannya (Muhammad) tidak berpaling dari yang dilihatnya itu dan tidak (pula) melampauinya." (QS. an-Najm: 17)

Kemudian Rasulullah saw menuju ke tempat yang tinggi dan lebih tinggi lagi. Beliau semakin naik ke tingkat yang makin tinggi sampai beliau berdiri di hadapan Tuhan Pencipta langit dan bumi dan Penebar kasih sayang di dunia dan di akhirat. Orang Muslim yang paling sempurna itu bersujud di hadapan Tuhan Sang Pencipta sambil berkata: "Sungguh penghormatan dan keberkatan serta shalawat yang baik tertuju hanya kepada Allah SWT." Allah SWT membalasnya: "Salam kepadamu wahai Nabi dan rahmat Allah SWT serta berkat-Nya juga tercurah kepadamu." Para malaikat pun ketika mendengar ucapan itu bertasbih dan mengatakan: "Salam kepada kita dan kepada hamba-hamba Allah SWT yang saleh."

Ungkapan-ungkapan tersebut merupakan permulaan *tahiyat* (penghormatan) yang diucapkan orang-orang Muslim saat mereka melaksanakan salat pada setiap hari. Salat telah diwajibkan atas kaum Muslim pada kesempatan yang besar ini. Hal populer di kalangan umumnya kaum Muslim adalah, bahwa Allah SWT mewajibkan atas Nabi mula-mula lima puluh salat sehari. Kemudian Nabi turun dari langit lalu beliau menemui Nabi Musa. Selanjutnya Nabi Musa bertanya kepadanya tentang jumlah salat yang diwajibkan Allah SWT kepada umatnya. Nabi menceritakan bahwa Allah SWT telah menentukan lima puluh kali salat. Nabi Musa berkata sungguh umatmu tidak akan kuat untuk melakukan salat itu, maka kembalilah kepada Tuhanmu dan mohonlah kepadanya agar Dia meringankan bagi umatmu. Lalu Nabi kembali kepada Tuhan-Nya sehingga Allah SWT meringankan salat hingga sepuluh kali. Setelah itu, Nabi kembali bertemu dengan Nabi Musa. Lagi-lagi Nabi Musa memperingatkannya. Kemudian Nabi kembali lagi kepada Allah SWT sehingga sampai diturunkan salat dari lima puluh kali menjadi lima kali sehari. Namun salat yang lima kali itu pahalanya sama dengan salat yang lima puluh kali.

Menurut hemat kami, kisah tersebut tidak memiliki sandaran dalam kitab-kitab ulama yang benar-benar teliti. Kami kira, kisah itu tersebut merupakan rekayasa orang-orang Yahudi di mana mereka masuk Islam dan mereka memenuhi kitab-kitab dengan dongeng-dongeng khurafat dan mereka menisbatkannya kepada Rasul. Prasangka tersebut didukung oleh pemilihan Musa sebagai seorang Nabi yang mengusulkan kepada Rasul saw agar meminta keringanan atas umatnya sehingga terkesan Nabi Musa menjadi seseorang yang lebih mengetahui sesuatu yang tidak diketahui oleh Nabi Muhammad. Kami sendiri cenderung untuk menolak kisah tersebut dengan keyakinan bahwa pertemuan Nabi dengan Allah SWT menimbulkan rasa kebesaran dan kewibawaan yang luar biasa sehingga ketika Nabi telah pergi, maka sangat berat baginya untuk kembali lagi.

Nabi menyaksikan dan melihat hal-hal yang tidak mampu diungkap oleh lisan dan tidak mampu ditulis dengan pena. Beliau berada di suatu keadaan yang tidak dapat dipahami oleh manusia biasa. Al-Qur'an al-Karim sengaja tidak menyebutkan apa saja yang dilihat oleh Nabi karena itu mernpakan rahasia antara Nabi dan Tuhannya dan mukjizat yang khusus yang diperuntukkan baginya sebagai bentuk penghormatan kcpadanya. Jadi Al-Qur'an sengaja tidak menyebutkan itu semua untuk menegaskan bahwa beliau melihat tanda dari tanda-tanda kebesaran Tuhannya.

Kami tidak mengetahui apa yang dilihat oleh Nabi. Hal yang dapat kami bayangkan adalah, bahwa Nabi bersujud dengan khusuk di hadapan Tuhannya dan beliau menangis karena gembira. Kesedihan hatinya telah hilang selamanya. Setelah Nabi melihat rahasia dan setelah penghormatan yang besar ini, beliau kembali menemani Buraq dan pergi bersama Jibril untuk kembali ke bumi. Beliau kembali dan mendapati tempat tidurnya masih dingin. Bagaimana beliau pergi dan kembali sementara tempat tidurnya belum dingin? Berapa lama waktu yang diperlukannya saat melakukan perjalanan tersebut? Hanya Allah SWT semata yang mengetahui. Yang kita ketahui adalah, bahwa Rasulullah saw kembali ke tempat tidurnya setelah Isra' dan Mi'raj dan hatinya dipenuhi dengan kegembiraan serta dadanya dipenuhi dengan ketenangan dan kepuasan serta kefanaan dalam cinta kepada Allah SWT.

Kemudian datanglah waktu pagi. Nabi menceritakan perjalanan dan pengalaman tersebut kepada sahabat-sahabatnya dan orang-orang Musyrik sehingga berimanlah orang-orang yang beriman padanya dan mendustakan kepadanya orang-orang yang mendustakannya. Namun beliau tidak peduli dengan semua itu. Nabi terus melangsungkan perjuangannya dengan penuh kesabaran.

Akhirnya, datanglah suatu masa di mana Nabi saw mengetahui bahwa dakwah Islam di Mekah telah mengalami penekanan yang luar biasa sehingga keadaan sangat tidak mendukung bagi kaum Muslim. Rasulullah saw bergerak dengan dakwahnya. Lalu Allah SWT mewahyukan kepadanya agar ia berhijrah. Kemudian mulAllah Nabi berhijrah di jalan Allah SWT setelah tiga belas tahun beliau di Mekah. Islam ingin membangun negaranya dan ingin menghilangkan pengepungan dan serangan kaum musyrik. Mula- mula terjadilah perubahan sedikit dalam keadaan kaum Muslim.

Rasulullah saw keluar dalam musim haji untuk menunjukkan dirinya pada kabilah-kabilah Arab sebagaimana yang beliau lakukan pada setiap musim. Beliau berada di tempat yang bernama 'Aqabah, lalu beliau bertemu dengan jamaah dari Khazraj. Rasulullah saw berkata kepada mereka, "siapa kalian?" Mereka menjawab: "Kami berasal dari kelompok Khazraj." Beliau berkata. "apakah kalian termasuk pembantu kaum Yahudi?" Mereka menjawab, "benar." Beliau berkata, "maukah kalian duduk bersama aku karena aku ingin sedikit berbicara dengan kalian." Mereka menjawab: "Boleh." Kemudian mereka duduk bersama Nabi lalu beliau mengajak mereka untuk mengikuti agama Allah SWT.

Rasulullah saw sedikit menceritakan Islam kepada mereka dan membacakan Al-Qur'an. Enam orang mendengarkan apa yang disampaikan oleh Nabi saw. Setelah beliau selesai dari pembicaraannya, mereka membenarkannya dan beriman kepadanya. Kemudian mereka menceritakan kepada Nabi saw bahwa mereka meninggalkan kaumnya karena kaum mereka terlibat peperangan dan kebencian. Mudah-mudahan Allah SWT mengumpulkan mereka dengan kedatangan Nabi saw yang mulia ini. Mereka memberitahu Nabi saw bahwa mereka akan menceritakan kepada kaumnya apa yang mereka dengar dari Nabi saw dan akan mengajak mereka untuk memenuhi dakwah Nabi.

Keenam lelaki itu kembali ke kota Madinah yang berubah namanya menjadi Madinah Munawarah yang sebelumnya ia bernama Yatsrib di zaman jahiliah. Allah SWT berkehendak untuk meneranginya dengan Islam. Para lelaki itu kembali ke Madinah dan mereka membawa Islam di hati mereka sehingga banyak orang yang masuk Islam.

Kemudian datanglah musim haji dan keluarlah dari Madinah dua belas orang lelaki dari orang-orang yang beriman yang di antara mereka terdapat enam orang yang Rasulullah saw telah berdakwah kepada mereka pada musim yang dulu dan Nabi saw menemui mereka di 'Aqabah. Kemudian Nabi melakukan baiat pada mereka agar mereka mempertahankan keimanan dan membela dakwah kebenaran serta kemanusiaan.

Kaum lelaki itu kembali ke Madinah disertai salah seorang yang terpercaya dari tokoh Islam yaitu Mus'ab bin Umair di mana ia menjadi utusan Rasulullah saw di Madinah dan ia mengajari manusia tentang agama mereka dan membacakan kepada mereka Al- Qur'an dan menyerukan kebenaran kepada manusia sehingga tersebarlah Islam di Madinah. Penduduk Madinah mulai bertanya- tanya, mengapa saudara-saudara kita kaum Muslim Mekah ditindas? Mengapa Rasul saw keluar untuk berdakwah dan menebarkan rahmat tetapi beliau justru mendapatkan angin kebencian? Sampai kapan kita akan membiarkan Rasulullah saw teraniaya dan terusir di Mekah?

Demikianlah, pergilah tujuh puluh orang ke Mekah, tujuh puluh orang dari penduduk Madinah Munawarah. Mereka pergi ke 'Aqabah dalam keadaan sendirian dan berkelompok-kelompok. Islam telah menghasilkan buah pertamanya dalam hati mereka sehingga hati mereka dipenuhi cinta kepada Allah SWT dan Rasul-Nya serta kaum Muslim. Penderitaan yang dialami kaum Muslim mempengaruhi jiwa mereka dan mencegah mereka dari mendapatkan kenikmatan tidur dan nikmatnya memakan dan nikmatnya kehidupan. Orang- orang yang baik itu datang dan berbaiat kepada Rasul saw untuk membela beliau menolongnya dan melindunginya serta siap untuk mati di jalannya. Mereka datang setelah hati mereka diliputi oleh Islam dan mereka memberikan segala sesuatu untuk dakwah yang baru; mereka datang sebagai pecinta-pecinta kebenaran.

Kitab-kitab hadis yang suci meriwayatkan apa yang terjadi pada baiat 'Aqabah al-Kubra. Dalam kitab tersebut dikatakan bahwa Abbas Ibnu Abdul Muthalib datang bersama Nabi dan saat itu ia masih berada dalam agama kaumnya. Ia ingin menyelesaikan urusan anak pamannya. Ketika ia duduk dan berbicara, ia mengatakan suatu pernyataan yang mengisyaratkan bahwa Muhammad saw mendapatkan kemuliaan dari kaumnya dan kekuatan di negerinya agar mereka mempertahankan keimanan dan membela dakwah kebenaran serta kemanusiaan.

Kaum lelaki itu kembali ke Madinah disertai salah seorang yang terpercaya dari tokoh Islam yaitu Mus'ab bin Umair di mana ia menjadi utusan Rasulullah saw di Madinah dan ia mengajari manusia tentang agama mereka dan membacakan kepada mereka Al- Qur'an dan menyerukan kebenaran kepada manusia sehingga tersebarlah Islam di Madinah. Penduduk Madinah mulai bertanya- tanya, mengapa saudara-saudara kita kaum Muslim Mekah ditindas? Mengapa Rasul saw keluar untuk berdakwah dan menebarkan rahmat tetapi beliau justru mendapatkan angin kebencian? Sampai kapan kita akan membiarkan Rasulullah saw teraniaya dan terusir di Mekah?

Demikianlah, pergilah tujuh puluh orang ke Mekah, tujuh puluh orang dari penduduk Madinah Munawarah. Mereka pergi ke 'Aqabah dalam keadaan sendirian dan berkelompok-kelompok. Islam telah menghasilkan buah pertamanya dalam hati mereka sehingga hati mereka dipenuhi cinta kepada Allah SWT dan Rasul-Nya serta kaum Muslim. Penderitaan yang dialami kaum Muslim mempengaruhi jiwa mereka dan mencegah mereka dari mendapatkan kenikmatan tidur dan nikmatnya memakan dan nikmatnya kehidupan. Orang- orang yang baik itu datang dan berbaiat kepada Rasul saw untuk membela beliau menolongnya dan melindunginya serta siap untuk mati di jalannya. Mereka datang setelah hati mereka diliputi oleh Islam dan mereka memberikan segala sesuatu untuk dakwah yang baru; mereka datang sebagai pecinta-pecinta kebenaran.

Kitab-kitab hadis yang suci meriwayatkan apa yang terjadi pada baiat 'Aqabah al-Kubra. Dalam kitab tersebut dikatakan bahwa Abbas Ibnu Abdul Muthalib datang bersama Nabi dan saat itu ia masih berada dalam agama kaumnya. Ia ingin menyelesaikan urusan anak pamannya. Ketika ia duduk dan berbicara, ia mengatakan suatu pernyataan yang mengisyaratkan bahwa Muhammad saw mendapatkan kemuliaan dari kaumnya dan kekuatan di negerinya tetapi ia enggan dan memilih untuk bergabung bersama kalian wahai penduduk Madinah. Jika kalian memenuhi janjinya dan melindunginya, maka ambillah ia, namun jika kalian khawatir jika suatu saat nanti akan mengkhianatinya, maka mulai dari sekarang biarkanlah ia di negerinya.

Kata-kata Abbas tersebut berasal dari fanatisme kesukuan dan ikatan darah keluarga namun penduduk Madinah tidak begitu peduli dengan kalimat Abbas itu karena ia bukan termasuk dari agama mereka dan ia tidak mengetahui tingkat cinta kepada Rasul saw yang mereka capai. Abbas bin Abdul Muthalib menunggu jawaban dari penduduk Madinah. Lalu mereka berkata kepadanya, "Kami telah mendengar apa yang engkau katakan, maka berbicaralah ya Rasulullah, ambilah untuk dirimu dan Tuhanmu apa saja yang engkau sukai."

Kita ingin mengamati jawaban sekelompok orang yang mukmin dari penduduk Madinah ini sehingga Rasulullah saw berbicara. Jawaban yang dicari oleh Abbas bin Abu Muthalib tersembunyi dalam pernyataan Nabi. Demikianlah setelah Rasulullah saw mengucapkan kalimatnya, maka tidak keluar pemyataan apa pun. Cukup hanya Nabi yang berbicara dan mereka hanya menaatinya. Mereka meminta kepada beliau agar mengambil pada dirinya dan Tuhannya apa saja yang beliau sukai; mereka merasa tidak memiliki apa-apa dan tidak memiliki keputusan. Nabi berbicara lalu beliau membaca Al-Qur'an dan mengajak ke jalan Allah SWT. Kemudian beliau bebicara tentang Islam dan beliau membaiat mereka agar membantu beliau sehingga mereka pun membaiat kepadanya. Demikianlah terjadinya baiat 'Aqabah al-Kubra.

Orang-orang yang terpilih oleh Allah SWT itu mengetahui bahwa sebentar lagi mereka akan diajak untuk mengangkat senjata: mereka diajak untuk mendapatkan kematian di bawah naungan pedang. Mereka menenangkan Rasulullah saw bahwa beliau akan mendapati orang-orang yang sudah terlatih dalam peperangan karena mereka mewarisi dari kakek-kakek mereka.

Salah seorang dari tujuh puluh orang itu menyebutkan masalah yang penting. Abul Haitsyam berkata: "sesungguhnya di antara orang-orang Madinah dan Yahudi terdapat suatu tali ikatan, maka mereka boleh jadi akan memutuskannya lalu, apakah sikap yang harus kita ambil jika mereka lakukan hal itu dan memusuhi orang-orang Yahudi," kemudian Allah SWT menolong Nabi dan memenangkan atas kaumnya, lalu ia kembali kepada mereka dan meninggalkan mereka di bawah kasih sayang orang-orang Yahudi.

Perhatikanlah bahwa pertanyaan tersebut berkisar pada kecintaan kepada Nabi dan keinginan agar Nabi tetap bersama mereka selama perjalanan hari dan bulan. Masalah yang dituntut oleh Abbas bin Abdul Muthalib secara jelas adalah masalah perlindungan mereka kepada Nabi, di mana hal tersebut tidak lagi diperdebatkan oleh orang-orang yang terpilih dari penduduk Madinah. Namun masalah yang mereka inginkan adalah masalah perlindungan Nabi dan keberadaan Nabi bersama mereka di Madinah.

Nabi tersenyum dan beliau mengatakan kalimat-kalimat yang justru menekankan bahwa ikatan akidah lebih kuat daripada ikatan darah. Beliau berkata: "Tetapi darah adalah darah dan kehancuran adalah kehancuran. Aku dari kalian dan kalian dariku aku akan memerangi orang-orang yang kalian perangi dan aku akan berdamai dengan orang-orang yang kalian berdamai dengan mereka."

Akhirnya, penduduk Madinah pergi dan kembali ke negeri mereka. Kemudian berita tentang baiat ini sampai ketelinga orang-orang Mekah dan para tokoh musyrik, lalu mereka justru menambah penekanan kepada Rasulullah saw dan kaum Muslim.

Para preman Mekah berkumpul di Darul Nadwah. Mereka menetapkan akan mengambil sesuatu keputusan penting berkaitan dengan Nabi. Salah seorang dari mereka mengusulkan agar beliau dibelenggu dengan besi lalu dibuang di penjara sehingga beliau mati kelaparan. Sebagian lagi mengusulkan agar beliau dibuang dari Mekah dan diusir. Abu Jahal mengusulkan agar mereka mengambil dari setiap keluarga dari keluarga-keluarga Quraisy seorang pemuda yang kuat, kemudian setiap dari mereka diberi pedang yang terhunus dan hendaklah mereka memukulkan pedang itu ke tubuh Nabi. Jika mereka berhasil membunuhnya niscaya semua kabilah bertanggung jawab terhadap darah sang Nabi dan Bani Hasyim tidak akan mampu menuntut dan memerangi orang Arab semuanya dan mereka akan menerima diat sebagai tebusan dari pembunuhan itu. Demikianlah persekongkolan itu digelar dan mereka sepakat untuk melaksanakan hal itu. Namun Al-Qur'an al-Karim menyingkap persekongkolan yang dilakukan orang-orang kafir itu dalam firman-Nya:

"Dan (ingatlah), ketika orang-orang kafir memikirkan tipu daya terhadapmu untuk menangkap dan memenjarakanmu atau membunuhmu, atau mengusirmu. Mereka memikirkan tipu daya itu. Dan Allah sebaik-baik Pembalas tipu daya." (QS. al-Anfal: 30)

Allah SWT mewahyukan kepada Nabi-Nya agar ia berhijrah. Lalu Nabi mulai menyiapkan sarana-sarana untuk hijrahnya. Beliau menyembunyikan urusan tersebut bahkan beliau tidak memberitahu sahabat yang akan menemaninya. Rasulullah saw menyewa seorang penunjuk jalan yang pengalaman yang mengenal padang gurun seperti mengenal garis-garis tangannya. Yang mengherankan penunjuk jalan itu adalah seorang musyrik. Demikianlah Nabi meminta bantuan kepada orang yang ahli tanpa memperhatikan keyakinannya.

Kemudian datanglah malam pelaksanaan kejahatan itu. Rasulullah saw memerintahkan Ali bin Abi Thalib untuk tidur di tempat tidurnya di malam tersebut. Datanglah pertengahan malam dan Rasulullah saw pun keluar dari rumahnya. Para pemuda Mekah mengepung rumah. Mereka menghunuskan pedangnya. Nabi menggenggam tanah lalu beliau melemparkannya ke arah kaum sehingga mereka pun merasa kantuk sehingga Nabi saw dapat menembus kepungan mereka. Beliau keluar dari Mekah dan berhijrah.

Dengan langkah yang diberkati ini, kaum Muslim menanggali tahun- tahun mereka. Tahun dalam Islam adalah tahun Hijiriah, sedangkan kaum Masehi menanggali tahun mereka dengan kelahiran Isa dan ini disebut dengan tahun Masehi. Adapun tahun-tahun Islam, maka ia ditanggali pertama kalinya saat Rasulullah saw keluar berhijrah di jalan Allah SWT. Hijrah Rasul bukan hanya lari dari penindasan tetapi lari dari kebekuan; hijrah tersebut bukan keluar dari keamanan tetapi keluar dari bahaya. Islam di Mekah hanya dapat mempertahankan dirinya tetapi ketika ia keluar ke Madinah ia mempertahankan dirinya ketika menyerang. Dan selama beberapa tahun masa yang dihabiskan di Mekah, tak seorang dari kaum Muslim yang mengangkat senjata. Ketika mereka keluar ke Madinah, mereka mulai membawa senjata dan mulai menyalakan obor peperangan. Islam mulai membawa senjata sebagaimana luka akan sembuh dengan syarat jika diobati. Nabi saw mengetahui bahwa Islam tidak akan menghabiskan usianya hanya untuk melawan serangan pada dirinya; Islam ingin tersebar; Islam ingin mendirikan negaranya yang pertama yaitu suatu negara yang belum pernah dikenal di muka bumi negara seperti itu. Negara yang mencapai keadilan, kasih sayang, dan idealisme yang begitu luar biasa di mana hukum Allah SWT ditegakkan dan kehormatan manusia benar-benar dijaga.

Inilah kedalaman hijrah yang mengesankan yaitu pendirian negara Islam setelah sebelumnya membangun individu masyarakat Muslim. Setelah Rasul saw membangun masyarakat Muslim dan membangun masjid, maka beliau membangun suatu negara Islam. Selanjutnya, sayap-sayap dakwah mengepak.

Kami kira pembaca tidak akan bertanya, apa gunanya pembangunan masjid ditingkatkan sementara Islam masih mengalami penindasan di muka bumi. Kami kira pembaca lebih pintar daripada orang yang tidak mengetahui bahwa masjid yang dibangun Rasulullah saw di Madinah bukan tempat peristirahatan dari keletihan, tetapi masjid merupakan pusat dari kepemimpinan pergerakan Islam dan kepemimpinan menuju peperangan Islam.

Manusia mandi di masjid dengan cahaya Allah SWT setelah itu mereka mandi di kancah peperangan dengan darah mereka. Pertanyaannya adalah, siapakah di antara mereka yang akan terbunuh di jalan Allah SWT sebelum saudaranya? Demikianlah perlombaan dalam perbaikan terjadi di antara mereka. Dengan cara demikianlah Islam tersebar.

Sementara itu, Nabi berlindung di suatu gua; di gunung yang bernama Tsur. Beliau masuk ke gua itu bersama sahabatnya Abu Bakar. Dan orang-orang musyrik pergi menyusul beliau dengan membawa pedang mereka. Lalu mereka sampai ke gunung itu. Abu Bakar berkata kepada Rasul saw dengan keadaan gelisah, "seandainya salah seorang mereka melihat di bawah kakinya niscaya mereka akan melihat kita."

Dengan tenang, Rasulullah saw menepis kegelisahan Abu Bakar dan berkata: "Wahai Abu Bakar apa yang kamu kira dengan dua orang yang ada di tempat yang sepi sementara Allah SWT menjadi ketiga di antara mereka?" Sebelum Rasulullah saw mengakhiri kalimatnya, terdapat laba-laba yang selesai dari menenun rumahnya di atas pintu gua. Kitab-kitab sejarah mengatakan bahwa kaum musyrik mengikuti jejak sang Nabi sehingga mereka sampai di gunung Tsur lalu di situlah mereka mengalami kebingungan. Mereka mendaki gunung dan mendaki gua itu. Lalu mereka melihat di atas pintu gua itu terdapat tenunan laba-laba. Mereka mengatakan, seandainya seseorang masuk di dalamnya niscaya tidak akan terdapat tenunan laba-laba di atas pintunya. Beliau tinggal di gua itu selama tiga malam.

Demikianlah keimanan tenunan laba-laba yang lembut dimenangkan atas ketajaman pedang kaum musyrik sehingga Nabi bersama sahabatnya pun selamat. Kini, kedua orang itu menuju Madinah. Dan Madinah pun menyambut mereka. Ketika Rasulullah saw dan sahabatnya memasuki Madinah, mula-mula masyarakat tidak mengenal siapa di antara mereka yang menjadi Rasul karena saking baiknya sikap Rasul terhadap sahabatnya. Akhirnya, Nabi menerangi kota Madinah. Beliau membangun masjid dan mendirikan negaranya serta memerangi musuh-musuhnya dan tersebarlah Islam dan Mekah pun ditaklukkan dan Baitul Haram disucikan.

Beliau menanamkan dalam akal dan hati suatu cahaya yang tidak akan pernah padam. Kemudian berlangsunglah sepuluh tahun yang dilewatinya di Madinah di mana beliau tidak menggunakannya untuk berleha-leha. Demikian juga selama masa tiga belas tahun yang beliau lalui di Mekah, beliau pun tidak mendapatkan istirahat yang cukup. Semua kehidupan beliau hanya untuk Allah SWT dan hanya untuk Islam. Beban berat yang dipikul oleh punggung beliau yang mulia lebih berat dari beban yang dipikul oleh gunung. Meskipun beliau seorang diri, tetapi beliau mampu memikul amanat yang pernah Allah SWT tawarkan kepada langit dan bumi serta gunung namun mereka pun enggan untuk memikulnya. karena mereka menyadari bahwa mereka tidak akan mampu memikulnya. Lalu datanglah beliau dan beliau pun mampu memikul amanat itu dan melaksanakannya secara sempurna. Yaitu amanat untuk menyampaikan agama Allah SWT; amanat untuk menyucikan akal manusia dari polusi khayalisme dan khurafatisme: amanat yang mewarnai kehidupan dengan hanya sujud kepada Allah SWT.

Kemudian mengalirlah dalam memori Nabi saw suatu arus dari gambar-gambar hidup: bagaimana saat beliau memasuki Madinah. Lewatlah di hadapan akal beberapa memori dan nostalgia: bagaimana wahyu yang turun kepadanya dengan membawa risalah di gua Hira, kemudian berubahlah pandangan dan bertiuplah angin kebencian kepadanya, bahkan angin itu membawa pasir-pasir tuduhan-tuduhan yang dilemparkan ke wajah suci beliau. Beliau berdiri sambil tersenyum dan hatinya dipenuhi dengan kesedihan di hadapan gelombang gurun dan kesendirian serta badai kesengsaraan. "Wahai manusia, tiada

Tuhan selain Allah SWT. Demikianlah kalimat yang beliau katakan. Meskipun kalimat itu tampak sederhana namun ia mampu membangkitkan dunia. Dan bergeraklah patung-patung yang begitu banyak yang memenuhi kehidupan dan mereka membekali dirinya dengan kegelapan dan kebencian yang dialamatkan kepada sang Nabi. Para pembesar. para penguasa, uang, emas, serta kebencian dan kedengkian setan yang klasik dan banyaknya orang-orang munafik, semua ini menjadi musuh nyata sang Nabi pada saat beliau mengatakan "tiada Tuhan selain Allah SWT." Nabi mengingat kembali Waraqah bin Nofel ketika menceritakan kepadanya apa yang terjadi dan apa yang dialami beliau di gua Hira. Tidakkah ia mengatakan kepadanya bahwa kaumnya akan mengusirnya?

Hari-hari hijrah sangat panjang dan berat. Matahari sangat dekat dengan kepala dan rasa panas sangat mencekik tenggorokan dan rasa pusing-pusing pun semakin meningkat. Setelah hijrah, Nabi memasuki Madinah. Beliau disambut oleh kaum Anshar dengan sambutan luar biasa. Beliau datang sendirian lalu mereka menolongnya; beliau datang dalam keadaan takut lalu mereka mengamankannya; beliau datang dalam keadaan lapar lalu mereka memberinya makanan; beliau datang dalam keadaan terusir lalu mereka memberikan perlindungan.

Bangunan Islam mulai ditancapkan di Madinah. Beliau mulai membangun negaranya setelah beliau membangun sumber daya manusia Islam yang tangguh. Yang pertama kali dibangunnya adalah sumber daya Islam, setelah itu beliau baru membangun negara. Tidak ada nilai yang berarti dari satu sistem yang hanya berdasarkan prinsip-prinsip besar yang tidak lebih dari sekadar tinta di atas kertas. Penerapan prinsip-prinsip adalah tolok ukur final dari nilai apa pun yang diberlakukan di dunia. Dan Islam telah berhasil menerapkan pada masa-masa pertamanya suatu sistem yang belum pernah dikenal dalam kehidupan manusia suatu sistem seperti itu. Yaitu sitem yang menunjukkan keadilan, persaudaraan, dan kasih sayang yang mengagumkan. Hal yang pertama kali dilakukan Rasulullah saw adalah membangun masjid di mana di situlah unta yang ditungganinya berhenti. Mesjid itu tampak sederhana. Tikarnya terdiri dari pasir-pasir dan batu-batu. Tiangnya terbuat dari batang- batang kurma. Barangkali ketika turun hujan, maka tanahnya akan menjadi lumpur karena mendapat siraman air hujan. Mungkin ketika angin bertiup dengan kecang, maka ia akan mencabut sebagian dari atapnya.

Di bangunan yang sederhana ini, Rasulullah saw mendidik generasi Islam yang tangguh yang dapat menghancurkan orang-orang yang lalim dan para penguasa yang bejat dan mereka mampu mengembalikan kebenaran ke singgasananya yang terusir dan terampas. Mereka mampu menyebarkan Islam di muka bumi. Mesjid itu tampak kecil dan sederhana sekali tetapi ia dipenuhi dengan kebesaran; masjid itu tidak menunjukkan kemewahan sama sekali. Di dalamnya Al-Qur'an dibaca lalu orang-orang yang mendengarnya menganggap bahwa mereka benar dan mendapatkan perintah harian untuk menerapkan dan melaksanakan apa-apa yang mereka dengar.

Al-Qur'an dibaca di masjid bukan seperti nyanyian yang orang-orang duduk akan merasa terpengaruh dengan keindahan nyanyian dan suara pembaca. Dan masjid di dalam Islam bukanlah tempat satu-satunya untuk ibadah. Menurut kaum Muslim semua burni adalah masjid namun masjid adalah simbol peradaban yang beriman kepada Allah SWT dan hari akhir, sebagaimana ia menyuarakan ilmu, kebebasan dan persaudaraan.

Semua Nabi berbicara tentang persaudaraan dan mengajak kepadanya dengan ribuan kata-kata. Sedangkan Rasulullah saw telah mewujudkan persaudaraan itu secara praktis, yakni ketika karakter masyarakat saat itu mencerminkan Al-Qur'an. Nabi mulai mempersaudarakan kaum muhajirin dan Anshar di mana sahabat Anshar Sa'ad bin Rabi', seorang kaya dari Madinah dipersaudarakan dengan Abdul Rahman bin 'Auf, seorang yang berhijrah dari Mekah. Sa'ad berkata kepada Abdul Rahman: "Sesungguhnya, tanpa bermaksud sombong, aku memang memiliki harta yang banyak daripada kamu. Aku telah membagi hartaku menjadi dua bagian dan sebagiannya aku peruntukkan bagimu. Lalu aku mempunyai dua orang wanita, maka lihatlah siapa di antara mereka yang mampu memikatmu sehingga aku menceraikannya lalu engkau dapat menikahinya." Abdul Rahman bin 'Auf menjawab: "Mudah- mudahan Allah SWT memberkatimu, keluargamu, dan hartamu. Di manakah pasar yang engkau berdagang di dalamnya?"

Abdul Rahman bin 'Auf keluar menuju ke pasar untuk berkerja. Ia kembali dan membawa sesuatu yang dapat dimakannya. Ia menolak dengan lembut sikap baik Sa'ad dan kedermawanannya. Ia bersandar pada keimanan kepada Allah SWT dan lebih memilih untuk bekerja dan membanting tulang. Tidak berlalu hari demi hari kecuali ia tetap bekerja sehingga ia mampu untuk membekali dirinya dan melaksanakan pernikahan.

Demikianlah masyarakat Islam terbentuk dan menampakkan identitasnya berdasarkan cinta, kebebasan, musyawarah, dan jihad. Pekerjaan menurut Islam bukan suatu penderitaan untuk mendapatkan roti atau potongan daging sebagaimana dikatakan peradaban kita masa kini, tetapi pekerjaan dalam Islam melebihi ruang lingkup materi ini dan menuju puncak yang lebih tinggi:

"Dan katakanlah: 'Bekerjalah kamu, maka Allah dan Rasul-Nya serta orang-orang muhmin akan melihat pekerjaanmu itu. " (QS. at- Taubah: 105)

Kesadaran bahwa apa yang kita kerjakan akan dilihat oleh Allah SWT menjadikan perkerjaan itu mendapat cita rasa yang lain. Yaitu suatu rasa yang melampaui nikmatnya memakan roti dan daging. Setelah bekerja, datanglah cinta. Cinta dalam Islam bukan hanya perasaan yang menetap dalam hati dan tidak diwujudkan oleh suatu perbuatan; cinta dalam Islam merupakan langkah harian yang akan mengubah bentuk kehidupan di sekitar manusia menuju yang lebih tinggi dan mulia.

Seorang Muslim mencintai Tuhannya Pencipta alam semesta dan mencintai Rasulullah saw dan mencintai kaum Muslim dan orang- orang yang berdamai dengan orang-orang Muslim, meskipun keyakinan mereka berbeda dengannya. Bahkan seorang Muslim mencintai makhluk secara keseluruhan: ia mencintai anak-anak, hewan, bunga, pasir dan gunung bahkan benda-benda mati pun mendapat cinta dari seorang Muslim. Seorang Muslim jika dia benar-benar seorang Muslim akan merasakan dnta yang dialami oleh Nabi Daud terhadap alam dan lingkungan di sekitarnya. Ini adalah perasaan sufi yang tinggi. Seorang Muslim akan mewarisi cinta yang sebenarnya seperti yang diwarisi Nabi Isa terhadap lingkungan yang baik yang ada di sekitarnya di mana ketika Nabi Isa melihat tubuh anjing yang mati, maka Nabi Isa tidak melihat selain keputihan giginya.

Demikianlah cinta yang tersebar dalam kehidupan kaum Muslim di mana cinta itu pun tertuju kepada binatang dan benda-benda mati. Cinta demikian ini tidak akan terwujud dengan suatu keputusan dan tidak ditetapkan dengan suatu undang-undang, tetapi cinta itu datang biasanya akibat dari kepuasaan akal dan hati dengan adanya kepemimpinan besar yang hati cenderung kepadanya dan akal mengambil darinya. Dan yang dimaksud dengan kepemimpinan besar tersebut adalah keberadaan sang Nabi. Beliau adalah cermin terbesar dari tingkat cinta yang tertinggi. Beliau adalah seorang yang paling banyak berbuat demi Islam dan paling banyak sedikit mengharapkan balasan darinya. Meskipun beliau seorang pemimpin namun beliau hidup dalam kesederhanaan. Beliau adalah seorang tentara yang paling sederhana. Tempat tidurnya bersih tetapi kasar, dan rumahnya tidak menampakkan kesibukan yang di dalamnya memasak berbagai macam hidangan. Beliau justru menyiapkan hidangan yang sangat sederhana. Makanan utama beliau adalah roti kering yang dicampur dengan minyak. Keinginan besar beliau adalah tersebarnya dakwah Islam.

Kaum Muslim menyadari bahwa kesempurnaan Islam tidak akan terwujud kecuali ketika cinta Allah SWT dan Rasul- Nya lebih didahulukan daripada cinta diri sendiri, cinta kepada wanita, cinta kepada anak, kepentingan, kekuasaan, kehidupan, dan apa saja yang tidak ada hubungannya dengan Allah SWT dan Rasul-Nya. Demikianlah kaum Muslim sangat mencintai pemimpin mereka lebih dari kehidupan pribadi mereka. Di samping pekerjaan dan cinta tersebut, didirikanlah pemerintahan Islam yang berdasarkan kaidah-kaidah kebebasan, musyawarah dan jihad.

Kebebasan dalam Islam bukan sekadar perhiasan yang dilekatkan kepada tubuh Islam tetapi ia merupakan tenunan dari sel-sel yang hidup itu. Allah SWT telah membebaskan kaum Muslim dari penyembahan selain dari-Nya. Dengan demikian, runtuhlah semua belenggu yang hinggap di atas akal, hati, dan masyarakat. Seorang Muslim memilikiódalam Islamósuatu kebebasan yang diberikan kepadanya agar ia melihat sesuatu dengan akalnya dan mendebat segala sesuatu dengan akalnya. Dan hendaklah ia merasa puas dengan sesuatu yang dapat menenteramkan hatinya. Kebebasan dalam Islam bukan kebebasan mutlak yang menjurus kepada anarkisme dan diskriminasi tetapi kebebasan dalam Islam adalah kebebasan yang bertanggung jawab.

Dalam ruang lingkup nas-nas yang pasti yang terdapat dalam Al-Qur'an atau sunah tidak ada kebebasan di hadapan orang Muslim selain kebebasan untuk berlomba-lomba untuk menerapkan apa yang mereka pahami. Selain itu, seorang bebas sampai tidak terbatas, dan pintu ijtihad tetap terbuka sampai tidak ada batasnya, karena pintu ijtihad adalah akal dan menutup pintu ijtihad yakni menutup akal dan itu berarti akan membawa kematian baginya. Islam tidak menerima orang-orang yang mati akalnya atau menga-lami kemunduran; Islam pada hakikatnya memperlakukan manusia dari sisi akal dan hati.

"Adalah untukmu, sedang kamu menginginkan bahwa yang tidak mempunyai kekuatan senjatalah yang untukmu, dan Allah meng- hendaki untuk membenarkan yang benar dengan ayat-ayat-Nya dan memusnahkan orang-orang kafir." (QS. al-Anfal: 7)

Orang-orang Islam karena kekafiran mereka dan kebutuhan mereka serta situasi ekonomi yang memburuk, mereka ingin bertemu dengan pasukan yang tidak bersenjata; mereka ingin bertemu dengan kafilah yang kaya, bukan pasukan yang bersenjata; mereka membutuhkan harta untuk menyebarkan dakwah. Namun Allah SWT menginginkan mereka dengan keadaan seperti itu agar mereka berhadapan dengan pasukan kafir dan agar mereka mampu memutus tali kekuatan orang-orang kafir sehingga kebenaran akan menang.

Keluarlah orang-orang Muslim dalam peperangan Badar dengan membayangkan bahwa mereka akan mendapatkan keuntungan dan kesenangan dengan banyak mengambil ganimah. Namun Allah SWT menginginkan terjadinya peperangan yang berat, di mana itu berakibat pada jatuhnya tokoh-tokoh kaum kafir Mekah sebagai korban darinya dan agar Madinah dapat menahan penderitaan dan kefakiran yang dialaminya. Seharusnya pengikut Islam tidak membayangkan untuk mengambil keuntungan tetapi ia justru harus memberi kepadanya.

Nabi mengetahui sebagai pemimpin pasukan ia harus mengingatkan pasukannya bahwa mereka akan menemui kesulitan dan penderitaan, dan bukan masalah sepele seperti yang mereka bayangkan. Nabi bermusyawarah dengan sahabat-sahabat. Beliau berbincang-bincang dengan Abu Bakar Shidiq, Umar bin Khattab, dan Miqdad bin Amr. Lalu mereka semua sepakat untuk terus melakukan peperangan apa pun hasilnya dan apa pun pengorbanan yang harus dilakukan.

Kemudian Rasulullah saw berkata: "Wahai para sahabat, tunjukkanlah diri kalian." Rasulullah saw mengisyaratkan kepada kaum Anshar. Rasulullah saw khawatir jika mereka memahami bahwa baiat yang terjadi di antara mereka yang berisi agar mereka melindungi beliau jika beliau diserang di Madinah saja, dan memang pasal-pasal dari baiat itu mendukung hal itu. Tidakkah mereka mengatakan kepada beliau: "Ya Rasulullah, kami tidak akan bertanggung jawab kepadamu sehingga engkau sampai di negeri kami. Jika engkau sampai di negeri kami, maka kami akan bertanggung jawab untuk melindungimu."

Mayoritas pasukan terdiri dari orang-prang Anshar, maka Rasulullah saw ingin mengetahui keputusan mayoritas tentara sebelum dimulainya peperangan. Kaum Anshar mengetahui bahwa Rasul saw ingin mengetahui pendapat kaum Anshar. Oleh karena itu, Sa'ad bin 'Auf berkata: "Demi Allah, seakan-akan engkau menginginkan kami ya Rasulullah." Nabi menjawab, "benar." Kemudian kaum Anshar menyatakan apa yang mereka rasakan.

Mendengar pernyataan kaum Anshar itu hilanglah kekhawatiran dan ketakutan Nabi, bahkan beliau bergembira dan wajahnya berseri- seri. Rasulullah saw telah mendidik mereka berdasarkan Islam dan Islam tidak mengenal pasal-pasal perjanjian namun ia justru tenggelam dalam esensinya dan kedalamannya yang jauh. Kaum Anshar meyakinkan Nabi bahwa mereka benar-benar beriman kepadanya, mencintainya dan akan mendengarkan apa saja yang beliau katakan serta akan benar-benar menaati beliau.

Sa'ad bin Mu'ad berkata: "Ya Rasulullah, lakukanlah apa yang engkau inginkan dan kami akan bersamamu. Demi Zat yang mengutusmu dengan kebenaran, seandainya engkau membelah lautan lalu engkau menyelam di dalamnya niscaya kami akan menyelam bersamamu dan tidak ada seseorang pun di antara kami yang akan meninggalkanmu." Demikianlah keteguhan kaum Anshar. Kalimat tersebut menetapkan peperangan paling penting dan paling berbahaya dalam sejarah Islam.

Perasaan kaum Anshar dan Muhajirin dalam pasukan Rasul saw sangat berbeda dengan perasaan Nabi Musa ketika mereka mengatakan kepadanya, "pergilah engkau wahai Musa bersama Tuhanmu dan berperanglah, sesungguhnya kami di sini hanya duduk-duduk saja." Namun kaum Muslim menyatakan bahwa seandainya Rasul saw memerintahkan mereka untuk melalui lautan dengan berjalan kaki di atas ombaknya niscaya mereka akan melakukan hal itu walaupun berakibat pada tenggelamnya mereka dan kematian mereka dan tak seorang pun yang akan menentang perintah Rasul saw tersebut.

Akhirnya, kaum Muslim bersiap-siap untuk memasuki kancah peperangan lalu mereka membuat kemah-kemah yang di situ ditentukan tempat peristirahatan dan pergerakan tentara Islam. Tempat itu ditentukan oleh Rasul saw. Allah SWT membiarkan Rasul-Nya melakukan kesalahan dalam memilih tempat sehingga itu akan dapat menjadi pelajaran bagi kaum Muslim dalam kaidah umum dari kaidah-kaidah peperangan yaitu sikap pemimpin pasukan untuk mengambil suatu kebijakan yang penting yang berdasarkan pengalaman. Kemudian datanglah Habab bin Mundzir kepada Rasulullah saw dan bertanya kepadanya, "apakah tempat yang kita jadikan sebagai pusat pergerakan tentara kita merupakan pilihan dari Allah SWT dan Rasul-Nya hingga kita tidak dapat mendahuluinya dan mengakhirinya yakni kita tidak dapat memberikan pendapat kita ataukah itu hanya masalah yang bersifat tehnik yakni itu terserah pada pendapat kita dan sesuai kebijakan saat perang dan ia merupakan tipu daya semata?"

Rasulullah saw berkata: "Tetapi itu adalah pendapat pribadi, peperangan, dan tipu daya." Habab berkata: "Ya Rasulullah ini adalah tempat yang tidak tepat." Sahabat yang sarat pengalaman ini memilih tempat di mana pasukan Madinah dapat minum darinya sedangkan pasukan Mekah tidak dapat mengambil darinya. Kemudian berpindahlah pasukan Muslim menuju tempat yang telah ditentukan oleh pengalaman militer.

Sampailah pasukan Mekah di mana jumlah mereka mendekati seribu tentara dan mereka akan berhadapan dengan tiga ratus tujuh belas pasukan Muslim. Pasukan Quraisy berada di tempat yang jauh dari lembah.

Pasukan kafir terdiri dalam perang Badar dari pemuka-pemuka Quraisy dan pahlawan-pahlawan mereka, sedangkan pasukan Muslim terdiri dari keluarga-keluarga, ipar-ipar dan keluarga dekat dari pasukan kafir. Allah SWT telah menentukan agar seorang anak bertemu dengan ayahnya, saudara bertemu dengan sesama saudara dan sesama ipar bertemu di medan peperangan. Mereka semua dipisahkan dengan suatu prinsip di mana mereka ditentukan oleh pedang. Akhirnya, peperangan Badar pun terjadi dan kaidah utama adalah kaidah persaudaraan sesama Muslim. Dan ketika pasukan Muslim berpegang teguh di atas dasar Islam, maka pasukan kafir mulai terpecah belah namun keadaan tersebut mereka sembunyikan.

Lalu 'Utbah bin Rabi'ah berbicara di tengah-tengah pasukan Mekah dan mengajak mereka untuk menarik kembali dari peperangan. 'Utbah memberikan pernyataan sesuai dengan tuntutan akal sehat, "wahai orang-orang Quraisy demi Allah, jika kalian harus memerangi Muhammad, maka kalian akan menyesal karena kita berhadapan dengan saudara-saudara kita sendiri. Boleh jadi kita akan membunuh anak paman kita, atau salah seorang dari kerabat kita. Mengapa kalian tidak membiarkannya saja?"

Kalimat yang rasional tersebut cukup mengguncangkan pasukan Mekah. Sebagian tentara merasa puas dengan pernyataan tersebut karena mereka melihat bahwa tidak ada gunanya peperangan itu. Namun kebohohan justru memadamkan kalimat yang rasional itu. Abu Jahal menuduh bahwa yang mengucapkan kata-kata adalah orang yang penakut. Kemudian Abu Jahal lebih memilih pendapatnya untuk menetapkan terus memerangi kaum Muslim.

Pemimpin pasukan kafir yaitu Abu Jahal mengetahui bahwa Muhammad tidak pernah berbohong. Kitab-kitab sejarah menceritakan bahwa Akhnas bin Syuraif menyendiri dalam perang Badar bersama Abu Jahal sebelum terjadinya peperangan tersebut dan bertanya kepadanya, "wahai Abul Hakam, tidakkah engkau melihat bahwa Muhammad pernah berbohong? Abul Hakam menjawab: "Bagaimana mungkin ia berbohong atas Allah, sedangkan kami telah menamainya al-Amin (orang yang dapat dipercaya)." Peperangan tersebut bukan sebagai usaha untuk mendustakan Rasul saw tetapi itu hanya semata-mata untuk menjaga kepentingan-kepentingan sesaat dan keadaan ekonomi. Demikianlah orang-orang kafir mempertahankan nilai yang paling rendah yang ada di muka bumi yang juga dipertahankan oleh binatang, sementara kaum Muslim justru mempertahankan nilai yang paling tinggi di bumi dan di langit yang ikut serta di dalamnya para malaikat.

Kemudian datanglah waktu malam menyelimuti dua kubu. Tiga ratus tentara yang mukmin sudah bersiap-siap dan mendekati seribu tentara musyrik. Orang-orang musyrik datang dengan menunggangi tunggangan mereka dan tampak mereka memiliki persenjataan yang lengkap, sedangkan setiap orang Muslim datang di atas satu kendaraan. Pakaian yang dipakai orang-orang musyrik tampak masih baru dan pedang-pedang mereka tampak mengkilat serta baju besi yang mereka gunakan sangat unggul dan kuat. Alhasil, mereka memiliki persiapan yang sangat mengagumkan sedangkan pakaian yang dipakai orang-orang Muslim tampak sudah usang dan pedang-pedang kuno pun mereka gunakan dan baju besi yang mereka gunakan tampak tidak sempurna. Nabi melihat keadaan pasukannya lalu hati beliau tampak sedih melihat pasukan tersebut. Beliau berdoa kepada Tuhannya: "Ya Allah, Sesungguhnya mereka adalah orang-orang yang lapar, maka kenyangkanlah mereka. Ya Allah, sesungguhnya mereka adalah orang-orang yang tanpa alas kaki, maka tolonglah mereka. Ya Allah, Sesungguhnya mereka adalah orang-orang yang tidak berpakaian, maka berilah mereka pakaian."

Kemudian rasa kantuk menghinggapi mata kedua pasukan lalu mereka beristirahat di tengah-tengah malam. Jatuhlah hujan kecil yang membuat tempat itu basah sehingga kelembaban mengitari kaum Muslim. Hujan tersebut membasuh tanah perjalanan dan menghilangkan debu-debu kepayahan serta menyucikan hati dan membangkitkan kepercayaan atas kemenangan dari Allah SWT.

Allah SWT berfirman:

"(Ingatlah), ketika Allah menjadikan kamu mengantuk sebagai suatu penenteram dari-Nya, dan Allah menurunkan hujan dari langit untuk menyucikan kamu dengan hujan itu dan

menghilangkan dari kamu gangguan-gangguan setan dan untuk menguatkan hatimu dan memperteguh dengannya telapak kaki(mu)." (QS. al-Anfal: 11)

Datanglah waktu pagi di Badar lalu kaum Quraisy mulai menyerang, lalu Nabi memerintahkan pasukan Muslim untuk bertahan. Rasulullah saw bersabda: "Jika musuh mengepung kalian, maka usirlah mereka dengan panah dan janganlah kalian menyerang mereka sehingga kalian diperintahkan."

Demikianlah ketetapan militer yang sangat jitu yang berarti hendaklah kaum Muslim membentengi mereka di tempat-tempat mereka agar orang-orang musyrik mendapatkan kerugian dari serangan yang mereka lakukan. Kita mengetahui dari ilmu militer saat ini bahwa seorang yang menyerang memerlukan tiga atau tiga kali lipat dari jumlah yang biasa dilakukan sehingga serangannya betul-betul efektif; kita mengetahui bahwa jumlah pasukan musyrik tiga kali lipat dibandingkan dengan tentara Muslim. Kaum musyrik dilihat dari segi jumlah sangat memadai untuk memenangkan peperangan, dan persenjataan mereka lebih lengkap dari persenjataan kaum Muslim. Jumlah hewan yang mereka miliki pun sama dengan jumlah mereka, sedangkan tiap tiga orang Muslim berperang di atas satu tunggangan.

Keadaan saat itu sangat menguntungkan kaum musyrik. Tanda-tanda kemenangan tampak menyertai bendera kaum musyrik, tetapi kemenangan peperangan bukan karena kebesaran jumlah pasukan dan persenjataan yang lengkap. Terkadang peperangan justru dimenangkan oleh unsur spiritual yang tidak kelihatan. Spiritualitas tentara dan keimanannya tentang persoalan yang dipertahankannya serta keinginannya untuk mendapatkan dua kebaikan: kemenangan atau kematian dan hasratnya yang tinggi untuk meneguk madu syahadah, semua itu dapat mengubah seorang tentara menjadi makhluk yang tidak terkalahkan. Boleh jadi ia akan merasakan kematian tetapi jauh dari kekalahan. Demikianlah keadaan pasukan Muslim.

Sementara itu debu-debu berterbangan di atas kepala pasukan yang bertempur dan kaum Muslim mencurahkan tenaga yang keras dalam peperangan itu. Ketika dua pasukan saling bertemu dan bertempur,

Nabi saw melihat mereka, lalu Nabi saw menyaksikan pasukannya terjepit. Pasukan yang berjumlah sedikit dengan persenjataan yang tidak lengkap itu kini ditekan oleh orang kafir. Dalam keadaan demikian, Nabi saw meminta pertolongan kepada Tuhannya: 'Ya Allah, kirimkanlah bantuan dan pertolongan-Mu. Ya Allah, wujudkanlah janji-Mu kepadaku. Ya Allah, jika kelompok ini dihancurkan, maka Engkau tidak akan disembah setelahnya di muka bumi." Renungkanlah, bagaimana kesedihan Nabi saat terjadi peperangan itu. Oleh karena itu, kita dapat memahami mengapa Nabi saw meminta agar pasukannya dimenangkan.

Pemimpin pasukan tertinggi Muhammad bin Abdillah keluar berperang di jalan Allah SWT dan saat ini kematian sedang mengitari kaum Muslim, lalu apa yang dipikirkan oleh Nabi saw pada keadaan yang sulit tersebut? Pemikiran Nabi saw melebihi hal yang sekarang dan menuju pada hal yang akan datang, dan yang menjadi fokus Nabi adalah penyembahan Allah SWT di muka bumi: "Ya Allah, jika kelompok ini dihancurkan, maka Engkau tidak akan disembah setelahnya di muka bumi."

Nabi tidak terlalu mengkhawatirkan kehancuran kaum Muslim karena Nabi justru mengkhawatirkan sesuatu yang lebih besar dari itu. Yang beliau khawatirkan adalah penyembahan kepada Allah SWT akan berhenti di muka bumi. Oleh karena itu, Nabi meminta tolong kepada Tuhannya dan mengingatkan kembali kepada Tuhannya dan Allah SWT lebih tahu dari hal itu. Kemudian turunlah bala tentara malaikat yang dipimpin oleh Jibril.

Allah SWT berfirman:

"(Ingatlah), ketika kamu memohon pertolongan kepada Tuhanmu, lalu diperkenankankan-Nya bagimu: 'Sesungguhnya Aku akan mendatangkan bala bantuan kepada kamu dengan seribu malaikat

yang datang berturut-turut.' Dan Allah tidak menjadikannya (mengirim bantuan itu), melainkan sebagai kabar gembira dan agar hatimu menjadi tenteram karenanya. Dan kemenangan itu hanyalah dari sisi Allah. Sesungguhnya Allah Maha Perkasa lagi Maha Bijaksana." (QS. al-Anfal: 9-10)

Setelah itu Nabi saw menghampiri sahabat Abu Bakar dan berkata: "Sampaikan berita gembira wahai Abu Bakar, sesungguhnya telah datang kepadamu bantuan dari Allah SWT."

Turunnya para malaikat merupakan cara untuk meneguhkan kaum Muslim dan berita gembira kepada mereka. Mukjizat itu bukan terletak pada penyertaan para malaikat dalam peperangan, namun melalui nas-nas ditegaskan bahwa peranan malaikat tidak lebih dari sekadar membawa berita gembira dan memberikan dukungan moril serta memenuhi hati dengan ketenangan. Kami kira bahwa Allah SWT ingin agar para malaikat menyaksikan manusia-manusia malaikat yang mempertahankan akidah tauhid.

Demikianlah Allah SWT mewahyukan kepada malaikat bahwa Dia bersama mereka. Oleh karena itu, hendaklah orang-orang yang beriman merasa tenang dan kebenaran akan tertancap pada hati mereka sedangkan orang-orang kafir pasti akan merasakan ketakutan.

Allah SWT berfirman:

"(Ingatlah), ketika Tuhanmu mewahyukan kepada para malaikat: 'Sesungguhnya Aku bersama kamu, maka teguhkanlah (pendirian) orang-orang yang telah beriman.' Kelak akan Aku jatuhkan rasa ketakutan ke dalam hati orang-orang kafir, maka penggallah kepala mereka dan pancunglah tiap-tiap ujung jari mereka. (Ketentuan) yang demikian itu adalah karena sesungguhnya mereka menentang Allah dan Rasul-Nya; dan barangsiapa menentang Allah dan Rasul- Nya, maka sesungguhnya Allah amat keras siksaan-Nya. Itulah (hukum dunia yang ditimpakan atasmu), maka rasakanlah hukuman itu. Sesungguhnya bagi orang-orang yang kafir itu ada (lagi) azab neraka." (QS. al-Anfal: 12-14)

Lalu orang-orang kafir pun mengalami kekalahan. Setelah peperangan itu, terbunuhlah tujuh puluh kafir dan tujuh puluh tawanan dari mereka dan sebagian pasukan melarikan diri. Runtuhlah tokoh-tokoh kebencian dan kelaliman di peperangan tersebut. Hancurlahlah Abu Jahal, pemimpin pasukan, dan pahlawan-pahlawan Mekah kini terkapar.

Rasulullah saw berdiri di depan bangkai-bangkai orang-orang kafir dan berkata: "Wahai Utbah bin Rabi'ah, wahai Syaibah bin Rabi'ah, wahai Umayah bin Khalf, wahai Abu Jahal bin Hisam, apakah kalian menemukan apa yang dijanjikan oleh tuhan kalian kepada kalian. Sungguh aku telah menemukan apa yang dijanjikan Tuhanku." Orang-orang Muslim berkata: "Ya Rasulullah, apakah engkau memanggil kaum yang sudah mati?" Rasulullah berkata: "Kalian tidak mengetahui apa yang aku katakan kepada mereka, tetapi mereka tidak mampu menjawab perkataanku." Rasulullah saw tinggal tiga malam di Badar kemudian beliau kembali ke Madinah. Di depan beliau terdapat tawanan-tawanan perang dan ganimah.

Kaum Muslim sangat menanggung beban berat dengan banyaknya tawanan perang. Mula-mula Rasulullah saw bermusyawarah dengan sahabat Abu Bakar dan Umar. Abu Bakar berkata: "Ya Rasulullah, mereka adalah keturunan dari saudara-saudara dan keluarga, dan aku melihat lebih baik engkau mengambil fidyah (tebusan) dari mereka sehingga apa yang engkau ambil tersebut merupakan kekuatan bagi kita terhadap orang-orang kafir, dan mudah-mudahan Allah SWT memberi petunjuk kepada mereka sehingga mereka menjadi tulang punggung kita."

Kemudian Rasulullah saw menoleh kepada Umar bin Khattab sambil berkata, "bagaimana pendapatmu wahai Ibnul Khattab?" Lelaki itu berkata: "Demi Allah, aku tidak sependapat dengan apa yang dikatakan Abu Bakar tetapi aku berpendapat, seandainya aku mampu untuk bertemu dengan salah seorang kerabatku, maka aku akan memukul lehernya, dan seandainya Ali mampu bertemu dengan keluarganya, maka ia pun akan memukul lehernya begitu Hamzah sehingga Allah SWT mengetahui bahwa tidak ada di hati kita kelembutan kepada kaum musyrik."

Pasukan Madinah dan pasukan Mekah terdiri dari keluarga-keluarga yang terikat hubungan kekerabatan, namun kehendak Allah SWT menetapkan terjadinya peperangan sesama keluarga: antara anak dan orang tuanya. Umar menginginkan agar keadaan demikian terus berlanjut sehingga orang-orang musyrik mengetahui bahwa Islam tidak ingin berdamai. Kemudian Selesailah urusan itu dan terjadi peperangan di jalan Allah SWT dan mengangkat senjata dan berperang adalah suatu kewajiban yang tiada keraguan di dalamnya. Nabi saw menoleh kepada kaum Muslim dan mendapati sebagian besar mereka cenderung kepada pendapat Abu Bakar. Nabi saw mengikuti pendapat mayoritas saat itu. Pendapat mayoritas salah dan hanya Umar yang benar.

Ini adalah peperangan pertama yang dilalui oleh Islam. Hendaklah kaum Muslim harus meninggalkan dorongan kemanusiaan mereka, yakni orang-orang kafir harus dibunuh agar musuh-musuh Allah SWT mengetahui bahwa Islam telah memilih darah. Allah SWT telah mendukung Umar bin Khattab dalam Al-Qur'an sehingga Nabi saw dan Abu Bakar menangis ketika keduanya menyadari kesalahan mereka pada hari berikutnya, lalu Umar memergoki mereka dalam keadaan menangis dan ia bertanya, "apa yang menyebabkan Rasulullah saw dan temanya di gua menangis?" Kemudian Rasulullah saw membaca Al-Qur'an:

"Tidak patut bagi seorang Nabi mempunyai tawanan sebelum ia dapat melumpuhkan musuhnya di muka bumi. Kamu menghendaki harta benda duniawi sedangkan Allah menghendaki (pahala) akhirat (untukmu). Dan Allah Maha Perkasa lagi Maha Bijaksana. Kalau sekiranya tidak ada ketetapan yang telah terdahulu dari Allah, niscaya kamu ditimpa siksaan yang besar karena tebusan yang kamu ambil." (QS. al-Anfal: 67-68)

Kedua ayat itu mengatakan bahwa ini bukan saatnya melindungi para tawanan dan berusaha untuk menebus mereka. Waktu Demikian belum saatnya. Nabi tidak berhak memiliki tawanan kecuali jika ia telah melakukan banyak peperangan dan banyak berjihad dan telah banyak membunuh dan dakwahnya telah mapan.

Kedua ayat tersebut menyingkap tujuan di balik penebusan tawanan: *"Kamu menghendaki harta benda duniawi sedangkan Allah menghendaki (pahala) akhirat (untukmu)."*

Demikianlah pemikiran yang mempertimbangkan keadaan-keadaan aktual yang sulit. Itu adalah pemikiran yang bersifat taktik sebagaimana yang kita ungkapkan dalam istilah modern dan bukan pemikiran yang bersifat strategis. Kemudian para tawanan tersebut bukan tawanan biasa tetapi menurut istilah modern mereka adalah penjahat-penjahat perang. Oleh karena itu, nyawa mereka harus ditumpahkan saat mereka dapat ditangkap, meskipun mereka memiliki kekayaan yang banyak atau kedudukan yang tinggi. Islam tidak mengakui kekayaan atau kedudukan, yang diakuinya adalah keimanan, sedangkan pertimbangan-pertimbangan duniawi lainnya tidak dihiraukan oleh Islam.

Nas Al-Qur'an memperingatkan orang-orang yang menang bahwa kesalahan mereka bisa berakibat pada datangnya siksaan yang bakal mereka terima tetapi Allah SWT mengampuni mereka dan menurunkan rahmat-Nya: *"Kalau sekiranya tidak ada ketetapan yang telah terdahulu dari Allah, niscaya kamu ditimpa siksaan yang besar karena tebusan yang kamu ambil."*

Siksaan tersebut memang lebih dekat daripada pohon yang dekat ini, kemudian Allah SWT mengampuni mereka dan Allah SWT mengampuni sahabat-sahabat yang terjun di perang Badar, baik dosa yang lalu maupun dosa mereka yang akan datang.

Demikianlah Al-Qur'an ingin mendidik kaum Muslim agar mereka tidak banyak mempertimbangkan urusan manusiawi saat berperang. Jadi, Islam memulai peperangannya yaitu peperangan yang hanya ditujukan kepada Allah SWT dan hendaklah peperangan tersebut dihilangkan dari pertimbangan-pertimbangan yang sulit sehingga sahabat-sahabat Nabi mengetahui bahwa kecenderungan kepada kesenangan duniawi akan berakibat pada kekalahan mereka.

Dalam peperangan Uhud jumlah kaum musyrik tiga ribu sedangkan jumlah kaum Muslim tiga ratus pasukan setelah pemimpin orang-orang munafik Abdullah bin Saba' mengundurkan diri pasukan. Kaum Muslim diletakkan di gunung dan Rasulullah saw membuat rencana yang jitu untuk memenangkan pertempuran di mana beliau membagi pasukan pemanah di puncak gunung untuk melindungi punggung kaum Muslim dan melinduingi mereka dari serangan dari arah belakang. Rasulullah saw memberi pengertian kepada pasukan panah itu agar mereka tetap di tempatnya baik kaum Muslim menang maupun kalah. Yakni bahwa pasukan pemanah tidak boleh turun dari gunung dan meski berusaha untuk melindungi kaum Muslim. Rasulullah saw berkata kepada mereka. "lindungilah punggung-punggung kami. Jika kalian melihat kami sedang bertempur, maka kalian tidak usah turun darinya dan tidak usah menolong kami, dan jika kalian melihat kami memperoleh kemenangan dan mengambil ganimah, maka kalian tidak boleh ikut serta bersama kami."

Setelah membuat keputusan tersebut, Rasulullah saw kembali ke pasukan yang lain, lalu beliau membikin suatu rencana untuk menyerang. Dan Dimulailah peperangan kemudian pasukan Islam mendorong pasukan musyrik laksana angin yang kencang yang memporak-porandakan ribuan kaum musyrik. Pada tahapan pertama pasukan Islam tampak menguasai medan dan berhasil menyapu kaum musyrik sehingga pasukan Mekah tampak berputus asa meskipun mereka unggul secara bilangan dan meskipun mereka memiliki kuatan persenjataan yang lengkap, pasukan Mekah justru dikagetkan dengan ketangguhan pasukan Muslim yang dapat memukul mundur mereka hingga mereka membayangkan balwa mereka tidak dapat memenangkan peperangan atau dapat bertahan di hadapan pasukan Muslim.

Debu-debu peperangan mulai berterbangan yang menyertai tanda- tanda kekalahan pasukan Mekah. Sementara itu, para pemanah yang diletakkan Rasulullah saw di suatu tempat yang strategis berpikir untuk memperoleh ganimah. Pasukan Mekah telah kalah dan mereka telah melarikan diri dari pasukan Muslim, maka bagaimana seandainya para pemanah turun dari tempat mereka untuk mengumpulkan harta rampasan dan ganimah. Rasulullah saw telah mengingatkan mereka agar jangan meninggalkan tempat mereka, apa pun yang terjadi tetapi pasukan pemanah itu justru berkhianat dan menentang perintah Nabi saw setelah mereka membayangkan bahwa peperangan telah selesai dan keuntungan akan diperoleh pasukan Madinah yang beriman.

Pasukan pemanah mengira bahwa Allah SWT akan menutupi kesalahan mereka dan akan melindungi mereka sehingga mereka berhasil mengambil harta rampasan dan ganimah. Sungguh keikhlasan telah tercabut dari hati sebagian pasukan. Belum lama hal tersebut berlangsung sehingga terjadilah perubahan yang drastis pada peperangan. Pemimpin pasukan berkuda musyirik dalam peperangan Uhud yaitu Khalid bin Walid yang kemudian ia menjadi tokoh Muslim adalah orang yang sangat jenius dalam peperangan. Begitu ia melihat pasukan pemanah lari dari tempat mereka, maka ia melihat celah yang terbuka di tengah-tengah kaum Muslim, sehingga ia segera memutarkan kudanya dan disertai pasukan yang mengikutinya. Kemudian ia menyerang kaum Muslim dari belakang. Serangan yang dilakukan Khalid itu sangat cepat dan sangat mengejutkan. Orang-orang musyrik mengambil kesempatan emas. Mereka yang tadinya lari, kini mereka menarik diri dan justru menyerang kembali.

Pasukan Muslim dikepung dari dua arah oleh pasukan berkuda: satu dari belakang dan yang lain dari depan. Kemudian berjatuhanlah korban-korban dari pasukan Muhammad bin

Abdillah. Banyak di antara mereka yang mati sebagai syahid saat mempertahankan dan melindungi Rasulullah saw, bahkan sang Nabi pun hidungnya terluka dan giginya pun runtuh dan kepala beliau yang mulia terluka sehingga beliau mengucurkan darah.

Kemudian tersebarlah isu bahwa Muhammad saw telah meninggal. Ketika mendengar itu, kaum Muslim sangat terpukul dan sangat sedih sehingga kaum Muslim pun terpecah-pecah. Sebagian mereka kembali ke Mekah dan sekelompok yang lain ke atas gunung dan mereka tetap menjaga Nabi saw yang mulia. Ketika mendengar kematian Nabi, Anas bin Nadhir berkata kepada kaumnya: "Bangkitlah kalian dan matilah seperti kematiannya. Apa yang kalian lakukan setelah kalian hidup sesudahnya."

Pasukan Muslim tetap bertahan dan melakukan peperangan, lalu tekanan kaum musyrik semakin berat kepada Nabi saw dan para sahabatnya. Kemudian terjadilah kejadian yang paling sulit dalam sejarah umat Islam. Nabi saw berteriak saat melihat kaum musyrik menekannya dan berusaha membunuhnya: "Barangsiapa yang dapat mengusir mereka dariku, maka baginya surga."

Mendengar perkataan itu, kaum Muslim segera mengitari Nabi saw dan melindungi beliau sehingga banyak dari mereka berguguran sebagai syahid. Bahkan sahabat-sahabat Abu Juanah melindungi Nabi saw sampai-sampai punggungnya dipenuhi dengan anak-anak panah. Ia bagaikan baju besi yang dipakai kepada Nabi saw dan ia tetap kokoh melindungi sang Nabi saw. Kemudian berubahlah keadaan karena keteguhan dan keberanian yang diperlihatkan oleh kaum Muslim. Pasukan Mekah merasa puas dan mereka memilih untuk menarik diri. Saat itu orang-orang Quraisy tidak lebih sedikit penderitaannya daripada orang-orang Muslim.

Setelah peperangan yang dahsyat itu, kaum musyrik menarik diri setelah mereka berhasil membunuh beberapa orang Muslim, bahkan mereka berhasil melukai pemimpin pasukan yaitu sang Nabi saw. Semua itu terjadi karena satu kesalahan yaitu kesalahan terletak pada penentangan dan pembangkangan para pemanah terhadap perintah sang Rasul saw dan usaha mereka untuk meninggalkan tempat mereka.

Ketika sebagian kelompok dari sahabat kehilangan pengorbanan dan kehilangan sikap ikhlas dalam hati mereka, maka kesalahan tersebut harus dibayar oleh tentara yang paling berani dan mulia di antara mereka yaitu sang Nabi saw. Langit tidak ikut campur untuk menyelamatkan pasukan Islam itu. Kesalahan kaum Muslim itu harus dibayar oleh Rasul saw di mana wajah beliau pun terluka bahkan keluar darah yang cukup deras dari luka beliau sehingga setiap kali dituangkan air di atas luka itu, maka darah pun semakin deras mengucur. Darah itu tidak berhenti kecuali setelah dibakarkan potongan tembikar lalu dilekatkan di atasnya.

Luka beliau bukan hanya bersifat materi tetapi luka spiritual beliau dan ruhani beliau pun semakin bertambah. Ini beliau rasakan ketika mendengar bahwa pamannya Hamzah gugur sebagai syahid dan tidak cukup dengan itu, bahkan istri Abu Sofyan yaitu Hindun membelah perutnya dan mengeluarkan jantungnya serta mengunyahnya dengan mulutnya. Semua itu semakin menambah kesedihan sang Nabi.

Kaum Quraisy menguasi pasukan Muslim dan mereka memberlakukan dan menekan kaum Muslim secara aniaya. Seandainya bukan karena rahmat Allah SWT niscaya kaum Muslim akan mengalami kekalahan yang telak. Kemudian turunlah dalam Al-Qur'an al-Karim ayat-ayat yang mendidik kaum Muslim agar mereka benar-benar ikhlas dan memahamkan mereka bahwa kekalahan mereka sebagai akibat dari adanya pasukan di antara mereka yang menginginkan dunia meskipun di antara mereka ada sebagian yang menginginkan akhirat. Jika terjadi demikian, maka tidak adajalan untuk memperoleh kemenangan. Ini bukanlah hal yang diinginkan oleh pasukan Muslim, yang diharapkan adalah hendaklah semua pasukan tertuju untuk mencapai ridha Allah SWT dan hanya mengharapkan akhirat. Jika demikian halnya, maka Allah SWT akan memberi mereka dunia dan akhirat.

Allah SWT berfirman dan menceritakan peperangan Uhud dalam surah Ali 'Imran:

"Di antaramu ada orang yang menghendahi dunia dan di antara kamu ada orang yang menghendaki akhirat. Kemudian Allah memalingkan kamu dari mereka untuk menguji kamu; dan sesungguhnya Allah telah memaafkan kamu. Dan Allah mempunyai karunia (yang dilimpahkan) atas orang-orang yang beriman." (QS. Ali 'Imran:: 152)

Allah SWT memaafkan hal itu. Orang-orang Muslim kini menghitung jumlah korban mereka dan mengobati orang-orang yang terluka. Rasulullah saw bertanya tentang pamannya Hamzah, dan ketika beliau mendapatinya di tengah-tengah sahabat yang gugur, dan orang-orang kafir telah merusak jasadnya, maka beliau berkata dalam keadaan menangis: "Tidak akan ada orang yang akan tertimpa sepertimu selama-lamanya."

Kemudian Nabi saw berdiri dan memuji Allah SWT lalu beliau memerintahkan untuk mengembalikan orang-orang yang terbunuh dari kaum Muslim ke tempat asal mereka di mana mereka terbunuh. Saat itu keluarga mereka telah membawanya ke kuburan kemudian Nabi saw mengumpulkan kedua orang laki-laki dari pahlawan- pahlawan Uhud dalam satu pakaian dan beliau bertanya siapa di antara keduanya yang paling banyak mengambil manfaat dari Al- Qur'an. Jika diisyaratkan kepada salah satunya, maka beliau akan mendahulukannya untuk dimasukan dalam liang lahad.

Rasulullah saw juga memerintahkan agar mereka dikebumikan dengan darah mereka dan beliau pun tidak mensalati mereka, serta tidak memandikan mereka. Allah SWT ingin memperlihatkan bagaimana mereka dibangkitkan pada hari kiamat lalu beliau bersabda: "Tiada seorang pun yang terluka di jalan Allah SWT kecuali Allah SWT membangkitkannya di hari kiamat dalam keadaan di mana lukanya akan mengucur darah. Warna itu adalah warna darah dan baunya seperti minyak misik."

Bukanlah penderitaan yang dalam yang merupakan pelajaran yang harus dimengerti kaum Muslim dari peperangan Uhud sebagai akibat dari pembangkangan mereka dari perintah Rasul saw dan ketidaktaatan mereka kepadanya, tetapi wahyu juga menurunkan berbagai pelajaran yang lain yang dapat dimanfaatkan. Pelajaran yang terpenting setelah pelajaran kesetiaan adalah penjelasan tentang central utama yang di situ kaum Muslim berkumpul. Pribadi Rasulullah saw bukanlah markas yang di situ kaum Muslim berkumpul yang ketika pribadi Rasulullah saw yang mulia pergi karena satu dan lain hal, maka orang-orang Muslim akan pergi dan meninggalkan beliau. Tidak seharusnya pribadi Rasul saw menjadi markas atau central tetapi yang menjadi central dari semuanya adalah pemikiran beliau. Itulah yang paling penting.

Demikianlah bahwa Al-Qur'an al-Karim mencela orang-orang yang meletakkan senjatanya ketika tersebar isu terbunuhnya Nabi saw. Islam tidak akan mencapai puncaknya ketika kaum Muslim berkumpul di sisi Rasulullah saw saat beliau masih hidup namun ketika beliau terbunuh atau mati, maka mereka murtad di mana mereka membuang senjatanya dan pergi mengurusi diri mereka sendiri. Orang-orang Islam adalah orang-orang yang mengikuti prinsip bukan mengikuti pribadi. Muhammad bin Abdillah memang seorang pemimpin manusia dan Imam para rasul dan penutup para nabi, dan sebagai makhluk Allah SWT yang paling mulia, namun ini semua tidak membenarkan bahwa seorang Muslim diperbolehkan untuk meletakkan senjatanya ketika Rasul saw wahfat atau terbunuh. Hendaklah seorang Muslim memanggul senjatanya dan tidak membuang dari tangannya kecuali dalam dua keadaan: pertama ketika ia telah memperoleh kemenangan dan kedua ketika ia telah mati.

Nas Al-Qur'an menjelaskan secara gamblang hubungan kaum Muslim dengan akidah Islam, bukan dengan pribadi sang Rasul saw. Allah SWT berfirman:

"Muhammad itu tidak lain hanyalah seorang Rasul, sungguh telah berlalu sebelumnya beberapa orang rasul. Apakah jika dia wafat atau dibunuh kamu berbalik ke belakang (tnurtad)? Barangsiapa yang berbalik ke belakang, maha ia tidak dapat mendatangkan mudarat kepada Allah sedikit pun; dan Allah akan memberi balasan kepada orang-orang yang bersyukur." (QS. Ali 'Imran: 144)

Demikianlah bahwa peperangan Uhud telah membawa dampak yang luar biasa terhadap kaum Muslim, utamanya terhadap Nabi saw. Orang-orang yang terbunuh di perang Uhud adalah sahabat-sahabat yang paling mulia dan paling banyak imannya. Mereka adalah pilihan dari orang-orang Muslim yang pertama; mereka memikul beban dakwah di saat-saat yang sulit bahkan mereka harus berhadapan dan memusuhi kerabat mereka dan teman-teman mereka; mereka menjadi terasing saat menyatakan keislaman mereka sebelum hijrah dan sesudahnya; mereka telah menginfakkan harta; mereka berjuang di jalan Allah SWT; mereka telah bersabar dalam menanggung berbagai macam penderitaan, dan ketika datang saat yang paling berbahaya dan pasukan Islam telah terkepung di mana jiwa Rasul saw telah terancam, mereka justru mencurahkan darah mereka bagaikan lautan yang menenggelamkan orang-orang kafir dan mereka mampu melindungi sang Rasul saw dan mengubah jalan peperangan serta menyelamatkan akidah tauhid.

Peperangan Uhud bukanlah pengorbanan pertama yang dilakukan oleh kaum Muslim dan bukanlah merupakan peperangan yang terakhir. Ia adalah satu peperangan di antara cukup banyak peperangan yang dilalui oleh Islam untuk menyebarkan kalimat Allah SWT di muka bumi dan membimbing hamba-hamba-Nya. Begitu juga pengorbanan Rasul saw, dan peperangan Uhud bukanlah pengorbanan yang pertama terhadap Islam dan bukan juga yang terakhir. Rasulullah saw telah hidup setelah diutusnya kepada manusia di mana beliau telah memberikan semuanya untuk kehidupan dan untuk dakwah; beliau tidak memiliki dirinya sendiri; beliau tidak memboroskan waktunya dengan sia-sia bahkan beliau beristirahat sedikit saja. Semua kehidupan beliau diberikan kepada dakwah dan untuk Islam. Beliau menjalani berbagai macam peperangan dan beliau memikul berbagai macam penderitaan dan belum lama beliau lari dari suatu problem kecuali beliau berhadapan dengan problem yang baru dan lain; belum lama beliau menyelesaikan suatu krisis kecuali beliau menghadapi krisis yang lain. Demikianlah kehidupan sang Nabi saw di mana beliau selalu memberikan kontribusi dan sumbangannya demi kepentingan agama Allah SWT.

Silakan Anda mengamati kehidupan sang Rasul saw dari sudut manapun yang Anda inginkan niscaya Anda tidak akan menemukan sudut dari sudut-suduut kehidupan beliau kecuali dimulai dan dipenuhi dengan pergulatan yang hebat.

Rasulullah saw telah melalui pergulatan militer dalam berbagai macam pertempuran yang silih berganti yang beliau lakukan. Beliau memulai pergulatan politiknya yang terwujud dalam perundingan- perundingan dan surat-surat yang beliau kirimkan kepada penguasa dan para raja di berbagai negara agar mereka memeluk Islam, bahkan beliau melakukan pergulatannya dalam masalah pribadi di rumah tangga. Rumah tangga beliau pun tidak kosong dari pergulatan. Beliau adalah pejuang sejati dalam setiap waktu. Kalau kita mengenal Nabi Ibrahim sebagai seorang musafir di jalan Allah SWT, maka Muhammad bin Abdillah adalah seorang pejuang di jalan Allah SWT. Belum lama peperangan Uhud berakhir sehingga pengaruh-pengaruh buruknya berbekas pada kaum Muslim. Orang- orang Arab Badui mulai berani bersikap kurang ajar kepada mereka, demikian juga orang-orang Yahudi, apalagi orang-orang munafik dan tidak ketinggalan orang-orang Quraisy pun mulai menyudutkan kaum Muslim.

Kemudian datanglah utusan dari kabilah Arab kepada Rasul saw dan mereka mengatakan kepada beliau bahwa mereka mendengar tentang Islam dan mereka ingin memeluknya, maka hendaklah beliau mengutus kepada mereka beberapa dai dan mubalig untuk mengajari mereka tentang dasar-dasar agama. Nabi saw mengutus bersama mereka sekelompok para dai yang dipimpin oleh 'Ashim bin Tsabit. Temyata orang-orang itu berkhianat atas para sahabat-sahabat yang berdakwah itu dan mereka pun dibunuh. Bahkan tiga di antara mereka ditawan dan dijual di Mekah. Dijualnya mereka di Mekah berarti mereka diserahkan pada kelompok orang-orang Quraisy yang telah lama menunggu untuk menangkap kaum Muslim. Kaum Quraisy Mekah membunuh tiga tawanan kaum Muslim itu. Orang-orang Muslim sangat sedih mendengar dai-dai Allah SWT itu terbunuh dengan cara yang begitu tragis.

Ketika datang kepada Nabi saw orang-orang yang minta pada beliau agar dikirim utusan dari kalangan mubaligh untuk menyebarkan Islam untuk para kabilah kaum Najd, maka Nabi kali ini betul-betul mempertimbangkan antara kepentingan menyebarkan Islam dan perlindungan terhadap kehormatan manusia. Lalu beliau memilih untuk kepentingan dakwah Islam. Beliau menyadari bahwa beliau mengutus para sahabatnya dalam bahaya; beliau memberitahu mereka bahwa mereka akan menghadapi suatu keadaan yang misterius yang tiada mengetahuinya kecuali Allah SWT. Namun bahaya tersebut sudah menjadi bagian dari cita rasa kehidupan yang selalu meliputi dakwah Islam.

Ketika Nabi saw mengutarakan kekhawatirannya terhadap para sahabatnya yang bakal diutusnya di tengah kabilah itu, orang-orang yang meminta beliau untuk mengutus para sahabatnya menyakinkan beliau bahwa mereka akan melindungi sahabat beliau. Kemudian Nabi saw memerintahkan tujuh puluh orang pilihan dari sahabatnya untuk pergi dan berjihad di jalan Allah SWT serta mengajak manusia untuk mengikuti Islam. Lalu pergilah para sahabat yang kemudian dikenal dengan sebutan *al-Qurra'* (yaitu orang-orang yang pandai membaca Al-Qur'an dan menghapalnya). Mereka adalah para dai yang terbaik yang diutus Nabi di mana pada siang hari mereka memikul kayu bakar dan pada malam hari mereka sibuk dalam keadaan salat. Ketika datang perintah Rasulullah saw kepada mereka untuk pergi dan berdakwah mereka pun pergi dalam keadaan gembira karena mereka diajak untuk berjihad di jalan Allah SWT. Mereka melangkahkan kaki dengan mantap di tanah orang-orang munafik dan para penghianat sehingga mereka sampai di suatu sumur yang bemama sumur Ma'unah. Kemudian mereka mengutus salah seorang di antara mereka untuk menemui pemimpin orang- orang kafir di negeri itu. Mubalig dari sahabat Rasulullah saw itu menyampaikan surat Nabi yang dibawanya di mana beliau mengharapkan agar masyarakat di situ masuk Islam, tetapi ia dikagetkan dengan adanya pisau yang menembus punggungnya. Mubaligh itu berteriak saat ia tersungkur: "sungguh aku beruntung demi Tuhan pemelihara Ka'bah."

Kemudian pemimpin orang-orang kafir itu mengangkat senjata dan mengumpulkan para kabilah untuk memerangi para mubaligh di jalan Allah SWT itu sehingga sahabat-sahabat terbaik yang berdakwah di jalan Allah SWT itu pun gugur di sumur Ma'unah. Jasad-jasad mereka menjadi makanan dari burung nasar dan burung- burung yang lain. Dari tujuh puluh orang yang dikirim itu hanya seorang yang selamat yang kembali kepada Nabi saw. Ia menceritakan apa yang dialami oleh fuqaha-fuqaha Muslimin di mana mereka dikhianati. Ketika mendengar berita tentang tragedi itu, Nabi sangat terpukul dan sedih. Kemudian beliau mengangkat kepalanya dan berkata kepada sahabat-sahabatnya: "Sungguh sahabat-sahabat kalian telah terbunuh dan mereka telah meminta kepada Tuhan mereka. Mereka mengatakan, Tuhan kami, berikanlah kami ujian sesuai dengan kehendak-Mu dan ridha-Mu. Apa saja yang menjadi kepuasan-Mu kami pun akan merasakan kepuasan."

Sungguh penderitaan yang dialami oleh Islam sangat berat, terutama yang menimpa para sahabat yang gugur sebagai syahid di sumur Ma'unah. Nabi saw sangat sedih mendengar sikap orang-orang Arab dan orang-orang kafir terhadap Islam. Mereka telah mengejek dan merendahkan kaum mukmin sampai pada batas ini. Kemudian beliau menetapkan akan kembali mengangkat kewibawaan Islam dengan tindak kekerasan.

Dalam keadaan seperti ini, bergeraklah orang-orang Yahudi untuk membunuh Rasulullah saw. Pada suatu hari beliau pergi ke Bani Nadhir untuk menyelesaikan suatu urusan. Kemudian mula-mula mereka menampakkan persetujuan atas apa yang diucapkan beliau. Mereka mendudukkan Nabi di bawah naungan benteng-benteng mereka, lalu mereka bersekongkol untuk melenyapkan beliau; mereka menetapkan untuk melemparkan batu yang berat dari atas benteng itu saat beliau duduk dan tidak membayangkan akan terjadinya kejahatan yang direncanakan padanya. Namun Allah SWT mengilhami Rasul-Nya akan datangnya bahaya kepada beliau, lalu beliau bangun sebelum pelaksanaan tipu daya itu. Lalu beliau segera pergi menuju rumahnya. Beliau berpikir saat beliau kembali ke rumahnya dengan membawa penderitaan yang baru. Pembangkangan dan pengkhianatan tersebut tidak akan dapat berhenti kecuali setelah Islam menunjukkan taringnya. Islam ingin mengembalikan kewibawaannya dengan cara mengangkat senjata.

Rasul saw mengutus utusan ke Bani Nadhir dan memerintahkan mereka untuk keluar dari Madinah, bahkan Rasul saw memberi waktu kepada mereka hanya sepuluh hari. Kemudian orang-orang munafik yang ada di Madinah bersatu bersama orang-orang Yahudi dan mereka sepakat untuk memerangi Islam. Namun ketika berhadapan dengan Islam, orang-orang Yahudi menelan kekalahan. Kemudian turunlah surah al-Hasyr yang menyebutkan pengusiran orang-orang Yahudi dan menyingkap kedok orang-orang munafik. Setelah kemenangan yang meyakinkan ini, Rasul saw keluar bersama sahabatnya untuk membalas kejadian yang menimpa sahabat-sahabatnya yang dikenal dengan *al-Qurra'* itu. Rasul saw ingin mengembalikan kewibawaan Islam. Kemudian pasukan Rasul saw itu mampu membuat para pengkhianat dari orang-orang Arab ketakutan. Hanya sekadar mendengar nama pasukan Muslim, maka serigala-serigala gurun yang dulu bengis itu pun ketakutan laksana tikus-tikus yang panik yang bersembunyi di bawah lobang-lobang gunung. Orang-orang Quraisy mendengar kegiatan pasukan Islam. Pasukan Quraisy menarik diri saat mereka mendekati Dahran, sementara pasukan Muslim berada di Badar. Mereka menunggu pertemuan yang disepakati di Uhud. Orang-orang Muslim menyala- kan api selama delapan hari sebagai bentuk tantangan dan menunggu kedatangan kaum kafir sehingga ketika mereka (kaum kafir) telah pergi, maka citra kaum Muslim pun terangkat setelah mereka menerima kepahitan dalam peperangan Uhud.

Kaum Muslim menoleh ke arah utara jazirah Arab setelah menetapkan kewibawaan mereka di selatan. Kabilah di sekitar Daumatul Jandal dekat dengan Syam merampok di tengah jalan dan merampas kafilah yang berlalu di situ, bahkan kenekatan mereka sampai pada batas di mana mereka berpikir untuk menyerbu Madinah. Oleh karena itu, Rasulullah saw keluar bersama seribu orang Muslim yang mereka bersembunyi di waktu siang dan berjalan di waktu malam, sehingga setelah lima belas malam beliau sampai ke tempat yang dekat dengan tempat tinggal musuh-musuh mereka lalu mereka menggerebek tempat itu. Pasukan kafir itu dikagetkan dengan kedatangan kaum Muslim yang begitu cepat.

Kita akan mengetahui bahwa alat komunikasi yang dimiliki oleh Rasulullah saw sangat unggul sebagaimana alat pertahanan beliau pun sangat unggul. Serangan mendadak yang dilakukan oleh pasukan Rasulullah saw menunjukkan bahwa mereka memiliki pertahanan yang luar biasa. Sistem pertahanan yang luar biasa sebagaimana kedatangan pasukan yang secara tiba-tiba itu menunjukkan kemampuan pasukan Islam untuk menyusup.

Demikianlah, terjadilah hari-hari pertempuran militer. Belum lama Nabi saw meletakkan baju besinya, dan beliau kembali membangun pribadi kaum Muslim sehingga beliau terpaksa kembali memakai baju besinya dan kembali berperang. Ketika musuh-musuh Islam yang berada di sekelilingnya melihat bahwa kemampuan militer mereka tidak dapat menandingi kemampuan kaum Muslim, maka mereka sengaja melakukan cara-cara baru untuk memerangi Islam. Yaitu peperangan psikologis atau peperangan urat syaraf dengan cara menyebarkan berbagai macam isu atau apa yang dinamakan Al-

Qur'an al-Karim dengan peristiwa *al-Ifik* (kebohongan). Setelah peperangan Bani Musthaliq yaitu peperangan yang membawa kemenangan yang cepat bagi kaum Muslim, terjadilah kesalahpahaman dan pertengkaran di antara sahabat-sahabat yang biasa mengambil air di mana salah seorang mereka berteriak: "wahai kaum Muhajirin," dan yang lain berteriak: "Wahai kaum Anshar."

Peristiwa yang sangat sepele itu dimanfaatkan oleh pemimpin kaum munafik yaitu Abdullah bin Ubai. Abdullah bin Ubai memprovokasi orang-orang Anshar untuk menyerang kaum Muhajirin. Ia ingin membangkitkan luka-luka jahiliah yang lama yang telah dibuang dan telah dikubur oleh Islam, Salah satu yang dikatakan oleh Ibnu Ubai adalah, "sungguh mereka telah menyaingi kita dan mengambil kebaikan dari dan seandainya kita telah kembali ke Madinah niscaya orang-orang yang mulai akan dapat mengusir orang-orang yang hina di dalamnya."

Zaid bin Arqam menyampaikan kalimat si munafik itu kepada Nabi saw, di mana kalimat itu berisi provokasi terhadap orang-orang Anshar untuk menyerang kaum Muhajirin. Ubai menginginkan agar mereka berpecah belah dan agar kesatuan mereka runtuh. Si Munafik itu segera datang kepada Rasul saw dan menafikan apa yang dikatakannya. Orang-orang Muslim secara lahiriah membenarkan perkataan si munafik itu dan mereka justru menuduh Zaid bin Arqam salah mendengar. Tetapi hakikat peristiwa itu tidak tersembunyi dari Nabi saw sehingga peristiwa itu sangat menyedihkan beliau. Lalu beliau mengeluarkan perintah agar para sahabat pergi ke suatu tempat yang tidak biasanya mereka lalui. Kemudian beliau pergi bersama sahabat di hari itu sampai waktu malam menyelimuti mereka. Dan kini, mereka memasuki waktu pagi. Kepergian yang singkat dan tiba-tiba itu mampu menepis kebohongan yang dirancang oleh si Munafik, Abdullah bin Ubai. Yaitu kebohongan yang bertujuan untuk membakar persatuan kaum Muslim ketika ia berusaha untuk menyalakan api di tengah-tengah rumah sang Nabi saw.

Ketika Nabi masih memiliki kekuatan yang menakutkan bagi yang mencoba melawannya, maka mereka pun melakukan berbagai penipuan dan, makar. Dan salah satu yang menjadi obyek tipu daya itu adalah istri beliau, yaitu Aisyah. Alkisah, Aisyah pada suatu hari pergi untuk memenuhi hajatnya lalu dilehernya terdapat anting-anting. Setelah ia memenuhi hajatnya, anting-anting itu terjatuh dari lehernya dan ia tidak mengetahui. Ketika Aisyah kembali dari kafilah yang telah siap-siap untuk pergi, ia kembali mencari kalungnya sampai ia menemukannya. Sementara itu orang-orang yang membawanya dalam tandu (haudaj) mengira Aisyah sudah berada di dalamnya. Mereka tidak ragu dalam hal itu karena memang berat badan Aisyah sangat ringan.

Pasukan Nabi berjalan dan membawa tandu, sedangkan Aisyah tidak ada di dalamnya. Aisyah kembali dan tidak mendapati pasukan di mana mereka telah pergi. Aisyah merasa heran atas kepergian pasukan yang begitu cepat. Aisyah merasa takut saat ia berdiri sendirian di padang gurun. Aisyah berusaha bersikap baik, ia duduk di tempatnya di mana di situlah untanya duduk juga. Aisyah melipat-lipat pakaiannya sambil berkata dalam dirinya: Mereka akan mengetahui bahwa aku tidak ada dan karena itu mereka akan kembali mencariku dan akan menemukan aku.

Sementara itu, Sofwan bin Mu'athal juga tertinggal karena ia melakukan keperluannya. Ia berjalan dari arah yang jauh lalu ia melihat bayangan orang yang tidak begitu jelas. Sofwan mendekat dan tiba-tiba ia mengetahui bahwa ia sedang berdiri di hadapan Aisyah. Ia melihat Aisyah sebelum diwajibkannya perintah memakai hijab (jilbab) atas istri-istri Nabi. Ketika melihatnya, Sofwan berkata: "Sesungguhnya kita milik Allah SWT dan kepadanya kita akan kembali,... istri Rasulullah Aisyah tidak menjawab.

Sofwan mundur dan mendekatkan untanya kepadanya sambil berkata: "Silakan Anda menaikinya." Aisyah pun menaikinya. Kemudian Sofwan membawanya pergi dan mencari pasukan yang telah meninggalkannya. Sementara itu, pasukan Nabi sedang beristirahat. Para sahabat mengira bahwa Aisyah masih berada dalam tandu. Tiba-tiba mereka terkejut ketika Aisyah datang kepada mereka bersama Sofwan yang menuntun untanya.

Tokoh munafik Abdullah bin Ubai segera memanfaatkan kesempatan emas ini. Ia membuat kisah bohong yang terkesan menuduh istri Nabi melakukan pengkhianatan. Abdullah bin Ubai pandai memilih beberapa sahabat yang dikenalinya sebagai orang-orang yang mudah percaya dan cenderung membenarkan hal-hal yang bersifat lahiriah, atau ia mengetahui bahwa di antara mereka dan Aisyah terdapat kedengkian sehingga mereka suka jika tersebar kebohongan yang berkenaan dengan Aisyah.

Demikianlah pemimpin munafik itu berhasil menjerat beberapa sahabat dalam tali kebohongannya, di antaranya Hasan bin Sabit. Musthah, dan seorang wanita yang dipanggil Hamnah binti Jahasv. yaitu saudara perempuan Zainab binti Jahasy istri Rasulullah saw. Ketiga orang itu tertipu dengan kebohongan tersebut lalu mereka menyebarkannya sehingga orang-orang yang terjerat dalam kebohongan itu mengatakan apa saja yang mereka inginkan. Akhirnya. pasukan pun berguncang dengan isu itu. Sementara itu, Aisvah tidak mengetahui sedikit pun tentang hal tersebut. Isu tersebut bertujuan untuk menjatuhkan Islam dan melukai perasaan RasuhiHah saw dan itu termasuk peperangan menentang Rasulullah saw dan ajaran yang dibawanya. Begitu juga ia bertujuan menunjukkan bahwa kaum Muslim tidak konsekuen dengan akidah yang mereka yakini dan secara tidak langsung ia juga menyerang kesucian rumah tangga Aisyah.

Pasukan kembali ke Mekah dan Aisyah jatuh sakit, namun ia tidak mengetahui isu-isu yang dikatakan tentang dirinya. Kemudian Rasulullah saw mendengar hal itu sebagaimana ayahnya Abu Bakar dan ibunya pun mendengarnya, namun tak seorang pun di antara. mereka yang memberitahu Aisyah. Begitu juga Rasul saw tidak menceritakan peristiwa itu di hadapan Aisyah. Namun sikap beliau berubah di mana beliau tidak lagi menunjukkan perhatiannya seperti biasanya saat Aisyah sakit. Ketika beliau menemui Aisyah dan saat itu ibunya ada di situ, beliau berkata: "Bagaimana keadaanmu?" Beliau tidak lebih dari mengucapkan kata-kata itu. Ketika Aisyah melihat perubahan sikap Rasul saw, ia mulai marah. Pada suatu hari ia berkata pada Nabi: "Seandainya engkau mengizinkan aku, niscaya aku akan pindah ke tempat ibuku." Beliau menjawab: "Itu tidak ada masalah."

Aisyah pun pindah ke tempat ibunya dan ia tidak mengetahui sama sekali apa yang sebenarnya terjadi padanya. Setelah melalui lebih dari dua puluh malam, Aisyah sembuh dari sakitnya dan ia pun belum mengetahui hal-hal yang dikatakan tentang dirinya. Umul mu'minin Aisyah menceritakan bagaimana ia mengetahui isu bohong tersebut dan bagaimana Allah SWT membebaskannya dari isu itu, ia berkata:

"Kami adalah kaum Arab di mana kami tidak mengambil di rumah kami tanggung jawab ini yang biasa di ambil oleh orang-orang Ajam. Kami membencinya. Kami keluar untuk menikmati keluasan kota. Sementara itu para wanita keluar pada setiap malam untuk memenuhi hajat mereka. Pada suatu malam, aku keluar bersama Ummu Musthah untuk memenuhi sebagian keperluanku. Lalu ia berkata: "Tidakkah kau sudah mendengar suatu berita wahai putri Abu Bakar?" Aku bertanya, "berita apa itu?" Lalu ia memberitahukan padaku apa-apa yang dikatakan oleh para penyebar kebohongan. Aku berkata: "Apa ini memang benar?" Ia menjawab: "Demi Allah, ini benar-benar terjadi." Aisyah berkata: "Demi Allah, aku tidak mampu memenuhi hajatku." lalu aku pulang. Demi Allah, aku tetap menangis sampai-sampai aku mengira bahwa tangisanku akan merusak jantungku dan aku berkata kepada ibuku, mudah-mudahan Allah SWT mengampunimu, banyak orang berbicara tentangku namun engkau tidak menceritakan sedikit pun kepadaku. Ia berkata: "Wahai anakku, sabarlah demi Allah jarang sekali wanita yang baik yang dicintai oleh seorang lelaki yang jika ia memiliki istri-istri yang lain (madunya) kecuali wanita itu akan diterpa oleh berbagai isu."

Aisyah berkata: "Rasulullah saw berdiri dan menyampaikan pembicaraannya pada mereka dan aku tidak mengetahui hal itu." Beliau memuji Allah SWT kemudian berkata: "Wahai manusia, bagaimana keadaan kaum lelaki yang menyakiti aku melalui keluar gaku dan mereka mengatakan sesuatu yang tidak benar. Demi Allah, aku tidak mengenal mereka kecuali dalam kebaikan. Lalu mereka mengatakan hal itu pada seorang lelaki yang aku tidak mengenalnya kecuali dalam kebaikan di mana ia tidak memasuki suatu rumah dari rumah-rumahku kecuali ia bersamaku."

Kemudian Rasulullah saw memanggil Ali bin Abi Thalib dan Usamah bin Zaid dan bermusyawarah dengan keduanya. Usamah hanya melontarkan pujian dan berkata: "Ya Rasulullah aku tidak mengenal istrimu kecuali dalam kebaikan dan berita ini hanya kebohongan dan kebatilan," sedangkan Ali berkata: 'Ya Rasulullah masih banyak wanita yang lain yang dapat kau percaya." Kemudian Rasulullah saw memanggil Burairah dan bertanya kepadanya, lalu Ali berdiri kepadanya dan memukulnya dengan keras sambil berkata: "Jujurlah kepada Rasulullah saw," lalu wanita itu berkata: "Demi Allah, aku tidak mengetahui kecuali kebaikan. Aku tidak pernah mencela Aisyah kecuali pada suatu waktu aku sedang membikin adonan roti lalu aku memerintahkannya untuk menjaganya namun Aisyah tertidur dan datanglah kambing lalu adonan itu dimakan olehnya."

Aisyah berkata: "Kemudian datanglah kepadaku Rasulullah saw dan saat tu aku bersama kedua orang tuaku dan seorang wanita dari kaum Anshar. Aku menangis dan wanita itu pun turut menangis. Rasulullah saw duduk lalu memuji Allah SWT dan berkata: "Wahai Aisyah, sungguh kamu telah mendengar sendiri apa yang dikatakan orang-orang tentang dirimu, maka bertakwalah kepada Allah SWT dan jika engkau telah melakukan keburukan seperti yang diucapkan orang-orang itu, maka bertaubatlah kepada Allah SWT karena sesungguhnya Allah SWT menerima taubat dari hamba-hamba- Nya." Aisyah berkata, "demi Allah, itu tidak lain hanya kebohongan yang dialamatkan kepadaku sehingga membuat air mataku kering. Aku sama sekali tidak seperti yang mereka katakan," lalu aku menunggu kedua orang tuaku untuk mengatakan tentang diriku namun mereka justru terdiam. Aisyah berkata, "demi Allah aku merasa sebagai seorang yang hina yang tidak layak diturunkan Al-Qur'an dari Allah SWT berkenaan denganku, tetapi aku hanya berharap agar Nabi saw melihat kebohongan yang dialamatkan kepadaku itu sehingga ia memastikan terbebasnya aku darinya."

Aisyah berkata: "Ketika aku tidak melihat kedua orang tuaku berbicara aku berkata kepada mereka tidakkah kalian menjawab apa yang dikatakan Rasuullah saw?" Mereka berkata: "Demi Allah kami tidak mengetahui apa yang harus kami jawab." Aku mengetahui bahwa aku bebas dari tuduhan itu. Tiba-tiba Rasulullah saw mengusap keringat dari wajahnya sambil berkata: "Bergembiralah wahai Aisyah karena sesungguhnya Allah SWT telah menurunkan ayat yang membebaskan kamu dari tuduhan itu," lalu aku berkata: "Segala puji bagi Allah SWT." Kemudian beliau keluar menemui para sahabat dan membacakan kepada mereka ayat berikut ini:

"Sesungguhnya orang-orang yang membawa berita bohong itu adalah dari golongan kamu juga. Janganlah kamu kira bahwa berita bohong itu buruk bagi kamu. Tiap-tiap seseorang dari mereka mendapat balasan dari dosa yang dikerjakannya. Dan siapa di antara mereka yang mengambil bagian yang terbesar dalam penyiaran berita bohong itu, maka baginya azab yang besar." (QS. an-Nur: 11)

Jibril turun kepada Nabi saw untuk menyampaikan terbebasnya Aisyah dari segala tuduhan yang ditujukan kepadanya. Dan gagallah peperangan psikologis menentang kaum Muslim dan rumah tangga Rasulullah saw, dan kelompok-kelompok kafir meyakini bahwa mereka harus menggunakan cara baru lagi untuk menentang Islam. Kemudian Rasulullah saw kembali memasuki pergulatan menentang peperangan fisik. Peperang Khandaq termasuk contoh peperangan fisik yang dilakukan oleh Rasulullah saw. Orang-orang Yahudi menyerahkan urasan mereka kepada kaum musyrik, dan Dimulailah rangkaian persekongkolan dan sumpah di antara tokoh-tokoh Yahudi dan pemimpin-pemimpin kaum musyrik, bahkan pendeta-pendeta Yahudi berfatwa bahwa agama Quraisy yang disimbolkan dengan penyembahan berhala lebih baik daripada agama Muhammad yang penyembahan hanya layak ditujukan kepada Tuhan Yang Esa sebagaimana tradisi jahiliah lebih baik daripada ajaran Al-Qur'an.

Politik kaum Yahudi berhasil menyatukan kelompok-kelompok orang kafir dan mengerahkannya untuk menentang kaum Muslim. Kemudian mereka akan menyerang Madinah dengan jumlah kekuatan sepuluh ribu tentara. Akhirnya, berita itu sampai ke Nabi saw. Beliau tidak heran ketika mendengar orang-orang Yahudi bersatu—padahal mereka mempunyai azas agama yang menyeru kepada tauhid—bersama kaum musyrik menentang agama tauhid. Nabi saw mengetahui bahwa perjanjian telah lama membelenggu orang-orang Yahudi sehingga hati mereka menjadi keras dan hari telah menjauhkan antara mereka dan sumber yang jernih yang dipancarkan oleh Musa. Akhirnya, mereka menjadi buah yang rusak yang kulitnya bergambar tauhid namun isinya bergambar kepahitan syirik. Dan yang lebih penting dari itu adalah kesamaan kepentingan kaum Yahudi dan kaum musyrik.

Nabi saw menyadari bahwa beliau sekarang menghadapi ancaman dan pasukan yang besar. Pertempuran secara terbuka tidak memberi keuntungan bagi Muslimin. Beliau mulai berpikir bagaimana cara mempertahankan Madinah tanpa harus keluar darinya. Kali ini taktik militernya berubah di mana sebelum itu beliau keluar dari Madinah dan menjauhinya serta menyerang kelompok-kelompok yang berencana menyerbu Madinah. Kali ini bentuk ancaman berbeda dan tentu pikiran Nabi pun berubah karena mengikuti perbedaan ancaman itu.

Kemudian beliau mengadakan pertemuan militer bersama para tentaranya. Beliau ingin mendengar berbagai usulan tentang bagaimana cara mempertahankan Madinah. Lalu Salman al-Farisi mengusulkan agar Nabi menggali suatu parit yang dalam di sekeliling Madinah yaitu parit yang seperti bendungan alami yang dapat menahan laju banjir yang ingin maju, suatu parit yang pasukan berkuda tidak akan mampu melewatinya dan kaum Muslim dapat mempertahankan diri dari belakangnya. Mula-mula usulan itu terkesan agak mustahil diwujudkan namun pada akhirnya Nabi menyetujui usulan Salman itu. Melalui sensifitas militernya yang mengagumkan, beliau mengetahui bahwa situasi cukup genting dan karenanya ia menuntut usaha keras untuk dapat melaluinya. Nabi saw memerintahkan para sahabat untuk menggali parit di sekitar Madinah. Pekerjaan itu sangat berat dan saat itu musim dingin di mana udara sangat dingin. Di samping itu, kaum Muslim sedang mengalami krisis ekonomi yang mengancam Madinah, meskipun demikian, penggalian parti tetap dilaksanakan, bahkan Rasulullah saw terjun langsung untuk membuat galian dan memikul tanah.

Kaum Muslim dengan semangat yang luar biasa dapat menyelesaikan penggalian parit itu meskipun kehidupan sangat keras dan mereka merasakan kelaparan karena kekurangan harta. Namun semangat pasukan Islam tetap meninggi. Mereka percaya akan datangnya kemenangan dan pertolongan dari Allah SWT.

Allah SWT berfirman:

"Dan tatkala orang-orang mukmin melihat golongan-golongan yang bersekutu itu, mereka berkata: 'Inilah yang dijanjikan Allah dan Rasul-Nya kepada kita.' Dan benarlah Allah dan Rasul-Nya. Dan yang demikian itu tidaklah menambah kepada mereka kecuali iman dan ketundukan." (QS. al-Ahzab: 22)

Pasukan Quraisy mulai mendekati Madinah dan tiba-tiba Madinah berubah menjadi jazirah cinta di tengah-tengah lautan kebencian, lautan itu mulai menghantam jazirah dan berusaha menenggelamkannya dari dalam. Kemudian bertebaranlah panah- panah kaum Muslim untuk menghalau pasukan kafir yang cukup banyak. Pasukan kafir mulai berputar-putar di sekeliling parit dalam keadaan bingung: apa gerangan yang telah dilakukan pasukan Islam, bagaimana mereka dapat menggali parit ini?

Kuda-kuda musuh berusaha melalui parit itu namun pasukan Muslim segera menyerangnya. Demikianlah peperangan Ahzab terus berlangsung. Pada hakikatnya ia adalah peperangan urat syaraf. Pasukan musuh mengepung Madinah selama tiga minggu di mana serangan demi serangan terus dilakukan sepanjang siang dan mata mereka tetap terjaga sepanjang malam. Bahkan saking dahsyatnya pertempuran itu sehingga kaum Muslim tidak mengetahui apakah pasukan musuh berhasil menduduki Madinah atau tidak, dan apakah para musuh berhasil menembus lubang yang mereka bangun? Allah SWT menggambarkan keadaan peperangan Ahzab dalam firman-Nya:

"(Yaitu) ketika mereka datang kepadamu dari atas dan dari bawahmu, dan ketika tidak tetap lagi penglihatan(mu) dan hatimu naik menyesak sampai ke tenggorokan dan kamu menyangka terhadap Allah dengan bermacam-macam persangkaan. Di situlah diuji orang-orang mukmin dan digoncangkan hatinya dengan goncangan yang dahysat." (QS. al-Ahzab: 10-11)

Keadaan semakin buruk di mana orang-orang Yahudi membatalkan perjanjian mereka dengan kaum Muslim dan mereka bergabung dengan al-Ahzab. Demikianlah Bani Quraizhah membatalkan perjanjiannya dan mereka lupa terhadap pengkhianatan bani Nadhir dan pembalasan Nabi saw terhadap mereka. Setiap hari keadaan semakin buruk.

Kaum Muslim benar-benar mengalami ujian yang berat di mana pikiran mereka benar-benar kacau. Ketika keadaan mencapai puncaknya kaum Muslim bertanya kepada Rasul saw, "apa yang harus mereka katakan?" Rasulullah saw memberitahu agar mereka mengatakan: "Ya Allah, kalahkanlah mereka dan tolonglah kami untuk mengatasi mereka."

Doa tersebut keluar dari mulut-mulut kaum yang telah melaksanakan kewajiban mereka dan telah membuat mukjizat mereka dalam menghalau serangan. Jadi, mereka tidak memiliki apa-apa selain doa dan Allah SWT-lah Yang Maha Mendengar permintaan hamba-Nya dan Dia yang mengabulkannya. Dia mengetahui orang yang melaksanakan kewajibannya dan akan mengabulkan orang yang berdoa.

Akhirnya, kaum Muslim benar-benar mendapatkan rahmat Allah SWT. Kemudian perjalanan pertempuran bergerak dengan cara yang tidak bisa dipahami. Para penyerang menyadari bahwa mereka sebenarnya telah kalah di mana mereka telah menyerang selama tiga pekan namun serangan tersebut tidak memberikan hasil apa pun. Mereka telah mencurahkan berbagai upaya namun tanpa memberikan hasil yang diharapkan dan boleh jadi mereka akan tetap begini selama tiga tahun.

Kemudian datanglah suatu malam di mana kaum Muslim belum pernah melihat malam segelap itu dan angin sekencang itu, bahkan saking kerasnya angin sampai-sampai suaranya laksana halilintar. Bahkan saking gelapnya malam itu sehingga tak seorang pun di antara umat Islam yang mampu melihat jari-jari tangannya atau berdiri dari tempatnya karena saking dinginnya cuaca. Kemudian Nabi saw datang menemui Hudaifah bin Yaman. Beliau tidak mampu melihatnya meskipun beliau berdiri di sebelahnya. Nabi saw bertanya: "Siapa ini?" Hudaifah menjawab: "Aku adalah Hudaifah." Nabi saw berkata: "Oh, kamu Hudaifah." Hudaifah tetap tinggal di tempatnya karena ia khawatir jika ia berdiri ia akan tidak mampu karena saking dinginnya dan akan menabrak Rasul saw. Rasul saw berkata kepada Hudaifah, "Aku kehilangan berita penting tentang keadaan kaum yang menyerang kita."

Hudaifah sebagai mata-mata dari pasukan Islam merasakan ketakutan di mana ia tidak mampu menahan cuaca yang begitu dingin, lalu bagaimana ia dapat berdiri dan keluar dari Madinah menuju ke tempat pasukan musuh dan menyusup di tengah barisan mereka lalu kembali kepada Nabi saw dengan membawa berita tentang mereka. Hudaifah bangkit dari tempatnya ketika Nabi saw selesai dari pembicaraannya. Nabi saw memberikan doa kebaikan kepadanya. Hudaifah pun pergi dan kehangatan keimanannya mengalahkan kegelapan malam dan kedinginan cuaca. Ia keluar dari Madinah dan menyusup di tengah-tengah pasukan musuh. Nabi saw memerintahkannya untuk tidak melakukan tindakan apa pun selain mendapatkan berita dan kembali. Inilah tugas utamanya. Hudaifah sampai di tengah-tengah musuh. Mereka berusaha menyalakan api namun angin segera mematikannya sebelum menyala dan di dekat api itu terdapat seorang lelaki yang berdiri sambil mengulurkan tangannya ke arah api dengan maksud untuk menghangatkannya. Lelaki itu adalah pemimpin kaum musyrik yaitu Abu Sofyan.

Melihat itu, Hudaifah segera memasang anak panah pada busur yang dibawanya dan ia ingin memanahnya. Seandainya ia berhasil membunuhnya, maka kaum Muslim dapat merasa tenang dengannya, namun ia ingat pesan Rasulullah saw kepadanya agar ia tidak melakukan tindakan apa pun. Kemudian ia kembali meletakkan anak panahnya dan menyembunyikannya.

Abu Sofyan berkata: "Wahai orang-orang Quraisy situasi saat ini tidak menguntungkan bagi kalian, maka pergilah kalian karena aku pun akan pergi." Abu Sofyan melompat ke atas untanya lalu mendudukinya dan memukulnya sehingga unta itu bangkit.

Hudaifah kembali menemui Rasulullah saw dengan membawa berita mundurnya pasukan Ahzab dan gagalnya serangan mereka. Ketika mendengar peristiwa penarikan mundur pasukan musuh, Rasulullah saw berkata: "Sekarang kita akan menyerang mereka dan mereka tidak akan menyerang kita." Belum lama pasukan Ahzab kembali ke negerinya dengan tangan hampa sehingga beliau keluar dari Madinah bersama pasukannya menuju ke kaum Yahudi Bani Quraizhah. Orang-orang Yahudi itu telah mengkhianati peijanjian mereka bersama Nabi saw. Mereka menipu Islam di saat-saat genting. Oleh karena itu, mereka harus membayar biaya pengkhianatan mereka sekarang.

Nabi saw memerintahkan agar para sahabat tidak melaksanakan salat Ashar kecuali di Bani Quraizhah. Kaum Muslim memahami bahwa perintah tersebut berarti mereka akan menerobos benteng kaum Yahudi sebelum matahari tenggelam.

Orang-orang Yahudi menelan kekalahan pahit lalu mereka datang kepada Sa'ad bin Mu'ad agar ia memutuskan perkara mereka. Sa'ad adalah pemimpin kaum Aus dan kaum Aus adalah sekutu orang-orang Yahudi Quraizhah di masa jahiliah. Kaum Yahudi mengharap bahwa mereka dapat memanfaatkan hubungan yang terjalin selama ini sebagaimana kaum Aus membayangkan bahwa tokoh mereka akan memberikan keringanan terhadap sekutu-sekutu mereka. Sa'ad ketika itu terluka dan ia sedang dirawat di kemahnya karena terkena panah kaum Ahzab. Sebagian kaumnya membujuknya agar ia bersikap baik terhadap orang-orang Yahudi, sekutu-sekutu mereka, dan orang-orang Yahudi membujuknya agar ia bersikap lembut terhadap mereka. Kemudian Sa'ad mengatakan pernyataannya yang terkenal: "Telah tiba waktunya bagi Sa'ad untuk memutuskan hukum sesuai dengan kehendak Allah tanpa peduli dengan celaan para pencela." Sa'ad memutuskan agar kaum lelaki dibunuh dan keturunannya ditawan serta harta-harta mereka dibagi-bagikan. Nabi pun menyetujui keputusan tegas Sa'ad itu. Beliau berkata kepadanya: "Sungguh engkau telah memutuskan kepada mereka dengan keputusan Allah SWT dari tujuh langit."

Sa'ad mengetahui bahwa perantaraan, permohonan, harapan, dan menjaga berbagai pertimbangan lazim selayaknya berada di suatu genggaman, dan masa depan Islam berada di genggaman yang lain. Yahudi Bani Quraizhah adalah penyebab berkecamuknya peperangan Ahzab dan sumpah mereka dan berbagai tipu daya mereka berusaha untuk memblokade Islam dan menghancurkannya. Oleh karena itu, kini telah tiba saatnya untuk mencabut pohon-pohon beracun dari akarnya tanpa memperdulikan kasih sayang.

Demikianlah kaum Yahudi dibersihkan dari Madinah. Nabi saw kembali melanjutkan pergulatannya. Puncak dari perjuangan politiknya adalah perjanjian yang beliau lakukan bersama orang- orang Quraisy. Nabi saw berjalan untuk melaksanakan umrah dan mengunjungi Baitul Haram. Beliau keluar bersama seribu empat ratus kaum lelaki yang bertujuan untuk berziarah ke Baitul Haram guna melaksanakan umrah. Ketika mereka sampai di Hudaibiyah pinggiran kota Mekah, tiba-tiba unta yang ditunggangi Nabi duduk dan ia tidak mau melangkah menuju Mekah. Melihat itu para sahabat berkata: "Oh unta itu malas." Nabi saw berkata: "Tidak Demikian namun ia ditahan oleh Zat yang menahan laju gajah menuju Mekah. Sungguh jika hari ini orang Quraisy membuat suatu rencana dan mereka meminta agar aku menyambung tali silaturahmi niscaya aku akan menyetujuinya."

Nabi saw memerintahkan para sahabat agar tetap tinggal di Hudaibiyah. Kaum Muslim beristirahat di sana dengan harapan mereka dapat memasuki Mekah di waktu pagi. Peristiwa itu bertepatan dengan bulan Haram. Mekah telah menetapkan agar tak seorang pun dari kaum Muslim dapat memasukinya. Semua kaum Quraisy telah keluar untuk memerangi kaum Muslim. Mereka mengutus utusan-utusan kepada Nabi saw lalu beliau memberitahu mereka bahwa beliau tidak datang untuk berperang namun beliau ingin melakukan urnrah sebagai bentuk pujian dan syukur kepada Allah SWT dan mengagumkan kemuliaan rumah-Nya yang suci. Mekah menetapkan untuk melakukan perjanjian bersama kaum Muslim di mana mereka menginginkan agar jangan sampai kaum Muslim memasuki Baitul Haram pada tahun ini kecuali setelah mereka kembali pada tahun depan.

Datanglah juru runding kaum Quraisy lalu Rasul saw menyambutnya dan mendengarkan ia menyampaikan syarat-syarat perjanjian yang intinya pelaksanaan perdamaian dan penarikan mundur pasukan Muslim. Nabi saw menyetujui semua syarat-syarat perjanjian meskipun tampak bahwa perjanjian tersebut tidak menguntungkan kaum Muslim di mana itu dianggap sebagai titik kemunduran politik dan militer kaum Muslim, dan yang menambah kebingungan kaum Muslim adalah bahwa Rasul saw tidak melibatkan seseorang pun dari kalangan sahabatnya untuk bermusyawarah dalam hal ini. Tidak biasanya beliau bersikap demikian. Para sahabat menyaksikan beliau pergi menemui kaum musyrik dan bersikap sangat lembut kepada mereka, dan beliau tidak kembali kecuali membawa berita persetujuan dengan perjanjian yang di prakarsai orang-orang musyrik, dan beliau pun membubuhkan tanda tangan di atasnya.

Para sahabat bergerak untuk menentang Rasulullah saw. Mereka bertanya kepada beliau, "bukankah engkau utusan Allah SWT? Bukankah kita kaum Muslim? Bukankah musuh-musuh kita kaum musyrik?" Nabi saw hanya mengiyakan pertanyaan-pertanyaan tersebut. Umar bin Khatab kembali bertanya: "Mengapa kita harus menerima penghinaan dalam agama kita?" Umar ingin mengungkapkan sesuai dengan bahasa kita saat ini, "mengapa kita harus mundur kalau kita berada di atas kebenaran? Mengapa kita menerima syarat-syarat perjanjian yang justru menguntungkan kaum musyrik? Apakah kita takut terhadap mereka?"

Mendengar berbagai protes yang disampaikan para sahabatnya, Rasul saw justru menyampaikan jawaban yang unik bagi mereka di mana beliau berkata: "Aku adalah hamba Allah SWT dan Rasul-Nya dan aku tidak mungkin menentang perintah-Nya dan Dia tidak mungkin akan menyia-nyiakan aku." Makna dari kalimat beliau adalah, "taatilah apa yang telah aku lakukan tanpa perlu memperdebatkannya dan hendaklah kalian sedikit bersabar."

Perjalanan hari menetapkan bahwa perjanjian yang menimbulkan pro dan kontra di tengah-tengah sahabat itu justru membawa kemenangan politik paling gemilang yang pernah dicapai oleh umat Islam. Kemenangan tersebut diperoleh sebagai hasil dari kebijaksanaan sang Nabi saw yang mengalahkan kelihaian politik kaum Quraisy. Kaum Quraisy telah memfokuskan semua kelihaian- nya agar kaum Muslim kembali ke tempat mereka tanpa memasuki

Masjidil Haram pada tahun ini, namun hikmah Nabi saw justru mampu mencapai pengelihatan yang tidak dapat dijangkau oleh kaum itu yang berkenaan dengan masa depan. Jika saat ini perjanjian tersebut tampak membawa kekalahan bagi kaum Muslim, maka setelah berlangsung beberapa bulan ia justru mendatangkan kemenangan yang spektakuler.

Suhail bin Amr adalah wakil dari delegasi kaum Quraisy dan Ali bin Abi Thalib adalah juru tulis dalam perjanjian itu dari pihak Nabi saw. Rasulullah saw berkata kepada Ali: "Tulislah dengan nama Allah Yang Maha Pengasih lagi Maha Penyayang." Utusan Quraisy berkata, aku tidak mengenal ini. Tapi tulislah dengan nama-Mu, ya Allah. Rasulullah saw berkata kepada Ali: "Dengan nama-Mu, ya Allah." Sikap keras kepala utusan Quraisy itu tidak berarti sama sekali karena tidak ada perbedaan yang mencolok antara dengan namamu Allah dan dengan nama Allah Yang Maha Pengasih lagi Maha Penyayang selain niat si pembicara.

Nabi saw berkata kepada Ali: "Ini adalah perundingan antara Muhammad saw utusan Allah dan Suhail bin Amr." Mendengar itu dengan nada menentang Suhail bin Amr berkata: "Seandainya aku bersaksi bahwa engkau adalah utusan Allah niscaya aku tidak akan memerangimu, tetapi tulislah namamu dan nama ayahmu." Nabi berkata kepada Ali tulislah: "Inilah kesepakatan antara Muhammad bin Abdillah dan Suhail bin Amr."

Tampaknya itu adalah kemunduran yang kedua dan dengan pandangan yang sekilas tampak menjatuhkan kaum Muslim tetapi Nabi saw ingin mewujudkan suatu tujuan yang penting yaitu tujuan yang belum terungkap saat itu. Alhasil, semuanya terjadi dengan ilham dari Allah SWT. Ali kembali menulis bahwa Muhammad bin Abdillah dan Suhail bin Amr sama-sama sepakat untuk menghentikan peperangan selama sepuluh tahun di mana hendaklah masing-masing mereka memberikan keamanan terhadap sesama mereka. Namun jika terdapat di antara orangorang Quraisy seseorang yang masuk Islam lalu ia datang kepada Muhammad saw tanpa izin walinya hendaklah kaum Muslim mengembalikannya kepada kaum Quraisy. Sebaliknya, jika ada orang yang murtad dari sahabat Muhammad saw, maka tidak ada keharusan bagi orang Quraisy untuk mengembalikannya kepada Nabi.

Syarat tersebut sangat menyakitkan kaum Muslim. Tampak bahwa orang-orang Quraisy memaksakan kehendaknya dalam syarat-syarat perjanjian yang tidak adil itu. Ali melanjutkan tulisannya, hendaklah Nabi saw pulang dari Mekah pada tahun ini dan tidak memasukinya dan jika pada tahun depan orang-orang Quraisy keluar darinya, maka beliau dapat memasukinya untuk melaksanakan umrah selama tiga hari dan setelah itu beliau harus meninggalkannya. Persyaratan tersebut sangat merugikan kaum Muslim dan terkesan membingungkan.

Di tengah-tengah perjanjian tersebut terjadi suatu peristiwa yang menambah penderitaan dan kebingungan Muslimin di mana anak dari juru runding Quraisy meminta perlindungan kepada kaum Muslim. Ia masuk Islam dan ingin bergabung dengan kelompok Islam namun ayahnya, Suhail segera bangkit menyusulnya bahkan memukulnya dan mengembalikannya kepada kaumnya. Orang Mukalaf itu segera berteriak dan meminta pertolongan kepada kaum Muslim agar mereka menyelamatkannya dari kejahatan kaum Quraisy sehingga mereka tidak mengubah agamanya. Rasulullah saw berbicara kepadanya dan meminta kepadanya untuk bersabar dan tegar dalam menanggung penderitaan karena Allah SWT akan menjadikannya dan orang-orang yang sepertinya suatu jalan keluar dan kelapangan. Nabi memahamkannya bahwa beliau telah mengadakan suatu peijanjian dengan kaum Quraisy dan bahwa kaum Muslim tidak mungkin melanggar perjanjian mereka.

Akhirnya, anak Muslim itu dikembalikan ke Mekah dalam keadaan tersiksa. Kemudian Selesailah penandatanganan perjanjian antara pihak kaum Muslim dan pihak kaum musyrik. Setelah penandatanganan perjanjian itu, Rasulullah saw memerintahkan para sahabatnya agar mereka memotong hewan kurban dan mencukur rambut mereka (tahalul) dari umrah mereka dan kembali ke Madinah. Namun tak seorang pun bangkit menyambut perintah tersebut, lalu beliau mengulangi perintahnya ketiga kali. Di tengah- tengah kaum Muslim yang tampak membisu karena ketegangan dan kesedihan, beliau menyembelih unta dan memanggil tukang cukurnya untuk mencukur rambutnya dan beliau tidak berbicara dengan seorang pun. Ketika para sahabat mengetahui bahwa Nabi saw tampak marah dan telah mendahului mereka dengan tahalul dari umrahnya, maka mereka bangkit untuk menyembelih kurban dan memotong rambut mereka.

Perjalanan hari menunjukkan bahwa perundingan tersebut tidak seperti yang dibayangkan oleh kaum Muslim. Ia justru membawa kemenangan dan bukan kekalahan. Persatuan kaum kafir di jazirah Arab mulai runtuh sejak mereka menandatangani perjanjian itu. Kaum Quraisy di anggap sebagai pimpinan kaum kafir dan pembawa bendera penentangan terhadap Islam, maka ketika tersebar berita perjanjian mereka bersama kaum Muslim, maka padamlah fitnah- fitnah kaum munafik yang bekerja untuk mereka dan bercerai- berAllah kabilah-kabilah penyembah patung di penjuru jazirah.

Saat aktivitas kaum Quraisy terhenti, maka kaum Muslim mengalami peningkatan aktivitas di mana mereka berhasil menarik orang-orang yang masih memiliki kemampuan untuk melihat kebenaran. Sejak dua tahun dari masa penandatanganan perjanjian itu jumlah penganut Islam semakin bertambah lebih dari jumlah sebelumnya. Bukti dari itu adalah, bahwa saat Rasul saw keluar ke Hudaibiyah beliau ditemani dengan seribu empat ratus Muslim namun ketika beliau keluar pada tahun penaklukan kota Mekah beliau disertai dengan sepuluh ribu Muslim. Penaklukan kota Mekah terjadi setelah dua tahun dari perundingan tersebut. Penambahan jumlah kaum Muslim yang luar biasa ini adalah dikarenakan hikmah sang Nabi saw dan kejauhan pandangannya. Nabi saw keluar sebagai pemenang dalam pergulatan politiknya, dan syarat-syarat yang tadinya merugikan kaum Muslim kini telah berubah menjadi syarat-

syarat yang merugikan kaum Quraisy. Barangsiapa murtad dari kaum Muslim dan pergi ke kaum Quraisy, maka hendaklah mereka melindunginya karena Allah SWT telah memampukan Islam darinya, dan barangsiapa yang masuk Islam dari kaum kafir dan pergi ke kaum Muslim, maka hendaklah mereka mengembalikannya ke kaum Quraisy di mana ia tinggal di dalamnya sebagai mata-mata dari pihak Islam atau ia dapat lari dari kaum Quraisy untuk menyatukan kelompok yang bertikai dan ia dapat hidup laksana duri di tengah-tengah kaum Quraisy.

Belum lama waktu berjalan sehingga kaum Quraisy mengutus utusannya kepada Nabi saw dan mengharap kepada beliau agar melindungi orang Quraisy yang masuk Islam daripada membiarkan mereka sebagai panah yang terbang menuju kaum Quraisy. Demikianlah kaum Quraisy justru membatalkan syarat yang telah mereka diktekan dan Nabi saw pun menerimanya dengan puas. Perundingan itu justru menguatkan barisan Nabi saw.

Demikianlah Nabi saw terus menjalani mata rantai pergulatan yang tiada henti-hentinya di mana kehidupan beliau yang pribadi sekali pun tidak sunyi dari penderitaan. Nabi saw menikahi sembilan orang istri. Perkawinan beliau dengan sembilan istri tersebut merupakan keistimewaan pribadi yang hanya beliau miliki karena berhubungan dengan sebab-sebab dakwah Islam. Yaitu suatu dakwah yang membolehkan para pengikutnya untuk menikahi empat orang istri dengan syarat jika yang bersangkutan mampu menciptakan keadilan di antara mereka, dan ia menganjurkan untuk hanya puas dengan satu istri jika seorang Muslim khawatir tidak dapat berbuat adil.

Kaum orentalis dan musuh-musuh Islam mencoba untuk menghina Nabi dan memojokkannya, dan salah satu cela yang mereka manfaatkan adalah perkawinan beliau dengan sembilan wanita. Kita mengetahui bahwa pernikahan-pernikahan beliau terlaksana dengan sebab-sebab politik atau kemanusiaan yang berhubungan dengan dakwah Islam. Dan yang terkenal dari sejarah Nabi saw adalah bahwa beliau menikah dengan Sayidah Khadijah saat beliau berusia dua puluh lima tahun dan Khadijah berusia empat puluh tahun. Semasa hidup Khadijah beliau tidak menikahi istri yang lain sampai Khadijah mencapai usia enam puluh lima tahun. Saat Khadijah meninggal, Nabi berusia di atas lima puluh tahun. Beliau menikahi Khadijah sebelum beliau diutus untuk menyebarkan Islam. Beliau tetap setia bersama Khadijah sampai ia meninggal dan beliau diangkat menjadi Nabi. Namun beban kenabian dan beratnya jihad, kasih sayangnya kepada manusia, pengorbanannya terhadap Islam dan perintah Allah SWT semua itu memaksanya untuk menikah lebih dari satu orang istri sampai mencapai sembilan orang istri. Perkawinan beliau dengan Aisyah yang saat itu masih belia merupakan usaha untuk menjalin ikatan dengan Abu Bakar, ayah dari Aisyah dan perkawinan beliau dengan Hafshah meskipun ia sedikit kurang cantik merupakan usaha beliau untuk menjalin ikatan dengan Umar, ayahnya. Beliau juga menikah dengan Ummu Salamah, janda dari pemimpin pasukannya yang mati syahid di jalan Allah SWT dan wanita itu merasakan penderitaan bersama beliau saat hijrah di Habasyah dan hijrah ke Madinah. Ketika suaminya meninggal dan ia sendirian menghadapi berbagai persoalan kehidupan, maka Nabi saw segera merangkulnya di rumah kenabian. Perkavvinan beliau dengan Sawadah sebagai bentuk penghormatan terhadap keislaman wanita itu dan kemuliannya dari kaum lelaki serta kesendiriannya dalam menjalani kehidupan. Sementara itu, pernikahan beliau dengan Zainab bin Jahasy merupakan ujian berat bagi beliau di mana perintah pernikahan itu datang dari Allah SWT untuk mengharamkan suatu tradisi yang terkenal di kalangan jahiliah yaitu tradisi adopsi. Zainab termasuk kerabat Rasul. Jadi ia termasuk dari kalangan bani Hasyim. Ia merasa bangga dengan nasab yang dimilikinya yang karenanya ia menolak ketika ditawari untuk menikah dengan Zaid bin Harisah, seorang budak Nabi yang telah beliau bebaskan, bahkan nasabnya telah beliau nisbatkan kepada dirinya dan beliau telah mengadopsinya sehingga ia dipanggil dengan sebutan Zaid bin Muhammad. Namun Zainab akhirnya menyetujui pendapat Nabi dan perintah Allah SWT sehingga ia menikah dengan Zaid:

"Dan tidaklah patut bagi laki-laki yang mukmin dan tidak pula bagi perempuan yang mukimin, apabila Allah dan Rasul-Nya telah menetaphan suatu ketetapan, akan ada bagi mereka pilihan yang lain tentang urusan mereka. Dan barangsiapa mendurhahai Allah dan Rasul-Nya, maka sungguh dia telah sesat dengan kesesatan yang nyata." (QS. al-Ahzab: 36)

Sejak semula tampak jelas bahwa pernikahan tersebut akan segera berakhir. Zainab tidak menyukai Zaid dan Zaid pun bukan tipe lelaki yang mampu menahan kehidupan bersama seorang wanita yang hatinya jauh darinya. Zaid datang kepada Nabi saw guna mengadu kepada beliau dan meminta izin untuk menceraikan istrinya. Allah SWT mewahyukan kepada Rasul-Nya agar membiarkan Zaid menceraikan istrinya, lalu hendaklah beliau menikahinya. Nabi saw merasakan kesulitan yang luar biasa dan beliau berbicara kepada Zaid agar ia terus melangsungkan kehidupannya dan bersabar. Nabi saw membayangkan apa yang dikatakan manusia kepadanya bahwa ia menikahi istri dari anaknya tetapi apa yang dikhawatirkan oleh Nabi saw justru merupakan sesuatu yang ingin dihapus oleh Allah SWT. Zaid bukanlah anaknya dan dalam Islam tidak ada sistem adopsi. Oleh karena itu, Zaid dapat mencerai istrinya lalu Nabi dapat menikahi Zainab untuk menetapkan apa yang diinginkan oleh Islam. Rasulullah saw mampu bersabar dan menahan diri saat mendengar berbagai ocehan yang akan dikatakan oleh manusia kepadanya. Ini bukanlah pengorbanan pertama dan terakhir yang beliau persembahkan untuk Islam. Berkenaan dengan itu, Allah SWT berfirman:

"Dan (ingatlah), ketika kamu berkata kepada orang yang Allah telah melimpahkan nikmat kepadanya dan kamu (juga) telah memberi nikmat kepadanya: 'Tahanlah terus istrimu dan bertakwalah kepada Allah,' sedang kamu menyembunyikan di dalam hatimu apa yang Allah akan menyatakannya, dan kamu

takut kepada manusia, sedang Allah-lah yang lebih berrhak kamu takuti. Maka tatkala Zaid telah mengakhiri keperluan terhadap istrinya (menceraikannya), Kami nikahkan kamu dengan dia supaya tidak ada heberatan bagi orang-

orang mukmin untuk (menikahi) istri-istri anak-anak angkat mereka, apabila anak-anak angkat itu telah menyelesaikan keperluannya dari istrinya. Dan adalah ketetapan Allah itu pasti terjadi." (QS. al- Ahzab: 37)

Pernikahan beliau dipenuhi dengan unsur politik dan usaha untuk menyebarkan kebaikan dan rahmat serta penghormatan nilai-nilai yang tinggi dan menggabungkannya di rumah kenabian. Sementara itu, Ummu Habibah binti Abu Sofyan bin Harb, pemimpin Quraisy dalam memerangi Islam, berhijrah bersama suaminya ke Habasyah.

Ia berhadapan dengan keterasingan dan kekhawatiran dalam membela agama Allah SWT. Kemudian suaminya mati meninggalkannya sendirian dalam menjalani kehidupan. Sikapnya yang mulia demi menegakkan ajaran Islam dan hanya menentang ayahnya merupakan nilai lebih yang menyebabkan Rasulullah saw tertarik untuk menggabungkannya di rumah kenabian.

Pada suatu hari, Abu Sofyan menemuinya saat ia telah menjadi istri Rasulullah saw. Abu Sofyan ingin duduk di atas tempat tidur Nabi lalu Ummu Habibah berusaha menjauhkan tempt tidur itu dari ayahnya. Melihat sikap anaknya itu, ayahnya bertanya kepadanya: "Apakah engkau mulai membenciku?" Dengan penuh keberaniaan ia menjawab: "Ini adalah tempat tidur Rasulullah saw dan engkau adalah seorang musyrik, maka engkau tidak boleh menyentuhnya."

Adapun Shofiyah binti Huyay adalah anak seorang raja Yahudi. Sedangkan Juwairiyah binti Haris, ayahnya seorang pemimpin kabilah Bani Musthaliq. Bani Musthaliq menelan kekalahan saat berhadapan dengan kaum muslim lalu kedua anak perempuan raja dan pemimpin kabilah itu jatuh menjadi tawanan. Pernikahan Nabi dengan kedua wanita itu terkesan dipaksa oleh orang-orang yang kalah itu dan sebagai ajakan agar kaum Muslim memperlakukan mereka dengan baik. Mula-mula kaum Muslim menolak untuk bersikap lembut terhadap ipar-ipar Nabi, namun Nabi dengan kelembutan sikapnya ingin menyingkap aspek kemanusiaan dalam peperangannya dan beliau mengisyaratkan kepada kaum Muslim agar mereka menunjukkan persaudaraan sesama manusia. Peperangan itu sendiri bukan sebagai tujuan namun ia sebagai usaha mempertahankan Islam dan aspek tertinggi dari Islam adalah rahmat dan cinta.

Jadi Nabi saw menikahi wanita-wanita dari orang-orang yang kalah itu dengan maksud agar kebebasan dan kemuliaan kembali kepada keluarga mereka dan mereka dapat masuk Islam secara puas dan sukarela. Kemudian beliau menikah dengan Maryam al-Qibtiyah. Muqauqis telah memberikannya kepada Nabi sebagai budak di mana itu merupakan simbol tali kasih yang diisyaratkan oleh Al-Qur'an antara Islam dan Masehi dan sebagai bentuk hukum bagi kaum Muslim dengan dihalalkannya pernikahan dengan wanita-wanita ahlul kitab.

Maryam memberikan anak kepada Nabi saw yang bernama Ibrahim, nama dari kakeknya, bapak para nabi. Namun Ibrahim tidak hidup lama. Ia meninggal saat masih menyusu. Kematiannya merupakan ujian bagi Nabi dan sebagai isyarat dari Ilahi bahwa pewaris-pewaris Rasul dari kaum pria adalah para pengikut Al-Qur'an dan para pembawa Islam, bukan anak-anak dari sulbinya.

Salah jika ada orang yang membayangkan bahwa Rasul saw mempunyai banyak waktu untuk mencari kesenangan meskipun halal. Kesenangan diperbolehkan bagi orang lain namun beliau lebih memilih untuk merasakan penderitaan berjihad, menegakkan hukum, dan kesabaran. Salah jika ada orang yang membayangkan bahwa Rasul saw hidup di rumahnya dengan keadaan ekonomi yang lebih baik daripada orang yang termiskin dari kalangan Muslim di zamannya.

Kehidupan beliau di rumahnya penuh dengan kezuhudan yang luar biasa sehingga sebagian istrinya mengeluhkan keadaan tersebut. Di antara mereka ada yang berasal dari keluarga yang kaya seperti keluarga Abu Bakar atau keluarga Umar bahkan sebagian istrinya bersatu untuk meminta kepada beliau agar beliau menambah nafkah mereka sehingga Nabi meninggalkan istri-istrinya, lalu tersebarlah isu yang menyatakan bahwa beliau telah menceraikan semua istrinya. Kemudian turunlah ayat *Takhyir* (yaitu ayat yang memberikan pilihan kepada istri-istri Nabi untuk tetap menjadi istri beliau atau diceraikannya). Turunlah Al-Qur'an al-Karim memberikan pilihan pada istri-istri Nabi antara menjalani kehidupan di rumah kenabian dengan penuh kesederhanaan atau menerima perceraian. Allah SWT berfirman:

"Hai Nabi, katakanlah kepada istri-istrimu: 'Jika kamu sekalian mengingini kehidupan dunia dan perhiasannya, maka marilah supaya kuberikan kepadamu mut'ah dan aku ceraikan kamu dengan cara yang baik. Dan jika kamu sekalian menghendaki (keridhaan) Allah dan Rasul-Nya serta (kesenangan) di negeri akhirat, maka Sesungguhnya Allah menyediakan siapa yang berbuat baik di antaramu pahala yang besar." (QS. al-Ahzab: 28-29)

Selesailah fitnah. Demikianlah pergulatan di rumah Rasul saw. Akhirnya, istri-istri beliau memilih kehidupan zuhud dan bersabar serta akhirat daripada kehidupan dunia. Permintaan istri-istri nabi tidak melebihi hal-hal yang bersifat mubah, namun Rasul saw merupakan teladan bagi seluruh umat, karena itu beliau harus menjadi teladan bagi umat sehingga beliau dapat menjadi cermin tertinggi yang layak diemban oleh seorang yang memegang tampuk kepemimpinan Muslimin. Allah SWT telah membalas pengorbanan istri-istri Nabi saw dalam bentuk mengangkat kedudukan mereka dan menjadikan mereka sebagai ibu dari kaum mukmin. Allah SWT berfirman:

"Nabi itu (hendaknya) lebih utama bagi orang-orang mukmin dari diri mereka sendiri dan istri-istrinya adalah ibu-ibu mereka." (QS. al-Ahzab: 6)

Dan, sebagai penegasan terhadap keibuan spiritual ini, Islam mewajibkan hijab yang teliti kepada mereka, yaitu suatu hijab yang tidak diberlakukan seperti itu kepada Muslimah-Muslimah lain. Nabi saw melanjutkan dakwahnya. Beliau mengirim surat ke raja-raja dan para penguasa di mana beliau ingin menunjukkan universalitas ajaran Islam. Nabi saw mengajak Kaisar Romawi untuk mengikuti Islam, lalu beliau mengirim utusan ke Amir Damaskus mengajaknya untuk memeluk Islam, dan beliau mengutus utusan ke Amir Basrah bagian dari wilayah Romawi dan mengajaknya untuk mengikuti Islam, dan beliau juga mengirim surat ke penguasa Qibti dan mengajaknya untuk masuk Islam, dan beliau juga menulis surat ke Kisra, Raja Persia dan mengajaknya untuk mengikuti Islam. Beliau juga mengirim utusan ke Amir Bahrain dan mengajaknya untuk mengikuti Islam.

Lalu berbagai reaksi disampaikan berkenaan dengan surat-surat Nabi itu. Di antara mereka ada yang berusaha menyampaikan kepada pembawa surat bahwa ia masuk Islam dan mengembalikannya dengan hadiah, dan di antara mereka ada yang merobek-robek surat itu dan di antara mereka ada yang membalas surat itu dengan jawaban yang baik, dan di antara mereka ada yang menerima kebenaran. Demikianlah hari berlalu dalam pergulatan yang tidak pernah padam, suatu pergulatan yang dipimpin oleh Nabi sehingga beliau menaklukkan Mekah dan menyucikan jazirah Arab. Akhirnya, manusia masuk dalam agama Allah SWT dalam keadaan berbondong-bodong, dan Allah SWT menyempurnakan agama bagi kaum Muslim dan Nabi saw melaksanakan haji wada' (haji yang terakhir) dan turunlah kepada beliau wahyu di Arafah sebagaimana firman-Nya:

"Pada hari ini telah Ku-sempurnakan untuk kamu agamamu, dan telah Ku-cukupkan kepadamu nikmat-Ku, dan telah Ku-ridhai Islam itu jadi agama bagimu." (QS. al-Maidah: 3)

Ayat tersebut dibacakan kepada Abu Bakar sehingga ia menangis. Allah SWT merasa bahwa telah tiba waktunya untuk mengakhiri misi Rasul-Nya. Aisyah berkata kepada anak-anak yang berteriak dan bermain-main di luar rumah: "Diamlah kalian karena Rasulullah saw sedang sakit." Anak-anak itu pun terdiam dan mereka merasakan ketakutan yang luar biasa. Pada hari-hari terakhir, Rasulullah saw tidak lagi bercanda dengan mereka sebagaimana yang biasa beliau lakukan.

Mereka memperhatikan bahwa kepucatan yang aneh menyelimuti Nabi saw yang biasanya wajah beliau dipenuhi dengan senyuman hingga wajahnya laksana lempengan emas. Nabi saw yang terakhir masuk dalam rumahnya dan hampir saja beliau tidak kuat menahan langkah kedua kakinya. Beliau memasuki rumahnya dan bersandar kepada tangan Fadl bin Abbas dan Ali bin Abu Thalib. Beliau merasakan keletihan dan kesakitan. Kemudian Aisyah menidurkan beliau di atas ranjangnya yang kasar dan Aisyah meletakkan tangannya di atas kening beliau. Kepala beliau tampak panas karena saking hebatnya demam. Aisyah berkata dalam keadaan kedua matanya mengucurkan air mata, "demi ayah dan ibuku, ya Rasulullah apakah engkau merasakan sakit?" Nabi saw tersenyum untuk menenangkan Aisyah lalu beliau tertidur. Kemudian mengalirlah dalam memori Nabi saw berbagai gambar hidup: Jibril turun kepada beliau dengan membawa wahyu di gua Hira. Beliau telah melewati waktu yang diberkati selama dua puluh tiga tahun, yang sekarang tampak seperti mimpi. Bahkan empat puluh tahun yang mendahuluinya tampak seperti gambar yang hanya dilukis sesaat.

Segala sesuatu menjadi mudah bagi Allah SWT dan Rasulullah saw telah berhasil melalui berbagai penderitaan dengan penuh kesabaran, bahkan beliau tidak pernah mengeluh sekali pun. Beliau mengajarkan akidah kepada para pengikutnya dengan penuh kemantapan. Akhirnya, Islam menjadi mulia dan benderanya semakin berkibar. Kemudian beliau bangun karena melihat tangisan yang tersembunyi dari Aisyah. Beliau membuka kedua matanya dan melihat wajah Aisyah sambil beliau sendiri berusaha melawan rasa pusing, demam, dan sakit yang dirasakannya. Beliau kembali tersenyum untuk menenangkan Aisyah dan beliau kembali memejamkan matanya dan tidak sadarkan diri. Apa gerangan yang menyebabkan Aisyah menangis? Tidakkah Allah SWT memahkotai jihad Nabi saw yang berat dengan penaklukan Mekah dan penyucian Baitul Haram?

Berbagai gambar hidup dan aktual melayang-layang dalam memori Nabi saw. Beliau mengingat bagaimana tindakan orang Quraisy ketika membantalkan perjanjian Hudaibiyah dan mereka memerangi Khaza'ah yang saat itu bersekutu dengan kaum Muslim dan akhirnya mereka membunuh semua sekutu kaum Muslim di Baitul Haram. Kemudian beliau berjalan bersama pasukan yang berjumlah sepuluh ribu di mana semua pasukan telah siap, dan tentara Muslim turun dari gunung Mekah laksana air bah yang tidak berhenti sedikit pun. Telah lewatlah masa para pembawa tombak, panah, dan pedang; telah lewatiah masa di mana Rasulullah saw memimpim pasukan yang di dalamnya terdapat kaum Muhajirin dan Anshar. Di tengah-tengah pasukan besar tersebut yang berhasil menaklukkan Mekah, Nabi saw menunggangi untanya dan beliau menundukkan kepalanya dengan penuh rendah diri di hadapan Allah SWT sampai-sampai kepalanya hampir menyentuh punggung unta yang dinaiki. Pintu Mekah terbuka untuk pasukan ini.

Para pemimpin Mekah dan pengikut-pengikut mereka menyerahkan diri. Kalimat Allah SWT semakin meninggi di dalamnya. Nabi saw memasuki Baitul Haram lalu beliau berkeliling di sekitar Ka'bah. Beliau menghancurkan berbagai patung yang berbaris di sekitarnya, lalu beliau memukulnya dengan kampaknya. Kemudian patung-patung itu berjatuhan dan hancur. Setelah beliau membersihkan masjid dari berbagai patung dan mengembalikannya sebagaimana yang diciptakan oleh Allah SWT sebagai rumah tauhid yang mutlak, beliau menoleh kepada orang Quraisy dan memaafkan mereka dan mengajak mereka untuk kembali ke jalan Allah SWT. Kemudian tibalah waktu salat, lalu Bilal naik di atas punggung Ka'bah dan mengumandangkan Azan. Penduduk Mekah mende-ngarkan panggilan baru ini di mana gemanya berputar-putar di antara gunung:

"Allah Maha Besar. Aku bersaksi bahwa tiada Tuhan selain Allah. Aku bersaksi bahwa Muhammad utusan Allah. Marilah melaksanakan salat. Marilah menuju keberuntungan. Allah Maha Besar. Tiada Tuhan selain Allah."

Akhirnya, rumah itu dikembalikan kehormatannya dan kemuliannya. Kemudian lagi-lagi arus berbagai gambar terlintas dalam memorinya: itulah peperangan Hunain dengan kekalahannya, kemenangannya, dan ganimahnya; Itulah Nabi saw yang memberikan ganimah terhadap orang-orang yang bergabung dengan Islam hanya dua hari dari penduduk Mekah, dan mencegah untuk memberi ganimah Hunaian kepada kaum Anshar yang telah memberikan segalanya untuk Islam. Salah seorang di antara mereka berkata: "Demi Allah, Rasulullah saw telah menemui kaumnya." Sa'ad bin 'Ubadah berjalan ke arah Rasulullah saw dan memberitahunya bahwa kaum Anshar sedang marah. Rasul saw bertanya: "Mengapa marah?" Sa'ad menjawab: "Mereka protes saat engkau membagikan ganimah ini pada kaummu dan pada seluruh orang Arab namun mereka tidak mendapatkan apa-apa." Rasulullah saw bertanya kepada Sa'ad bin Ubadah: "Kamu sendiri bagaimana pendapatmu wahai Sa'ad?" Sa'ad berkata: "Aku tidak lain kecuali seseorang dari kaumku." Rasulullah saw berkata: "Kumpulkanlah kepadaku kaummu untuk masalah yang penting ini dan jika kalian telah berkumpul, maka beritahulah aku."

Sa'ad mengumpulkan seluruh kaum Anshar lalu ia memberitahu Rasul saw bahwa ia telah mengumpulkan mereka. Rasulullah saw keluar menemui mereka dan berdiri di hadapan mereka sambil memuji Allah SWT dan kemudian berkata: "Wahai orang-orang Anshar, tidakkah aku datang kepada kalian saat kalian dalam keadaan sesat lalu Allah SWT memberikan petunjuk kepada kalian, dan kalian menjadi orang-orang yang fakir lalu Allah SWT memampukan kalian, dan kalian dalam keadaan bermusuhan lalu Allah SWT menyatukan hati kalian?" Mereka menjawab: "Benar." Rasulullah saw berkata: "Mengapa kalian tidak menjawab wahai kaum Anshar?" Mereka berkata: "Apa yang kita akan katakan wahai Rasulullah dan dengan apa kita akan menjawabnya. Sungguh segala karunia hanya milik Allah SWT dan Rasul-Nya."

Rasulullah saw berkata: "Demi Allah, seandainya kalian mau niscaya kalian akan mengatakan dan benar apa yang kalian katakan: Engkau datang kepada kami sebagai seorang yang terusir, maka kami melindungimu dan engkau datang dalam keadaan miskin lalu kami menghiburmu dan engkau datang dalam keadaaan ketakutan lalu kami mengamankanmu dan engkau datang dalam keadaan teraniaya lalu kami menolongmu." Mereka berkata: "Segala puji dan karunia bagi Allah SWT dan Rasul-Nya." Rasulullah saw berkata: "Wahai kaum Anshar, apakah kalian akan marah terhadap harta yang telah aku berikan kepada suatu kaum dengan harapan agar keimanan meresap dalam hati mereka dan kalian justru melupakan karunia yang telah Allah SWT berikan kepada kalian dalam bentuk nikmat Islam. Tidakkah kalian wahai kaum Anshar merasa puas ketika manusia pergi untuk melakukan perjalanan di musim dingin sedangkan kalian pergi dengan Rasulullah saw. Maka demi Zat yang jiwaku di tangan-Nya, seandainya manusia melalui suatu jalan dan kaum Anshar melalui jalan yang lain niscaya aku akan melalui jalan kaum Anshar. Ya Allah, rahmatilah kaum Anshar dan anak-anak kaum Anshar dan cucu kaum Anshar."

Mendengar doa itu, kaum tersebut menanggis sehingga jenggot mereka terbasahi dengan air mata dan mereka berkata: "Kami rela dengan Allah SWT sebagai Tuhan dan sangat puas dengan pembagian Rasulullah saw." Kemudian Nabi saw pun meninggalkan mereka dan mereka pergi dalam keadaan puas. Orang-orang Anshar memahami bahwa Muslim yang hakiki di dunia adalah seorang yang datang di dunia untuk memberi, bukan untuk mengambil. Nabi saw terbangun dan beliau mendapati dirinya sendirian di kamar. Suhu tubuh beliau meningkat karena demam, lalu beliau memanggil Aisyah dan meminta kepadanya untuk membawa air yang dapat digunakannya untuk mendinginkan tubuhnya. Aisyah mulai menuangkan air kepada Rasulullah saw sampai demam beliau berangsur-angsur sedikit menurun. Tampak bahwa waktu berlalu cukup lambat dan berat. Sakit Rasulullah saw semakin meningkat.

Beliau mulai merasa bahwa tidak mampu lagi untuk salat bersama para sahabat, lalu beliau memerintahkan Abu Bakar untuk salat bersama mereka. Pada saat Nabi mengalami antara keadaan terjaga dan tidur, beliau selalu berpikir apa gerangan yang belum disampaikannya kepada manusia. Beliau telah menyampaikan segala sesuatu dan telah mengajari mereka segala sesuatu serta telah meninggalkan sebuah Kitab yang siapa pun berpegangan dengannya ia tidak akan sesat.

Rasul saw mulai mengantuk dan berbagai nostalgia terlintas di kepalanya. Beliau melihat dirinya di haji Wada'. Selesailah perjanjian yang diberikan kepada kaum musyrik dan mereka telah dilarang untuk memasuki Masjidil Haram dan sekarang Nabi saw keluar sebagai pemimpin haji dan mengajari kaum Muslim cara manasiknya. Rasulullah saw memperhatikan ribuan orang-orang yang bertauhid saat mereka menuju Baitul Haram dalam keadaan memenuhi panggilan Tuhan dan tunduk kepadanya. Mereka menghidupkan memori kakek mereka, Ibrahim Khalilullah. Nabi saw berdiri dan berpidato di tengah-tengah keramaian itu. Nabi saw mulai merasakan bahwa kehidupannya di dunia sebentar lagi akan berakhir. Beliau mengetahui bahwa kafilah ini akan pergi sendirian dalam menjalani kehidupan. Beliau kembali menanamkan nilai-nilai Islam dan wasiat dakwah di jalan Allah SWT. Setelah berjuang selama dua puluh tiga tahun menegakkan agama Allah SWT, beliau bertanya kepada mereka: "Apakah aku telah menyampaikan amanat Tuhan?" Lalu manusia yang hadir saat itu menyatakan bahwa beliau benar-benar telah menyampaikan dakwah. Beliau memanggil Mu'ad bin Jabal dan mengajarinya bagaimana berdakwah kepada manusia di jalan Allah SWT dan bagaimana mengenalkan agama kepada mereka.

Kemudian beliau berwasiat kepadaa Mu'ad saat ia menunggangi kendaraannya sedangkan Rasulullah saw beijalan di sebelah untanya: "Sesungguhnya orang yang paling utama di sisiku adalah orang-orang yang bertakwa, siapa pun mereka dan di mana pun mereka." Nabi saw adalah rahmat bagi semua manusia dan sebagai cermin yang tertinggi dari cermin persaudaraan dan kepatuhan. Beliau menegakkan Al-Qur'an di tengah-tengah umat Islam namun beliau menolak segala bentuk penampilan yang biasa melekat pada seorang penguasa atau raja atau pemimpin apa pun. Beliau berkata kepada para sahabatnya: "Aku hanya seorang hamba Allah SWT dan Rasul-Nya."

Beliau keluar menemui sekelompok sahabatnya lalu sebagai bentuk penghormatan kepada beliau mereka berdiri. Kemudian beliau memerintahkan kepada mereka agar tidak berdiri. Ketika beliau keluar untuk menemui sahabat-sahabatnya dan murid-muridnya, maka beliau duduk bersama mereka di tempat terakhir yang ditemukannya. Beliau sangat bersahabat dan ramah dengan para sahabatnya, bahkan beliau bercanda dengan anak-anak mereka dan mendudukkan mereka di ruangannya. Beliau memenuhi panggilan orang dewasa maupun anak-anak. Beliau membesuk orang-orang yang sakit meskipun berada di tempat yang jauh. Beliau menerima alasan orang yang mempunyai uzur. Beliau mendahului orang yang ditemuinya dengan salam bahkan beliau mendahului berjabat tangan dengan para sahabatnya.

Ketika seseorang datang untuk menemuinya saat beliau salat, maka beliau mempersingkat salatnya dan menanyakan keperluan orang itu. Setelah menyelesaikan keperluan manusia, beliau kembali menyelesaikan shalatnya. Beliau selalu menebar senyum kepada kawan dan lawan dan memiliki kepribadian yang paling baik. Ketika beliau berada di rumahnya, beliau melayani keluarganya. Beliau mencuci bajunya. Beliau memperbaiki sandalnya dan memberi minum unta. Beliau makan bersama pembantu. Beliau memenuhi kebutuhan orang yang lemah, orang yang sedih, dan orang yang miskin. Bahkan kebaikan beliau dan kasih sayangnya sampai pada tingkat di mana beliau membiarkan cucunya menaiki punggungnya saat beliau sedang shalat.

Kasih sayang beliau tidak hanya terbatas kepada manusia bahkan juga tertuju pada binatang dan pohon. Beliau memberi makan binatang dengan tangannya sendiri bahkan beliau pernah merawat anjing yang sakit. Beliau memerintahkan pasukan Islam saat berperang demi menegakkan keadilan Islam agar mereka tidak membunuh anak kecil, orang tua, kaum wanita dan hendaklah mereka tidak mencabut pohon dan tidak pula merobohkan rumah.

Apa yang dibawa oleh Nabi saw bukan hanya suatu undang-undang yang mengatur hubungan antara manusia dan manusia yang lain, dan apa yang dibawa oleh Nabi saw bukan hanya berisi suatu sistem untuk meningkatkan kualitas kehidupan dan kemajuannya, ini semua adalah hal relatif namun beliau datang dengan membawa peradaban yang abadi yang mengatur hubungan antara manusia dan alam, dan mengembalikan keserasian di alam wujud sehingga semua berjalan secara seimbang dan mencapai kesempurnaan menuju Allah SWT. Meskipun pada titik terakhir dari kehidupannya, beliau masih sibuk mengurusi masa depan dakwah dan beliau sangat cemas terhadap masa depan agama dan sangat peduli dengan problema kaum Muslim. Beliau khawatir suatu saat Islam hanya tinggal namanya namun hakikatnya telah lenyap. Namun sebelum beliau meninggal, Allah SWT telah memperlihatkan kepada beliau sesuatu yang membuat hati beliau menjadi tenang. Dan di hari Senin dari bulan Rabiul Awal yang mulia, beliau kembali kepada Tuhannya dalam keadaan ridha dan diridhai.

Salam kepadamu ya Rasulullah dan kepada keluarga serta sahabat yang setia bersamamu

Kisah Laba-laba Gua Tsur Yang Melindungi Nabi Muhammad SAW

{Jika Anda membantu dia (Muhammad) tidak (tidak masalah), karena Allah memang membantu dia ketika orang-orang kafir mengusirnya, yang kedua dari dua, ketika mereka (Muhammad dan Abu Bakar) berada di dalam gua, dan dia (saw) berkata kepada rekannya Abu Bakar (semoga Allah berkenan dengan dia), 'Jangan sedih (atau takut), sesungguhnya Allah bersama kita.' Kemudian Allah menurunkan Sakinah-Nya (ketenangan, ketenangan, kedamaian, dan lain-lain) kepadanya, dan menguatkan dia dengan kekuatan (malaikat) yang tidak Anda lihat, dan membuat firman orang-orang yang kafir pada yang paling bawah, sementara itu adalah Firman Allah yang menjadi yang paling penting, dan Allah Maha Perkasa lagi Maha Bijaksana.} (Al-Quran Surat 9 ayat 40)

Aku adalah laba-laba yang lebih tinggi dari pada laba-laba lainnya. Dengan segala kerendahan hati, jika semua laba-laba di dunia ini diletakkan di satu tangan dan aku dimasukkan ke tangan yang lain, aku akan melampaui keunggulan mereka. Aku bukan orang yang membuat klaim palsu dan pamer, aku hanya menyatakan fakta. Aku tidak berpikir bahwa aku perlu mengenalkan diri aku kepada pembaca, karena aku yakin Anda mengerti bahwa aku adalah laba- laba dari gua yang diutus Allah oleh Rasulullah saw bersembunyi. Akulah yang bertanggung jawab untuk pembebasan Nabi. Akulah yang diutus Allah untuk melindunginya.

jaring aku sangat tipis dan ringan dan angin sepoi-sepoi pun bisa meniupnya. Namun, terlepas dari kelemahan jaring aku, aku berhasil menangkal pedang besi atheis yang pergi mengejar Nabi, dan terlebih lagi, aku bisa mengalahkan mereka! Hasil konflik antara sutra lemah laba-laba dan besi pedang adalah kekalahan besi. Rumahku dianggap sebagai perumpamaan kelemahan, *"Sesungguhnya, rumah paling rapuh (terlemah) adalah rumah si laba-laba."* Aku duduk di rumah aku untuk melindungi rumah agung agama Islam dan menjaga Nabi Allah, Muhammad ibn 'Abdullah (saw).

Bukan itu saja yang terjadi padaku. Sesuatu yang lebih indah terjadi; Aku melihat Nabi. Aku tahu bahwa setelah kematian Nabi, jutaan orang akan mengunjungi makamnya untuk menangis dan berdoa.

Apalagi masing-masing dari mereka yang menangis dan berdoa akan membayangkan wujud Rasulullah di dalam pikirannya. Tapi aku melihatnya. Aku tinggal bersamanya selama tiga hari. Dia tinggal sebagai tamu di bawah sarang laba-labaku selama tiga hari penuh. Ah! Hatiku berputar saat aku teringat akhir-akhir ini. Mereka luar biasa. Sebelum aku melihatnya, aku hanya mencintai laba-laba, makanan dan kehidupan, tapi setelah aku melihatnya, aku hanya bisa membuat diri aku mencintai kebenaran. Aku berubah setelah melihatnya. Pernahkah Anda melihat seekor laba-laba menangis sebelumnya? Aku melakukannya. Aku, laba-laba, menangis saat dia (Rasulullah SAW) berniat untuk meninggalkan gua ... Dia meninggalkan gua dan menuju ke kota.

Aku berkata kepadanya, "Wahai Rasulullah, aku akan merindukanmu ..." Dia (saw) tidak mendengar aku.

Aku berkata kepadanya lagi, "Wahai Rasulullah! Berikan aku tangan Anda untuk mencium atau baiarkanlah aku mencium jubah Anda." Dia tidak mendengar aku dan pergi. Saat dia meninggalkan gua, dia terpaksa menghancurkan rumah yang telah aku bangun untuknya. Aku tidak mengerti mengapa dia melakukan itu "'Kadang aku mengatakan bahwa dia harus menghancurkan rumah aku agar bisa keluar. Rumah aku adalah pintu gua, dan pintunya harus dibuka. Maka Nabi mengulurkan tangannya ke rumah aku. dan dengan lembut menyingkirkan jaring sutra aku, aku mencoba mendekatinya dan mencium tangannya. "Dia tidak menyadari bahwa aku ingin mencium tangannya karena dia menarik tangannya kembali sebelum aku bisa sujud dan menciumnya.

Dia pergi ...

Aku membungkuk di atas sutra robek yang menjadi rumahku dan berkata, "Sutra menyentuh tangan Rasulullah sebelum aku melakukannya." Lalu aku menangis. Aku terus menangis sampai rumahku penuh dengan air mataku dan gua kembali menjadi sunyi dan sepi.

Biarkan aku menceritakan kisah aku sejak awal. Aku meminta pembaca untuk memaafkan aku karena aku bukan diriku sendiri.

Aku adalah seekor laba-laba gunung dan laba-laba gunung yang sangat tidak beruntung. Kami memberi makan terutama pada lalat dan serangga. Aku lahir di sebuah gua sepi di gunung Thawr. Ini adalah sebuah gunung di Makkah, sebuah kota kecil yang belum pernah aku lihat dalam hidup aku. Terkadang kita mendengar burung merpati memuliakan Allah dimana kita mengerti bahwa mereka hidup di bawah perlindungan Rumah Suci Allah di Makkah. Aku mencoba membayangkan bagaimana Makkah atau Rumah Suci Allah akan terlihat tapi aku tidak bisa, karena aku dipenjarakan di gua Thawr. Ini adalah gua yang sepi di siang hari dan menakutkan di malam hari. Gua itu menuju ke arah Yaman. Tidak ada yang mengunjungi kami. Bahkan binatang buas melarikan diri dari desolasi pegunungan dan lebih memilih tempat yang layak huni.

Singkatnya, aku adalah nyonya gunung dan ratunya.

Suatu hari aku menggantung pada rangkaian sutra, yang telah aku buat dari langit-langit gua. Itu adalah hari yang sangat panas jadi aku mengayunkan diriku ke sana kemari. Lalu aku mendengar suara yang tidak wajar bertanya, "Siapakah makhluk Allah yang mendiami gua ini?"

Batas-batas spiritual hancur dan aku menyadari bahwa aku mendengar suara malaikat. Aku berhenti berayun, membungkam seluruh tubuhku dan sujud saat menyapa.

Aku menjawab suara malaikat itu sambil berkata, "Laba-laba gua ini Meme putri Muma, cucu Mamu merasa terhormat untuk berbicara dengan Anda."

Suara malaikat itu berkata, "Keluarlah ke pintu gua."

Aku memindahkan rangkaian sutra itu ke pintu gua dan keluar.

Suara itu berkata, "Setelah beberapa saat, dua orang Allah akan datang ke gua ini ... Muhammad (saw) dan rekannya dalam kehidupan ini dan akhirat, Abu Bakar."

Aku bertanya, "Dan siapakah Muhammad (saw)?"

Suara itu menjawab, "Dia adalah nabi terakhir Allah di bumi, rahmat Allah yang Dia kirimkan ke dunia ini. Anda akan menjadi hamba dia dan rekannya selama tiga hari di dalam gua."

Aku dipenuhi dengan keajaiban dan kegembiraan dan keterkejutanku meningkat setiap saat. Aku berkata, "Apa yang membawanya ke gua yang sunyi ini?"

Suara itu kembali menjawab, "Dia telah meninggalkan rumahnya demi agama Allah dan suku-suku ateis menginginkan darahnya. Berapa banyak waktu yang Anda butuhkan untuk membangun rumah Anda di atas pintu gua?"

Saat mengukur sudut, aku berkata, "Empat jam kerja konstan dipisahkan dengan istirahat dua periode."

Suara malaikat itu memerintahkan, "Bekerjalah tanpa istirahat ... Allah SWT telah menunjuk Anda bertanggung jawab untuk melindungi Nabi-Nya ... Perlindungan Allah telah menempatkan meterai pada nasib Pesan terakhir dan masa depan seluruh peradaban dalam kepercayaan Anda."

Aku memperdalam sujud aku dan berbisik, "Aku dengar dan taat!"

Sang malaikat dari langitpun pergi, dan dalam suasana diam dan sunyi sepi, aku mulai bekerja.

Aku memeriksa tujuh kelenjarku yang membuat sutra dan padat. Aku memeriksa dengan seksama pintu masuk gua. Pintu itu lebar dan aku mulai mengukur sudut dan dengan cepat menghitung dari sudut mana aku harus memulai. "Aku akan membutuhkan enam pilar sutera yang kokoh untuk menghasilkan dari mereka dua puluh enam senar yang akan bertindak sebagai pilar tambahan. Selain itu, aku memerlukan sembilan puluh lima senar untuk menopang dinding," pikirku.

Setelah itu, aku mulai membuat sutra, yang terlihat sangat tipis, tapi yang lebih kuat dari padatan apapun karena berubah menjadi string halus yang seperseribu inci dengan diameter. Itu adalah diameter string di jaring aku.

Orang tidak tahu bahwa laba-laba dapat mengukur sudut dan membaginya, dan mereka dapat menilai daya tahan bahan dan tekanan rata-rata. Selain itu, mereka bisa menghitung ribuan masalah arsitektural rumit yang dihadapi masyarakat dalam proses pembangunan. Orang tidak tahu bahwa laba-laba menenun berbagai jenis sutra untuk memenuhi semua kebutuhannya. Kami menggunakan jaring kami untuk menjebak mangsa, sebagai meja makan, tempat tidur, selembar kertas, sistem alarm, liburan, sarana transportasi dan sebagai perisai untuk perlindungan. Dalam Kata lain, kami laba-laba mampu menghasilkan bahan yang paling berguna yang bisa digunakan untuk berbagai keperluan.

Sutra yang kelenjar laba-labanya tersembunyi tidak diragukan lagi seperti sutera yang diproduksi oleh ulat tapi ada beberapa perbedaan. ini Perbedaan inilah yang membuat laba-laba menenun lebih baik, karena lebih halus, lembut dan lebih padat dari pada sutra lainnya. Aku terkejut saat menemukan sang Rasul memasuki gua bersama Abu Bakar. Aku berhenti bekerja sejenak dan menatap wajah mulia dan megahnya yang terlihat seperti selembar emas dan merasakan rasa hormat yang mendalam.

Setelah itu aku berkata, "Selamat datang Rasulullah."

Aku belum selesai mengucapkan salam padanya saat aku mulai menenun rumahku di atas pintu gua. Aku turun secara vertikal dari lubang gua ke lantai sambil menenun sutra. Lalu aku menariknya dan menempelkannya ke tanah dengan zat asam yang kelenjarku keluar. Setelah itu, aku naik dengan cepat ke pintu masuk gua dan mulai naik turun bersandar ke kanan dan ke kiri saat aku sedang menenun rumahku. Tenunan memakan waktu tiga jam, enam menit dan dua puluh detik.

Orang-orang atheis datang ke pintu masuk gua dengan pedangnya yang berkilau berdiri berhadapan muka dengan jaring laba-labaku.

Salah seorang atheis berkata, "Jika dia masuk ke sini maka jaring laba-laba ini tidak akan melewati pintu."

Aku tersenyum lebar di dalam rumahku dan Abu Bakar berkata kepada Nabi (dengan suara rendah), "Jika salah satu dari mereka melihat ke bawah kakinya dia akan menemukan kita."

Rasulullah SAW bersabda, *"Jangan takut karena Allah bersama kita."*

Rasulullah hampir tidak mengucapkan kata-kata ini saat tempat itu tiba-tiba penuh dengan malaikat, dan itu dipenuhi dengan sebuah suara yang mengatakan, *"Jika Anda membantunya (Muhammad) bukan (tidak masalah), karena Allah memang membantunya saat orang-orang kafir mengusirnya, yang kedua dari dua, ketika mereka (Muhammad dan Abu Bakar) berada di dalam gua, dan dia (saw) Mengatakan kepada temannya, Abu Bakar (semoga Allah berkenan dengan dia), "Jangan sedih (atau takut), sesungguhnya Allah bersama kita." Kemudian Allah menurunkan Sakinah-Nya (ketenangan, ketenangan, kedamaian, dll.) kepadanya, dan menguatkan dia dengan kekuatan (malaikat) yang tidak kamu lihat, dan membuat firman orang-orang yang kafir kepada yang paling bawah, sementara Firman Allahlah yang menjadi paling dalam, dan allah adalah Maha Kuasa, Semua - Bijaksana."*

Setelah suaranya mereda, sekali lagi gua itu penuh dengan malaikat. Aku terkejut menemukan malaikat berdiri di depan rumah laba-labaku dan berdiri di belakangnya.

Aku bertanya kepada seseorang yang paling dekat dengan aku, "Apa yang telah terjadi?"

Dia menjawab, "Kami datang dengan perintah dari Allah untuk melindungi Nabi-Nya yang mulia."

Aku berteriak dan aku berkata, "Tapi aku ditugaskan untuk melindunginya dan menjaganya! Mengapa Anda menghancurkan hati aku? Tidak ada yang bisa melanggar dia! Dia adalah tamuku dan aku adalah hambanya."

Aku menangis karena aku sangat emosional dan aku terkejut saat mengetahui bahwa aku dapat menangis. Aku berpaling ke arah Nabi dan ingin mengeluh kepada beliau. Tapi aku menemukannya sedang asyik dengan shalat. Rasulullah sedang berdoa dan sahabatnya, Abu Bakar, sedang berdoa di belakangnya. Saat mereka bersujud, aku sujud dengan mereka.

Kisah Ular Gua Tsur Yang Rindu Bertemu Dengan Nabi Muhammad SAW

Kecintaan dan getar hati Abu Bakar. Ketika Nabi Muhammad SAW harus hijrah ke Madinah. Beliau mengajak Sayidina Abu Bakar, orang yang sangat dekat dengan Beliau untuk menjadi pendamping dalam perjalanan menuju ke Madinah. Sayidinia Abu Bakar dengan penuh adab yang bersungguh, kata kuncinya dengan "Penuh Adab yang Bersungguh", di ajak ke Madinah. Harusnya dari kediaman Beliau berjalannya adalah ke Utara, karena Madinah secara geografis terletak di Utara dari Mekah, tetapi Rasulullah berjalan menuju ke Tenggara.

Sayyidina Abu Bakar tidak bertanya, Beliau ikut saja apa yang dibuat oleh Rasulullah, karena di hati Beliau ada "cinta" dan "percaya" dan sesuatu yang tidak lagi perlu tawar-menawar. Rasulullah Al Amin, tidak pernah keluar dari lidah Beliau sesuatu yang tidak patut tidak dipercaya. Pribadinya penuh pancaran kecintaan. Mencintai dan sangat pantas dicintai. Pribadinya begitu rupa menimbulkan kerinduan dan cinta.

Nabi Muhammad SAW berjalan. Sayidina Abu Bakar mengikuti. Ketika akan sampai, 8 km dari arah Masjidil Haram, baru Sayidina Abu Bakar sadar. Mau istirahat ke Gua Tsur, karena sudah mendekati Gunung Tsur. Sebelum Rasulullah SAW memasuki gua, Abu Bakar dengan sigapnya mengecek dan menutup lubang-lubang yang ada di gua guna terhindar dari binatang buas.

Di dalam gua, mereka sepakat untuk bergantian berjaga. Dalam tidurnya, Nabi Muhammad SAW melabuhkan kepalanya di pangkuan sang sahabat. Di dalam gua yang dingin dan remang-remang, tiba-tiba seekor ular mendesis keluar dari salah satu lubang yang belum ditutup oleh Abu Bakar. Abu Bakar r.a menatapnya waspada, ingin sekali ia menarik kedua kakinya untuk menjauh dari hewan berbisa ini. Namun, keinginan itu dienyahkannya dari benak,

---

tak ingin ia mengganggu tidur Rasulullah SAW. Bagaimana mungkin, ia tega membangunkan kekasih Allah SWT itu.

Abu Bakar r.a menutup lubang itu dengan salah satu kakinya.lalu ular itu menggigit pergelangan kakinya, tapi kakinya tetap saja tak berg-erak sedikitpun Dalam hening, sekujur tubuh Abu Bakar r.a terasa panas, ketika bisa ular menjalar cepat di dalam darahnya. Abu Bakar r.a tak kuasa menahan isak tangis ketika rasa sakit itu tak tertahankan lagi. Tanpa sengaja, air matanya menetes mengenai pipi Rasulullah saw yang tengah berbaring.

Rasulullah SAW terbangun dan berkata, "Wahai hamba Allah, apakah engkau menangis karena menyesal mengikuti perjalanan ini?" "Tentu saja tidak, saya ridha dan ikhlas mengikutimu kemana pun," jawab Abu Bakar r.a. "Lalu mengapakah, engkau meluruhkan air mata?" bertanya Rasulullah SAW dengan bersahaja. "Seekor ular, baru saja menggigit saya, wahai Rasulullah SAW, dan bisanya menjalar begitu cepat ke dalam tubuhku.

Lalu Nabi Muhammad SAW berbicara kepada sang ular itu "Wahai ular Tahu nggak Kamu? Jangankan daging, atau kulit Abu Bakar, rambut Abu Bakar pun haram Kamu makan?" Dialog Rasulullah dengan sang Ular itu didengar pula oleh Abu Bakar As-Shidiq, berkat mukjizat Beliau.

"Ya hamba mengerti Ya Rasulullah, bahkan sejak ribuan tahun yang lalu ketika Allah SWT mengatakan 'Barang siapa memandang kekasih- Ku, Muhammad, fi ainil mahabbah atau dengan mata kecintaan. Aku anggap cukup untuk menggelar dia ke surga firdaus," kata sang ular.

"Ya Rabb, beri aku kesempatan yang begitu cemerlang dan indah. "Aku (ular) ingin memandang wajah kekasih-Mu fi ainal mahabbah," lanjut sang ular.

Apa kata Allah SWT Tuhan Semesta Alam?

"Silakan pergi ke gua Tsur, tunggu disana, kekasihKu akan datang pada waktunya,' jawab Allah SWT "Ribuan tahun aku menunggu disini. Aku digodok oleh kerinduan untuk jumpa Engkau, Muhammad. Tapi sekarang ditutup oleh kaki Abu Bakar, maka kugigitlah dia. Aku tidak ada urusan dengan Abu Bakar, aku ingin ketemu Engkau, Wahai Nabi Muhammad SAW. "Jawab sang Ular dari gua Tsur.

"Lihatlah ini. Lihatlah wajahku," kata Rasulullah SAW. Dan sang ular dari gua Tsurpun memandang wajah Nabi Muhammad SAW penuh dengan rasa cinta dan rindu yang mendalam.

Selanjutnya tanpa menunggu waktu, dengan penuh kasih sayang, Rasulullah meraih pergelangan kaki Abu Bakar r.a. Dengan mengagungkan nama Allah SWT Sang pencipta alam semesta, Nabi Muhammad SAW mengusap bekas gigitan itu dengan ludahnya. Maha suci Allah SWT, seketika rasa sakit itu hilang tak berbekas.

Gua Tsur kembali ditelan senyap. Kini giliran Abu Bakar r.a yang beristirahat dan Rasulullah SAW berjaga. Dan, Abu Bakar r.a menggeleng kuat-kuat ketika Rasulullah SAW menawarkan pangkuannya untuk beristirahat. Tak akan rela, dirinya membebani pangkuan penuh berkah itu.

Kisah Pohon Kurma Masjid Nabawi Yang Mencintai Nabi Muhammad SAW

Pada suatu Jumat, warga Kota Madinah digemparkan dengan suara tangis yang amat pilu dan tak ujung henti. Suara yang seperti rengekan bayi itu berasal dari Masjid Nabawi. Para sahabat Rasul yang berada di masjid pun kebingungan, siapa gerangan yang menangis. Saat itu, mereka tengah berkumpul untuk menjalankan ibadah shalat Jumat.

Tangisan terdengar sesaat ketika Rasulullah memberikan khutbah. Mendengarnya, Rasulullah pun turun dari mimbar menunda khutbahnya. Sang Nabiyullah kemudian mendekati sebuah pohon kurma. Beliau mengelusnya, kemudian memeluknya. Maka, berhentilah suara tangisan itu. Ternyata, si pohon kurma itulah yang menangis. Hampir saja pohon itu terbelah karena jerit tangisnya.

Sejak Masjid Nabawi berdiri, pohon kurma itu telah di sana. Tak hanya menjadi tonggak, pohon kurma tersebut selalu menjadi sandaran Nabi acapkali beliau memberikan khutbah. Si pohon selalu menanti hari Jumat karena pada hari itu ia akan mendampingi Nabi memberikan nasihat kepada kaum Muslimin. Sejak Jumat pertama masjid berdiri, ia selalu setia dan bahagia menemani Nabi Muhammad. Hingga hari Jumat itulah ia menangis.

Beberapa hari sebelum Jumat yang pilu bagi si pohon, seorang wanita tua Anshar mendatangi Rasulullah. Ia memiliki putra seorang tukang kayu dan ia menawarkan sebuah mimbar untuk Rasul. "Wahai Rasulullah, maukah kami buatkan mimbar untuk Anda?" ujarnya. Rasulullah pun menjawab, "Silakan jika kalian ingin melakukannya," ujar beliau.

Maka, pada Jumat keesokan hari, mimbar Rasul telah siap digunakan. Mimbar itu pun diletakkan di dalam masjid. Saat Rasul menaiki mimbar, menangislah si pohon karena ia tak lagi menjadi "teman" Rasul dalam khutbah Jumat seperti biasa. "Pohon ini menangis karena tak lagi mendengar nasihat yang biasa disampaikan di sampingnya," ujar Rasul setelah memeluk pohon tersebut.

Setelah dipeluk Nabiyullah, si pohon bahagia. Ia tak lagi menangis dan dirundung kesedihan. Meski tak lagi mendampingi Nabi, mendapat pelukan dari Nabi cukup mengobati rasa sedihnya. Rasulullah pun berkata kepada para sahabat, "Kalau tidak aku peluk dia, sungguh dia akan terus menangis hingga hari kiamat," sabda Nabi.

Kisah pohon kurma yang menangis ini sangat populer dalam kisah Islami. Banyak rawi yang meriwayatkan hadis tersebut, sehingga tak perlu lagi dipertanyakan kesahihannya. Para sahabat banyak meriwayatkannya, baik Ibnu Abbas, Anas bin Malik, Jabir, Ibnu Umar, dan lain sebagainya. Kisah ini menunjukkan betapa seluruh makhluk, bahkan pohon sekalipun, mencintai Rasulullah. Maka, sangat mengherankan jika manusia yang berakal dan mengetahui keluhuran akhlak beliau kemudian tak jatuh cinta kepada sang Nabi.

Disebutkan dalam Quran Al Ahzab 56 :

"Sesungguhnya Allah dan malaikat-malaikat-Nya bershalawat untuk Nabi. Hai orang-orang yang beriman, bershalawatlah kamu untuk Nabi dan ucapkanlah salam penghormatan kepadanya" (QS Al Ahzab 56)

Kisah Pertemuan Nabi Muhammad SAW Dengan Jin Muslim Cicit Anak Cucu Iblis Yang Telah Bertaubat

Kita sering dengar kisah orang yang bertaubat ada yang berasal dari raja yang zalim kemudian bertaubat.ada juga yang berasal dari ketua perompak kemudian bertabat dan akhirnya berkat amalannya diangkat menjadi waliullah.

Tapi kisah ini agak unik sedikit kerana ini adalah kisah cicit kepada Iblis laknatullah yang bertaubat.

Kisah yang saya petik dari kitab karangan Imam As,Sayuti ini saya kira baik untuk dijadikan renungan bersama,inilah kisahnya:

Al-Uqaili(Salah seorang penghafal hadith, penulis kitab adh-Dhu a'fa)

Dalam sebuah kitab karangannya,Al-uqaili meriwayatkan .Abu Nu'aim dan Al-Baihaqi,dari Umar:

Dia berkata"Ketika kami sedang duduk bersama Rasulullah s.a.w di suatu tempat di gunung Thimamah,tiba-tiba muncul seorang lelaki tua sambil memegang tongkat.Dia kemudian mengucapkan salam kepada Rasulullah s.a.w.

"Siapa engkau tanya nabi,

'Aku Hammah bin Hayim bin Luqais bin Iblis,jawabnya"

"Engkau dan iblis berjarak dua bapa, berapa lama waktu yang engkau lalui antara dua jarak itu?

"Usia dunia ini sudah punah kecuali tinggal sedikit saja lagi,pada malam ketika Qabil membunuh Habil,aku masih kanak-kanak namun aku sudah boleh disuruh merosakkan makanan dan memutuskan hubungan perkauman"

Nabi Bersabda, "alangkah buruknya perbuatan orang tua yang dikutuk dan anak muda yang diajarnya"

"Janganlah sebutkan lagi hal itu kerana aku sudah bertaubat kepada Allah.Aku pernah bersama Nuh di masjidnya dan beberapa orang yang beriman dari kaumnya. Aku terus-menerus mencela caranya menyampaikan dakwah kepada kaumnya sehingga dia menangis dan aku juga turut menangis.

Aku termasuk orang yang menyesal atas perbuatan itu dan aku berlindung kepada Allah agar tidak termasuk orang -orang yang jahil.

Aku katakan pada Nuh, Wahai Nuh aku termasuk orang yang bersubahat dengan pembunuhan yang dilakukan Qabil yang menumpahkan darah orang yang berbahagia dan mati syahid dari anak Adam.Apakah menurutmu,taubatku masih di terima?

Nuh menjawab, "Wahai Hammah,berhasratlah terhadap kebaikan dan lakukanlah ia sebelum muncul penyesalan dan kerugian.Sesungguhnya aku telah membaca apa yang diturunkan Allah kepadaku bahawa tak seorang hambapun yang bertaubat kepada Allah melainkan Allah akan menerima taubatnya.Kerana itu ambillah wudhuk dan bersujudlah dua kali.

Akupun terus melaksanakan apa yang diperintahkan kepadaku,ketika aku sedang sujud diserukan kepadaku. "Angkatlah kepalamu kerana taubat bagimu sudah turun dari langit"

Maka akupun sentiasa bersujud kepada Allah.

Aku juga sempat bersana nabi Hud bersama mereka yang beriman kepadanya,aku juga mencela caranya menyampaikan dakwah sehingga dia dan aku turut menangis,Aku seringkali bertemu nabi Ya'kub dan aku juga bertemu Yusuf di tempat orang- orang awam yang buta huruf.Aku bertemu Ilyas di lembah.Aku bertemu Musa bin Imran dan beliau mengajarkan Taurat kepadaku,sambil berkata."jika engkau sempat bertemu Isa Putera Maryam,sampaikan salamku kepadanya.

Lalu ketika aku bertemu isa aku sampaikan salam Musa kepadanya.

kemudian Isa berkata kepadaku, "Jika engkau bertemu Muhammad,sampaikan salamku kepadanya.'

Setelah mendengar kisah tersebut,Rasulullah s.a.w. memandang kearah yang jauh,lalu menangis sambil bersabda" Salam atas Isa selagi dunia masih ada,dan salam atasmu wahai Hammah diatas amanah yang telah engkau sampaikan."

"Wahai rasulullah,lakukanlah sepertimana yang dilakukan oleh Musa bin Imran kepadaku,beliau sudah mengajarkan ku Taurat."

Maka Rasulullah s.a.w. membacakan kepadanya surah Al-Waqiah,Al-Mursalat,An-Naba',At-Takwir dan Mu' awwid-zatain serta Qulhuallahu ahad.Kemudian baginda bersabda

"Sampaikan kepadaku apa keperluanmu wahai Hammah sebelum engkau meninggalkan kami"

Umar berkata,lalu Rasulullah menghentikan kisahnya, sehingga aku tidak tahu apakah jin itu masih hidup atau telah wafat.

www.ingramcontent.com/pod-product-compliance
Lightning Source LLC
LaVergne TN
LVHW020428070526
838199LV00004B/321